中国共产党与国家治理现代化

人民论坛 ◎ 主编

人民东方出版传媒
东方出版社

什么是社会主义国家治理现代化，怎样治理社会主义国家

(代序)

中共中央党校（国家行政学院）教授，福建师范大学马克思主义学院院长

——许耀桐

党的十九届四中全会围绕国家制度和国家治理的主题，为全党确立了坚持和完善中国特色社会主义制度、推进国家治理体系和治理能力现代化的战略任务。这一宏伟战略，一个重点是完善国家制度，另一个重点是推进国家治理现代化，展示出中国未来30年的发展大势，描绘了中华民族伟大复兴的壮丽蓝图。

国家制度的建设和完善至为关键

国家制度是随着国家的产生而形成的，属于政治上层建筑。国家的核心问题是政权，这需要国家制度为其规定相应的形式和结构，制定基本的法律秩序和运行规则。因而，制度对于国家来说是基础性、根本性的，从来是"有国家必有制度"，而绝不可能"无制度而有国

家"。历史上任何一个新成立的国家,都要把国家制度的建设、巩固、完善作为大事来抓,否则,国家将难以建立,更难以全面、持续地发展。

新中国成立后,中国共产党就致力于社会主义制度建设;改革开放以来,党又致力于中国特色社会主义制度建设。正如党的十九届四中全会通过的《中共中央关于坚持和完善中国特色社会主义制度、推进国家治理体系和治理能力现代化若干重大问题的决定》(以下简称《决定》)指出:"中国共产党自成立以来,团结带领人民,坚持把马克思主义基本原理同中国具体实际相结合,赢得了中国革命胜利,并深刻总结国内外正反两方面经验,不断探索实践,不断改革创新,建立和完善社会主义制度,形成和发展党的领导和经济、政治、文化、社会、生态文明、军事、外事等各方面制度,加强和完善国家治理,取得历史性成就。"但是,我们也要看到,尽管社会主义制度已经"取得历史性成就",中国特色社会主义制度体系仍然处于未完全成熟定型的阶段。

早在 1992 年,邓小平就在南方谈话中指出:"恐怕再有三十年的时间,我们才会在各方面形成一整套更加成熟、更加定型的制度。在这个制度下的方针、政策,也将更加定型化。"为此,2012 年,党的十八大报告强调"要把制度建设摆在突出位置";2013 年,党的十八届三中全会明确规定,在推进国家治理体系和治理能力现代化的进程中,到 2020 年要"形成系统完备、科学规范、运行有效的制度体系,使各方面制度更加成熟更加定型"。党的十九届四中全会进一步确立了坚持和完善中国特色社会主义制度、推进国家治理体系和治理能力现代化的总体目标:"到我们党成立一百年时,在各方面制度更加成熟更加定型上取得明显成效;到二〇三五年,各方面制度更加完善,基本实现国家治理体系和治理能力现代化;到新中国成立一百年时,全面实现国家治理体系和治理能力现代化，使中国特色社会主义制度更加巩固、优越性充分展现。"

为什么中国特色社会主义制度要到新中国成立一百年时才成熟完善、更加巩固？这是因为制度建设并非一件易事，不可能一蹴而就。众所周知，资本主义国家从英国发动资产阶级革命直至第二次世界大战结束后，其经济、政治、社会制度才完全成熟、定型化，这个阶段持续了三百多年。与之相比，社会主义国家的历史到现在也不过100年出头，再花上30多年时间，使社会主义制度成熟完善、更加巩固，既是合情合理的，也是十分了不起的。

实现中国特色社会主义制度体系的成熟完善和更加巩固，必须坚定不移地走制度改革道路。四十多年来的改革实践证明，不改革就是死路一条。2013年，党的十八届三中全会已经提出，对于经济体制、政治体制、文化体制、社会体制、生态体制、国防和军队体制以及党的建设制度的完善，必须从全面深化改革着手。党的十九届四中全会通过的《决定》进一步指出，要"坚持解放思想、实事求是，坚持改革创新，突出坚持和完善支撑中国特色社会主义制度的根本制度、基本制度、重要制度，着力固根基、扬优势、补短板、强弱项，构建系统完备、科学规范、运行有效的制度体系"。制度改革是一项纷繁浩大的工程，需要各领域的通力协作、联动和整体集成，方可达到目的。

推进国家治理迈向"中国之治"新征程

党的十九届四中全会在提出坚持和完善中国特色社会主义制度的同时，也提出了必须推进国家治理体系和治理能力现代化。实现国家治理现代化，是新时代中国共产党人迈向伟大的"中国之治"新征程的庄重誓言。

在社会主义发展的历史进程中，当代中国遇到的最大难题便是推进国家治理体系和治理能力现代化的"中国之治"。社会主义代表着人类进步的趋势和发展的方向，但社会主义从理论的提出到现实的实践进程，始终贯穿着怎样创建和治理一个全新的社会主义国家与社会的重大问题。对于这个问题，马克思、恩格斯虽然有许多关于社会主义、共产主义社会的科学预测，但是他们并没有亲身经历社会主义国家的实践；后来列宁缔造了第一个社会主义国家，有了7年领导社会主义国家建设实践的经验，在生前也看到了社会主义在实践中产生的问题超出了马克思主义创始人的预计，并且在初步探索中创造性地提出了一些国家治理的政策措施，但没有来得及深入探索、认真总结，寻找出有效的国家治理方略；其后的苏联实行单一的生产资料公有制和指令性计划经济，政治上过分集权，党政不分，缺乏监督，导致个人独断专行，官僚主义盛行，形成了"苏联模式"，也不可能解决社会主义国家治理的问题。

新中国成立后，中国共产党在执政中也遇到了如何治理社会主义国家和社会的问题。在缺乏经验的情况下，曾一度照搬了苏联模式，在探索中经历了很多曲折，走了一些弯路。从总体上看，中国在改革开放前，在国家治理现代化这个问题上，还没有找到一种符合中国实际的治理模式。

1978年以来，中国共产党开始以全新的视角思考国家治理问题。经过四十多年的改革开放和现代化建设实践，积累了一定的经验。2013年11月，党的十八届三中全会召开，以习近平同志为核心的党中央提出了"完善和发展中国特色社会主义制度，推进国家治理体系和治理能力现代化"的全新命题。党的十九届四中全会又把实现国家治理体系和治理能力现代化作为全党战略任务的一个重要方面，进一步深化了我们党对国家治理现代化的认识与实践。毫无疑义，国家治理现代化的形成和深入展开，是社会主义事业、国家与社会发展前途命运赋予当代中国共产党的重要责任，是对什么是社会主义国家治理现代化、怎样才能治理社会主义国家重大问题的回答和破解。

改革开放以来，中国共产党已经成功回答了"什么是社会主义，怎样建设社会主义""建设什么样的党，怎样建设党"和"实现什么样的发展，怎样发展"的重大问题；现在，历史又掀开了新的一页，要回答"建设什么样的国家制度、怎样治理国家"的重大问题，以推进国家治理现代化不断向前发展。

完成战略任务的显著优势和根本保障

完善国家制度和推进国家治理现代化的宏伟战略，是中国共产党肩负的神圣历史使命。毫无疑义，这一战略任务无比繁重艰巨，完成这一战略任务，需要全党和全国人民作出不懈的努力。当然，应该肯定的是，我们具备了完成这一战略任务的显著优势，充满了必胜的信念。党的十九届四中全会通过的《决定》指出，"我国国家制度和国家治理体系具有多方面的显著优势"，"这些显著优势，是我们坚定中国特色社会主义道路自信、理论自信、制度自信、文化自信的基本依据"。《决定》概括提出了13个"显著优势"，集中展现了中国特色社会主义的八大鲜明特征。

第一，中国共产党的集中统一领导。习近平总书记指出："中国共产党领导是中国特色社会主义最本质的特征，中国共产党是国家最高政治领导力量，是实现中华民族伟大复兴的根本保证。"

第二，人民居于国家主体地位。人民群众在中国特色社会主义各项事业中发挥着主体作用，必须发展人民民主，密切联系群众并紧紧依靠人民推动国家发展。要坚持以人民为中心的发展思想,不断保障和改善民生、增进人民福祉,走共同富裕道路。要坚持各民族人民一律平等,铸牢中华民族共同体意识,实现共同团结奋斗、共同繁荣发展。

第三,贯彻法治的精神和原则,建设社会主义法治国家。在国家治理中,只有坚持全面依法治国才是唯一正确的途径。党的领导要遵从宪法和法律的要求,依据宪法和法律治理国家。同时,人民当家作主、社会公平正义也离不开法治保障。

第四,调动各方面积极性,集中力量办大事。邓小平指出:"社会主义国家有个最大的优越性,就是干一件事情,一下决心,一做出决议,就立即执行,不受牵扯。"与旧中国四分五裂、一盘散沙的状况相比,现在我们国家形成了"全国一盘棋、上下齐努力"的崭新局面。

第五,巩固社会主义基本经济制度。马克思、恩格斯在创立科学社会主义时,就确立了公有制和按劳分配这两条基本规定。在四十多年的改革开放实践中,我们既坚持这两条规定不动摇,又作出了重大的发展,形成了坚持公有制为主体、多种所有制经济共同发展和按劳分配为主体、多种分配方式并存,把社会主义制度和市场经济有机结合起来,不断解放和发展社会生产力的显著优势。

第六,形成共同的理想信念、价值理念、道德观念。在共同理想信念、价值理念、道德观念中,包含了需要弘扬中华优秀传统文化、革命文化、社会主义先进文化,从而更好地促进全体人民在思想上精神上紧紧团结在一起。

第七,不断改革创新、与时俱进,善于自我完善、自我发展。马克思主义始终坚持发展的观点,认为一切事物都处在变化、改革、发展之中,同样,社会主义社会更不可能墨守成规、一成不变。必须坚持改革只有进行时而没有完成时，中国特色社会主义才能永葆生机活力。

第八，善于推出科学、系统、有效的治党治国治军的内政外交大政方针。这一系列的大政方针，如德才兼备、选贤任能，聚天下英才而用之的干部、人才政策，"党指挥枪"的原则，保障国家主权、安全、发展利益的政策，"一国两制"方针，独立自主和对外开放相统一原则，积极参与全球治理和构建人类命运共同体，推动了中国特色社会主义的顺利发展。

应该说，《决定》指出的13个显著优势是一个客观存在，对于推进中国特色社会主义发展是十分有利的条件，但这并不意味着我们可以天然地、毫不费功夫地得到。恰恰相反，这需要我们厉兵秣马、枕戈待旦，奋发有为、勇猛进取，显著优势才能转化为建设中国特色社会主义的巨大成果。为此，《决定》提出了13个"坚持和完善"。这是将显著优势转化为治理效能的推动力、"转换器"。

其中，有8个"坚持和完善"最为重要，是根本保障。这8个根本保障可以概括为：一是坚持和完善党的领导制度体系；二是坚持和完善人民当家作主制度体系；三是坚持和完善中国特色社会主义法治体系；四是坚持和完善中国特色社会主义行政体制；五是坚持和完善社会主义基本经济制度；六是坚持和完善繁荣发展社会主义先进文化的制度；七是坚持和完善统筹城乡的民生保障制度、共建共治共享的社会治理制度；八是坚持和完善党和国家监督体系、党对人民军队的绝对领导制度、"一国两制"制度体系、独立自主的和平外交政策等制度性措施，才能更好地保障贯彻落实治党治国治军的内政外交大政方针。

目 录

何毅亭 / 马克思主义国家学说的新发展——党的十九届四中全会的
　　　　 "九个首次" 001

刘国新 / 党的十九届四中全会《决定》：新时代的纲领性文献 015

顾海良 / 为什么说党的十九届四中全会打开科学社会主义制度
　　　　 发展新篇章 019

郝宇青 / 加强制度建设的时代意义 026

汪亭友 / 中国特色社会主义制度为何拥有强大生命力 030

李增刚 / 以中国特色社会主义制度显著优势应对百年未有之
　　　　 大变局 037

刘志明 / 新时代坚定制度自信的基本遵循 044

赵长茂 / 把我国制度优势更好转化为国家治理效能 051

王立剑 / 制度优势转化为治理效能的过程与逻辑 059

任建明 / 现代化是国家制度建设和治理改善的根本方位 063

赵卯生 / "四个自信"开辟"中国之治"新境界 068

郭道久 / 党的领导与国家治理现代化 075

许耀桐 / 党的领导是国家治理的核心 079

张　峰 / 党的领导制度是系统完备的制度体系 085

张世飞 / 健全党的领导制度体系从哪里着力　092

汪玉凯 / 国家治理现代化首先要实现政府治理现代化　099

徐国亮 / 科学建构不忘初心、牢记使命制度　105

蓝志勇 / 不忘初心、牢记使命，有效坚持和完善党的领导　110

贺新元 / 做到"两个维护"是中国共产党人的试金石　117

王向明 / 正确认识"两个维护"的深刻内涵　124

张荣臣　蒋成会 / 坚持党的全面领导：推进国家治理体系
　　　　　　现代化的首要原则　129

胡仙芝 / 加强党的全面领导与国家治理现代化的辩证统一关系　137

张云飞 / 群众路线：国家治理的中国之道　142

熊光清 / 中国决策机制能够集中力量办大事　156

王明进 / 从决策效率谈中国的制度自信　160

沈春耀 / 人民代表大会制度的创新发展　170

王成栋 / 加强制度建设　改进人大工作　179

蔡志强 / 在坚持和加强党的领导中发挥制度优势　183

亓　光 / 完善新时代人民政协推进国家治理体系现代化的
　　　　现实路径　190

石亚洲 / 深化铸牢中华民族共同体意识实践　194

周少来 / 筑牢国家治理现代化的民主基础　199

胡锦光 / 健全我国合宪性审查机制的若干问题　204

陈培勇 / 全面依法治国的理论与实践　211

许光建 / 新时代国家行政管理改革的方向与路径　217

戚聿东 / 深刻理解社会主义基本经济制度的新内涵　221

金民卿 / 以文化自信塑民族之魂　231

王海军 / 如何更好构筑中国精神、中国价值、中国力量　241

马振清 / 国家治理现代化与以德治国——价值功能定位与
　　　　　有效实现方式　248

何文炯 / 推进更加公平、更可持续、更有效率的社会保障　258

廖永安 / 坚定不移走中国特色社会治理之路　266

陈天祥 / "社会治理"的又一次理论飞跃　270

魏永忠　王丰收 / 依托智慧乡村建设创新基层社会治理新格局　276

邹东升 / 科技支撑赋能新时代社会治理　280

蔡文成 / 巡视"利剑"标注党内监督新高度　286

麻宝斌 / 制度执行力：提升治理效能的关键所在（代后记）　295

马克思主义国家学说的新发展
——党的十九届四中全会的"九个首次"

中共中央党校（国家行政学院）常务副校（院）长

何毅亭

党的十九届四中全会审议通过的《中共中央关于坚持和完善中国特色社会主义制度、推进国家治理体系和治理能力现代化若干重大问题的决定》(以下简称《决定》)，是当代中国马克思主义国家学说的标志性成果，是新时代国家制度和国家治理体系建设举旗定向的政治宣言，既有许多理论上的新概括，又有许多实践上的新举措。全会和《决定》创造了若干个"首次"，大的方面有以下 9 个。

首次用一次党的中央全会专门研究我国国家制度和国家治理问题

坚持和完善中国特色社会主义制度、推进国家治理体系和治理能力现代化，是关系党和国家事业兴旺发达、国家长治久安、人民幸福安康的重大问题，是实现"两个一百年"奋斗目标的重大任务，是把新时代改革开放推向前进的根本要求，是应对风险挑战、赢得主动的有力保证。党的十九届四中全会专门就这个重大问题进行研究部署并作出决定，在中国共产党的历史上还是第一次。这是以习近平同志为核心的党中央从政治上、全局上、战略上全面考量，立足当前、着眼长远作出的重大决策，充分体现了其高瞻远瞩的战略眼光和励精图治的历史担当。

回顾社会主义从诞生到现在的整个过程，中国共产党在中国这样经济文化落后的东方大国夺取全国政权、建立社会主义制度、进而建设社会主义现代化强国，是马克思主义发展史上的崭新课题。同样，在中国这样具有超长时间历史纵深、超大幅员国土面积、超大数量人口规模、超常复杂民族结构、超大规模经济体量的发展中国家建立和完善社会主义国家制度和国家治理体系，马克思主义经典作家没有说过，以往的世界社会主义实践中也没有现成模式可以学习，是极其艰巨的任务。中国共产党迎难而上，坚持把马克思主义基本原理同中国具体实际相结合，不断探索实践，不断改革创新，建立和完善社会主义制度，形成和发展党的领导和经济、政治、文化、社会、生态文明、军事、外事等各方面制度，加强和完善国家治理，取得历史性成就。特别是党的十八大以来，以习近平同志为核心的党中央领导全党全国人民坚持和完善中国特色社会主义制度，推进国家治理体系和治理能力现代化取得重大理论成果、实践成果、制度成果。社会主义中国的制度成就，是人类制度文明史上的伟大创造，是很了不起的。

党的十九届四中全会全面总结党领导人民在探索中国特色社会主义实践中，在我国国家制度建设和国家治理方面取得的成就、积累的经验、形成的原则，系统阐述坚持和完善中国特色社会主义制度、推进国家治理体系和治理能力现代化的重大意义、总体要求、科学内涵、实践途径，是习近平新时代中国特色社会主义思想最新重大成果。这个重大成果，从制度形态上科学回答了新时代坚持和发展什么样的中国特色社会主义、怎样坚持和发展中国特色社会主义的根本问题，是中国共产党对马克思主义和科学社会主义的重大历史性贡献。

首次阐明中国特色社会主义制度与国家治理体系和治理能力之间的关系

马克思主义告诉我们，无产阶级夺取政权以后不能简单地运用现成的国家机器来达到自己的目的，必须建立无产阶级专政的政权机构来代替统治阶级的国家机器。中国特色社会主义制度和国家治理体系，就是中国共产党团结带领中国人民在推翻帝国主义、封建主义和官僚资本主义的反动统治之后，创造性地运用马克思主义国家学说，在不断探索和实践中建立起来的保证亿万人民当家作主的全新国家制度和国家治理体系。

中国特色社会主义制度和国家治理体系的形成和发展，借鉴了我们党领导新民主主义革命时期在根据地执政的宝贵经验，经历了新中国成立后29年、党的十一届三中全会后34年、党的十八大以来7年这3个大的历史发展阶段，是党和人民长期奋斗、接力探索，历尽千辛万苦、付出巨大代价取得的。《决定》首次作出"中国特色社会主义制度是党和人民在长期实践探索中形成的科学制度体系"的新概括，正是对我国国家制度和国家治理体系形成历程的科学总结。

习近平总书记强调，国家治理体系是在党领导下管理国家的制度体系，国家治理能力则是运用国家制度管理社会各方面事务的能力。《决定》进一步明确提出，我国国家治理一切工作和活动都依照中国特色社会主义制度展开，我国国家治理体系和治理能力是中国特色社会主义制度及其执行能力的集中体现。这段话第一次阐明了中国特色社会主义制度与国家治理体系和治理能力之间的内在关系，具有重要的理论意义和实践意义。

国家制度是国家治理的根本依据和内核，国家治理的一切工作和活动都依照国家制度展开。治理国家，制度无疑起根本性、全局性、长远性作用。但是，如果没有有效的治理能力，再好的制度和治理体系也难以发挥作用。国家制度和国家治理体系同国家治理能力虽然有紧密联系，但又不是一回事，不是国家制度越成熟、国家治理体系越完善，国家治理能力就自然而然地越强。所以，《决定》明确提出把提高治理能力作为新时代干部队伍建设的重大任务，通过加强思想淬炼、政治历练、实践锻炼、专业训练，推动广大干部严格按照制度履职尽责、行使权力、开展工作，提高推进"五位一体"总体布局和"四个全面"战略布局等各项工作能力和水平。认真落实《决定》要求，努力把各级干部、各方面管理者的综合素质都提高起来，努力把党和国家机关、企事业单位、人民团体等的管理能力和工作能力都提高起来，整个国家的治理能力才能大幅度提升，国家治理体系才能更加有效运转，我国制度优势才能更好转化为国家治理效能。

首次从13个方面凝练概括了我国国家制度和国家治理体系具有的显著优势

制度优势是一个国家的最大优势，制度竞争是国家间最根本的竞争。制度稳则国家稳，制度强则国家强。新中国成立70年来，中华民族之所以能迎来从站起来、富起来到强起来的伟大飞跃，最根本的是因为党领导人民建立和完善了中国特色社会主义制度，不断加强和完善国家治理，使我国国家制度和国家治理体系在国际竞争中赢得越来越大的比较优势，展现出强大的生机活力。《决定》系统总结我国国家制度和国家治理体系具有的13个显著优势，科学揭示了新中国

70年发展成就的制度原因，有利于增强全党全国各族人民制度自信，有利于推动我国国家制度和国家治理体系的多方面优势更加充分地发挥出来。

世界上没有完全相同的政治制度模式，各个国家的政治制度不可能定于一尊。"鞋子合不合脚，自己穿了才知道。"中国特色社会主义制度和国家治理体系，是在中国社会的土壤中生长起来的，是经过革命、建设、改革长期实践形成起来的，是植根于中华民族五千多年文明史所积淀的深厚历史文化传统、吸收借鉴人类制度文明有益成果丰富起来的，集中体现了中国特色社会主义的特点和优势。习近平总书记2014年在庆祝全国人民代表大会成立60周年大会上的讲话中精辟指出：评价一个国家政治制度是不是民主的、有效的，主要看国家领导层能否依法有序更替，全体人民能否依法管理国家事务和社会事务、管理经济和文化事业，人民群众能否畅通表达利益要求，社会各方面能否有效参与国家政治生活，国家决策能否实现科学化、民主化，各方面人才能否通过公平竞争进入国家领导和管理体系，执政党能否依照宪法法律规定实现对国家事务的领导，权力运用能否得到有效制约和监督。《决定》概括的13个显著优势，是用"八个能否"来衡量中国特色社会主义实践得出的科学结论，由此证明：我国国家制度和国家治理体系是一套行得通、真管用、有效率的制度和治理体系，不仅保障了我国创造出世所罕见的经济快速发展奇迹和社会长期稳定奇迹，而且为发展中国家走向现代化提供了全新选择，为人类探索建设更好社会制度贡献了中国智慧和中国方案。

我国国家制度和国家治理体系之所以具有多方面的显著优势，主要在于我们党坚持把马克思主义基本原理同中国具体实际相结合，把开拓正确道路、发展创新理论、建设有效制度统一起来，使我国国家制度和国家治理体系既体现科学社会主义基本原则，又具有鲜明的中国特色、民族特色、时代特色；主要在于我国国家制度和国家治理体系始终代表最广大人民的根本利益，保证人民当家作主，体现人民共同意志，维护人民合法权益，因而深得中国人民拥护；主要在于我国国家制度和国家治理体系从来不排斥任何有利于中国发展进步的他国国家治理经验，而是坚持以我为主、为我所用，去其糟粕、取其精华，能够在自我完善和发展中长期保持并不断增强自己的显著优越性和强大生命力。

首次提出坚持和完善中国特色社会主义制度推进国家治理体系和治理能力现代化"三步走"总体目标

制度是治国安邦的根本。1980 年，邓小平在总结"文化大革命"的教训时指出："领导制度、组织制度问题更带有根本性、全局性、稳定性和长期性。""制度好可以使坏人无法任意横行，制度不好可以使好人无法充分做好事，甚至会走向反面。"党的十二大鲜明提出走自己的路、建设有中国特色的社会主义的总路线总方针，并且对健全党的民主集中制、改革领导机构和干部制度、有计划有步骤地进行整党等作出部署。党的十三大对我国政治体制改革进行阐述并作出部署。党的十四大确定我国经济体制改革的目标是建立社会主义市场经济体制，明确提出在 20 世纪 90 年代要初步建立起新的经济体制，到建党 100 周年时在各方面形成一整套更加成熟更加定型的制度。党的十五大、十六大、十七大都对制度建设提出明确要求。

党的十八大以来，以习近平同志为核心的党中央以强烈的历史担当把制度建设摆在更加突出的位置，不失时机深化重要领域改革，坚决破除一切妨碍科学发展的思想观念和体制机制弊端，着力构建系统完备、科学规范、运行有效的制度体系。党的十八届三中全会把完善和发展中国特色社会主义制度、推进国家治理体系和治理能力现代化确定为全面深化改革的总目标，推出336项重大改革举措。经过近6年努力，重要领域和关键环节改革成效显著，主要领域基础性制度体系基本形成。

正是在这样的实践成就基础上，《决定》对坚持和完善中国特色社会主义制度、推进国家治理体系和治理能力现代化进行系统总结并提出总体目标。这个总体目标，对标我们党已经确定的到建党100年时全面建成小康社会、到2035年基本实现社会主义现代化、到新中国成立100年时把我国建成富强民主文明和谐美丽的社会主义现代化强国的"三步走"战略目标，进一步明确：到建党100年时，在各方面制度更加成熟更加定型上取得明显成效；到2035年，各方面制度更加完善，基本实现国家治理体系和治理能力现代化；到新中国成立100年时，全面实现国家治理体系和治理能力现代化，使中国特色社会主义制度更加巩固、优越性充分展现。这是党的重要文献中第一次集中提出国家治理体系和治理能力现代化分"三步走"的总体目标，充分反映了以习近平同志为核心的党中央立足新时代中国特色社会主义历史方位，对坚持和完善中国特色社会主义、推进国家治理体系和治理能力现代化作出的战略安排。

首次把中国特色社会主义制度中起四梁八柱作用的制度明确为根本制度、基本制度、重要制度

中国特色社会主义是改革开放以来我们党带领人民推进马克思主义中国化的伟大历史性创造。这个创造，反映在实践形态，就是开辟了中国特色社会主义道路；反映在理论形态，就是形成了包括邓小平理论、"三个代表"重要思想、科学发展观、习近平新时代中国特色

社会主义思想在内的中国特色社会主义理论体系；反映在制度形态，就是确立了中国特色社会主义制度；反映在文化形态，就是坚持和发展了中国特色社会主义文化。

关于中国特色社会主义的几种形态，我们党的三个重要文献曾有科学阐述。胡锦涛在庆祝中国共产党成立90周年大会上的讲话中和党的十八大报告中，对中国特色社会主义道路、中国特色社会主义理论体系、中国特色社会主义制度的科学内涵进行了阐释，并且明确提出中国特色社会主义制度是在经济、政治、文化、社会等各个领域形成的一整套相互衔接、相互联系的制度体系，列举了其中的根本政治制度、基本政治制度、基本经济制度以及建立在这些制度基础之上的各方面体制等具体制度。习近平总书记在党的十九大报告中明确提出"中国特色社会主义文化"和"文化自信"的重大概念，分别对中国特色社会主义道路、中国特色社会主义理论体系、中国特色社会主义制度、中国特色社会主义文化的历史作用作出了科学定位，对全党更加自觉地增强道路自信、理论自信、制度自信、文化自信进行了强调，拓展和丰富了新时代中国特色社会主义的科学内涵。

《决定》的贡献在于，第一次从13个方面系统概括了中国特色社会主义制度和国家治理体系的基本组成部分，把中国特色社会主义制度中起四梁八柱作用的制度明确为根本制度、基本制度、重要制度。根本制度，是指那些反映中国特色社会主义制度本质内容和根本性特征、体现中国特色社会主义质的规定性的制度，是立国的根本，如党的领导制度、人民代表大会制度、马克思主义在意识形态领域指导地位的根本制度、党对人民军队的绝对领导制度等。基本制度，是指那些体现我国社会主义性质，框定国家基本形态、规范国家政治关系和经济关系的制度，如中国共产党领导的多党合作和政治协商制度、民族区域自治制度、基层群众自治制度、社会主义基本经济制度等。重要制度，是指那些由根本制度、基本制度派生的国家治理各领域各方面的主体性制度，如经济、政治、文化、社会、生态文明、军事、外事等领域的主体性制度。《决定》的这种明确，是对党和国家各方面事业作出的重要制度安排，标志着我国国家制度和国家治理体系更加系统化、整体化、规范化。

首次明确党的领导制度在我国国家制度和国家治理体系中的统领地位

推进国家制度和国家治理体系现代化是一个与时俱进的过程，我们对这个问题的认识也是与时俱进的。过去讲中国特色社会主义制度的内涵，一般就讲中国特色社会主义的经济、政治、文化、社会、生态文明、军事、外事和党的建设等领域的制度，这无疑是正确的。党的十八大以来，习近平总书记鲜明提出"中国特色社会主义最本质的特征是中国共产党领导，中国特色社会主义制度的最大优势是中国共产党领导，党是最高政治领导力量"的重大论断，以全新的视野深化了对共产党执政规律的认识。从实践看，党中央全面加强和改进党的领导，不断完善党的领导的体制机制，形成了一套坚持党的领导的制度规范和工作机制，并转化为国家治理的制度优势，使中国特色社会主义制度彰显出更加强大的生机活力。实践充分证明，党的领导制度是我国的根本领导制度，在国家制度和国家治理体系中居于统筹、统领、统帅地位，毫无疑问，是中国特色社会主义制度须臾不可或缺的根本制度。

《决定》提出"党的领导制度体系"这个重大概念，把坚持和完善党的领导制度体系，提高党科学执政、民主执政、依法执政水平放在坚持和完善中国特色社会主义制度、推进国家治理体系和治理能力现代化的首要位置，突出了党的领导制度在国家制度和国家治理体系中的统领地位，而且首次从6个方面阐述了坚持和完善党的领导制度体系的基本要素，从指导思想到重大观点再到具体措施都体现了坚持和加强党的领导、做到"两个维护"的要求。这些新概括新规定，抓住了国家制度建设和国家治理的关键和根本，有利于使党的领导制度化、具体化、规范化，确保把党的领导落实到国家治理的各领域各环节各方面。

首次对社会主义基本经济制度内涵作出重要拓展和深化

社会主义基本经济制度是经济制度体系中具有长期性和稳定性的部分，对经济制度属性和经济发展方式具有决定性影响。《决定》明确提出，公有制为主体、多种所有制经济共同发展，按劳分配为主体、多种分配方式并存，社会主义市场经济体制等社会主义基本经济制度，既体现了社会主义制度优越性，又同我国社会主义初级阶段社会生产力发展水平相适应，是党和人民的伟大创造。这段表述，第一次把分配方式和社会主义市场经济体制纳入基本经济制度范畴，是我们党的一个重大理论创新。

一个社会的基本经济制度是由这个社会的生产力与生产关系决定的，主要包括社会生产资料所有制、社会分配方式和社会资源配置方式三个基本组成部分。改革开放以来，我们党深刻总结国内外正反两方面经验，从我国社会主义初级阶段的基本国情出发，解放思想、实事求是，实现了从单一的公有制经济向公有制为主体、多种所有制经济共同发展的转变，实现了从单一的按劳分配方式向按劳分配为主体、多种分配方式并存的转变，实现了从高度集中的计划经济体制向社会主义市场经济体制的转变，极大地解放和发展了社会生产力，创造了经济快速发展的奇迹。

在实践探索和实践检验的基础上,党的十二届三中全会明确提出,社会主义经济是在公有制基础上的有计划的商品经济;党的十四大第一次明确提出建立社会主义市场经济体制;党的十四届三中全会进一步提出,必须坚持以公有制为主体、多种经济成分共同发展的方针;党的十五大第一次明确提出"公有制为主体、多种所有制经济共同发展,是我国社会主义初级阶段的一项基本经济制度",标志着我国社会主义基本经济制度的正式确立。党的十六大进一步明确提出"两个毫不动摇"的重要思想,即毫不动摇地巩固和发展公有制经济,毫不动摇地鼓励、支持和引导非公有制经济发展。党的十八届三中全会明确提出公有制经济和非公有制经济都是社会主义市场经济的重要组成部分,都是我国经济社会发展的重要基础。这些都表明我们党对社会主义基本经济制度的认识在不断深化。

党的十九届四中全会的一大创新,就是对社会主义基本经济制度作出新概括,把按劳分配为主体、多种分配方式并存和社会主义市场经济体制上升为基本经济制度。这是对我国改革开放四十多年经验特别是党的十八大以来新鲜经验的一个科学总结,为推动经济高质量发展、建设现代化经济体系提供了理论支撑和制度支撑。

首次把马克思主义在意识形态领域的指导地位明确为一项根本制度

《决定》提出:"坚持马克思主义在意识形态领域指导地位的根本制度。"这是党的重要文献中第一次把马克思主义在意识形态领域的指导地位作为党和国家一项根本制度明确下来。

马克思主义的诞生是人类思想史上最伟大最重要的事件,引发了人类社会前所未有的历史性变革。马克思、恩格斯在《德意志意识形态》中指出:"统治阶级的思想在每一时代都是占统治地位的思想。这就是说,一个阶级是社会上占统治地位的物质力量,同时也是社会上占统治地位的精神力量。"人类社会发展史表明,任何国家和社会都有占统治地位的意识形态,社会主义国家和社会是这样,资本主义国家和社会也是这样。中国共产党是以马克思主义为旗帜的政党,中国革命、建设、改革的全部成就都是在马克思主义和马克思主义中国化成果指引下取得的,由此决定了我国意识形态领域的指导思想必然是马克思主义。

当今世界正经历百年未有之大变局,我国正处于实现中华民族伟大复兴关键时期,既面临大有可为的历史机遇,也面临着前所未有的风险挑战。面对社会思想观念日益多样、社会价值取向日益多元、意识形态领域思潮纷涌的复杂情况,必须毫不动摇地坚持和巩固马克思主义在意识形态领域的指导地位,促进全体人民在思想上紧紧团结在一起,这样才能不断克服前进道路上各种艰难险阻,去夺取新时代的新胜利。

习近平总书记在党的十八届三中全会上的重要讲话中指出:"意识形态工作是党的一项极端重要的工作。面对改革发展稳定复杂局面和社会思想意识多元多样、媒体格局深刻变化,在集中精力进行经济建设的同时,一刻也不能放松和削弱意识形态工作,必须把意识形态工作的领导权、管理权、话语权牢牢掌握在手中,任何时候都不能旁落,否则就要犯无可挽回的历史性错误。"《决定》把坚持马克思主义在意识形态领域的指导地位明确为党和国家一项根本制度,正是从国家制度和国家治理层面牢牢掌握意识形态工作领导权、管理权、话语权的重大举措,反映了以习近平同志为核心的党中央对新时代意识形态工作和意识形态安全的高度重视。

首次明确了党和国家监督体系在中国特色社会主义制度和国家治理体系中的重要定位

党和国家监督体系是党在长期执政条件下实现自我净化、自我完善、自我革新、自我提高的重要制度保障。《决定》在明确提出坚持和完善中国特色社会主义制度、推进国家治理体系和治理能力现代化13个方面的重要任务中，把"坚持和完善党和国家监督体系，强化对权力运行的制约和监督"作为一个独立的方面单列出来并作出制度安排，这在党的重要文献中还是第一次，标志着我们党对长期执政条件下推进自我革命、永葆先进性和纯洁性的认识达到一个新境界。

如何跳出"其兴也勃焉，其亡也忽焉"的历史周期率，是中国共产党始终不懈探索的重大理论和实践问题。在党全面领导、长期执政条件下，不断增强自我净化能力，保证干部清正、政府清廉、政治清明，要求我们党既要完善自我监督，又要加强对国家机关的监督。党的十八大以来，以习近平同志为核心的党中央着眼党和国家长治久安，从政治和全局高度推进监督制度改革，初步形成党和国家监督体系总体框架。党的十九大深刻总结十八大以来我们党全面从严治党的经验，明确提出"构建党统一指挥、全面覆盖、权威高效的监督体系"的战略任务。党的十九届二中全会审议通过了《中共中央关于修改宪法部分内容的建议》。根据该建议，十三届全国人大一次会议审议通过的宪法修正案专门增写监察委员会，确立了监察委员会作为国家机构的法律地位。这是对我国政治体制、政治权力、政治关系的重大调整，是对国家监督制度的顶层设计，是对中国特色社会主义监督制度的丰富和完善。党的十九大以来，在党中央坚强领导下，一体推进党的纪律检查体制改革、国家监察体制改革和纪检监察机构改革取得重要成果。各级监委和纪委合署办公，通过日常监督、派驻监督和巡视监督，实现党内监督和国家监督的统一，推动监督监察常规化、常态化，使党和国家监督体系更加完备、科学、有序。所有这些为巩固和发展党的十八大以来全面从严治党成果，提供了有力制度和法律保障，为建立集中统一、权威高效的党和国家监督体系奠定了坚实基础。

完善党和国家监督体系是一项艰巨复杂的系统工程。《决定》着眼增强监督的严肃性、协同性、有效性，形成决策科学、执行坚决、监督有力的权力运行机制，确保党和人民赋予的权力始终用来为人民谋幸福，实现对所有行使公权力的公职人员监督全覆盖，从健全党和国家监督制度、完善权力配置和运行制约机制、构建一体推进不敢腐不能腐不想腐体制机制这3个方面提出了明确要求和举措，具有很强的针对性和操作性。

除以上"九个首次"外，《决定》在总结实践经验的基础上，对人民当家作主制度体系、中国特色社会主义法治体系、中国特色社会主义行政体制、繁荣发展社会主义先进文化的制度、统筹城乡的民生保障制度、共建共治共享的社会治理制度、生态文明制度体系、党对人民军队的绝对领导制度、"一国两制"制度体系等进一步作出了阐述，还提出了一系列富有新意的重要理论观点和重大改革举措。

总体上归结起来说，党的十九届四中全会全面回答了我国国家制度和国家治理体系应该坚持和巩固什么、应该完善和发展什么这个重大政治问题，必将以提出的一系列新思想新观点新举措对马克思主义国家学说的新发展而载入中国共产党史册。

党的十九届四中全会《决定》：
新时代的纲领性文献

中国社会科学院当代中国研究所研究员
刘国新

党的十九届四中全会审议通过的《决定》是一个重要的纲领性文件，《决定》中有很多新的提法和新的论断值得我们认真学习和深刻领会。

为什么要做这一决定

中央全会对于制度建设作出决定，这是第一次。这一伟大举措与当前我们党所处的变革形势、我国发展所处的新的历史方位密切相关。一方面，当今世界正经历百年未有之大变局，国际形势复杂多变，我们面临的风险挑战之严峻前所未有；另一方面，我国正处于实现中华民族伟大复兴关键时期，改革发展稳定、内政外交国防、治党治国治军各方面任务之繁重前所未有，站在"两个一百年"奋斗目标的历史交汇期和向着全面建设社会主义现代化强国迈进的新的历史起点上，从党和国家事业发展全局和长远出发，必须坚持和完善中国特色社会主义制度、推进国家治理体系和治理能力现代化，运用制度威力应对风险挑战的冲击。所以，中央政治局决定，以一次中央全会专题研究坚持和完善中国特色社会主义制度、推进国家治理体系和治理能力现代化重大议题。

什么是中国特色的制度和治理体系

制度和治理体系是治国理政、治国安邦的决定因素。2013 年 11 月，召开的党的十八届三中全会首次提出把"完善和发展中国特色社会主义制度，推进国家治理体系和治理能力现代化"作为全面深化改革的总目标。随着改革开放逐步深化，我们党对制度和治理体系建设的认识越来越深入。党的十九大作出到本世纪中叶把我国建成富强民主文明和谐美丽的社会主义现代化强国的战略安排，其中，制度建设和治理能力建设的目标是：到 2035 年，"各方面制度更加完善，国家治理体系和治理能力现代化基本实现"；到本世纪中叶，"实现国家治理体系和治理能力现代化"。党的十九届四中全会通过的《决定》更加明确地提出，"中国特色社会主义制度和国家治理体系是以马克思主义为指导、植根中国大地、具有深厚中华文化根基、深得人民拥护的制度和治理体系，是具有强大生命力和巨大优越性的制度和治理体系，是能够持续推动拥有近十四亿人口大国进步和发展、确保拥有五千多年文明史的中华民族实现'两个一百年'奋斗目标进而实现伟大复兴的制度和治理体系"。

坚持和巩固什么——中国国家制度和治理体系的优势在哪里

《决定》明确提出我国国家制度和国家治理体系具有多方面的显著优势，其中包括党的集中统一领导、人民当家作主、全面依法治国等政治制度，以及公有制为主体、多种所有制经济共同发展等经济制度，也包含了弘扬中华优秀传统文化、革命文化、社会主义先进文化，独立自主和对外开放相统一等制度，覆盖范围涉及经济、政治、文化、社会、生态文明和党的建设等方面。我们常说，要坚定中国特色社会主义道路自信、理论自信、制度自信、文化自信，"自信"的底气从何而来？这些显著优势就是基本依据。

坚持和完善什么——如何把中国制度优势更好转化为国家治理效能

《决定》提出了13个"坚持和完善"，为我们明确了13个方面的任务，分别为：坚持和完善党的领导制度体系；坚持和完善人民当家作主制度体系；坚持和完善中国特色社会主义法治体系；坚持和完善中国特色社会主义行政体制；坚持和完善社会主义基本经济制度；坚持和完善繁荣发展社会主义先进文化的制度；坚持和完善统筹城乡的民生保障制度；坚持和完善共建共治共享的社会治理制度；坚持和完善生态文明制度体系；坚持和完善党对人民军队的绝对领导制度；坚持和完善"一国两制"制度体系；坚持和完善独立自主的和平外交政策；坚持和完善党和国家监督体系。

总体目标是什么

《决定》进一步明确了总体目标：到我们党成立一百年时，在各方面制度更加成熟更加定型上取得明显成效；到二〇三五年，各方面制度更加完善，基本实现国家治理体系和治理能力现代化；到新中国成立一百年时，全面实现国家治理体系和治理能力现代化，使中国特色社会主义制度更加巩固、优越性充分展现。此外,"坚持和完善中国特色社会主义制度、推进国家治理体系和治理能力现代化"被作为全党的一项重大战略任务。

各级党委和政府以及各级领导干部要切实强化制度意识,带头维护制度权威,做制度执行的表率,带动全党全社会自觉尊崇制度、严格执行制度、坚决维护制度。加强制度理论研究和宣传教育,引导全党全社会充分认识中国特色社会主义制度的本质特征和优越性,坚定制度自信。推动广大干部严格按照制度履行职责、行使权力、开展工作,提高推进"五位一体"总体布局和"四个全面"战略布局等各项工作能力和水平,也是更好坚持和完善中国特色社会主义制度、推进国家治理体系和治理能力现代化的题中应有之义。

为什么说党的十九届四中全会打开科学社会主义制度发展新篇章

教育部社会科学委员会副主任委员，北京大学马克思主义学院教授

顾海良

党的十九届四中全会审议通过的《决定》，对坚持和完善中国特色社会主义制度、推进国家治理体系和治理能力现代化的重大意义和根本要求、显著优势和制度安排等重大问题作出系统阐述，对坚持和完善中国特色社会主义制度、推进国家治理体系和治理能力现代化的总体目标作出庄重宣示，成为中国特色社会主义科学制度体系和国家治理体系的纲领性文献，赋予"中国之治"新的时代内涵，谱写了科学社会主义制度发展的新篇章。

制度：根本保障、优势和特色

中国特色社会主义制度作为中国特色社会主义的重要内容，在党的文件中最早是与中国特色社会主义道路和理论联系在一起的。2011年，胡锦涛在庆祝中国共产党成立90周年大会的讲话中，把"开辟了中国特色社会主义道路，形成了中国特色社会主义理论体系，确立

了中国特色社会主义制度",看作我们党经过 90 年的奋斗、创造和积累形成的,党和人民必须倍加珍惜、长期坚持、不断发展的"根本成就"。中国特色社会主义道路、理论体系和制度是一个有机统一体。其中,道路是实现途径,理论体系是行动指南,制度是根本保障,三者紧密联系,统一于中国特色社会主义的伟大实践。党的十八大对这一制度进行概括时指出:"中国特色社会主义制度,就是人民代表大会制度的根本政治制度,中国共产党领导的多党合作和政治协商制度、民族区域自治制度以及基层群众自治制度等基本政治制度,中国特色社会主义法律体系,公有制为主体、多种所有制经济共同发展的基本经济制度,以及建立在这些制度基础上的经济体制、政治体制、文化体制、社会体制等各项具体制度。"

2016 年,习近平总书记在庆祝中国共产党成立 95 周年大会的讲话中,根据中国特色社会主义实践和理论的新发展,提出"坚持不忘初心、继续前进,就要坚持中国特色社会主义道路自信、理论自信、制度自信、文化自信,坚持党的基本路线不动摇,不断把中国特色社会主义伟大事业推向前进"。在"四个自信"中,不仅突出了"文化自信,是更基础、更广泛、更深厚的自信",而且强调"我们要坚信,中国特色社会主义制度是当代中国发展进步的根本制度保障,是具有鲜明中国特色、明显制度优势、强大自我完善能力的先进制度"。中国特色社会主义制度作为当代中国发展进步的根本保障,在经济、政治、文化、社会等各个方面、各个领域集中体现了中国特色社会主义的特点和优势。

"总目标"的推进和升华

"完善和发展中国特色社会主义制度,推进国家治理体系和治理能力现代化"作为全面深化改革"总目标",成为党的十八届三中全会以来中国特色社会主义制度发展的显著特征。关于"总目标",习近平总书记指出,摆在我们面前的一项重大历史任务,就是推动中国特色社会主义制度更加成熟更加定型,为党和国家事业发展、为人民幸福安康、为社会和谐稳定、为国家长治久安提供一整套更完备、更稳定、更管用的制度体系。这项工程极为宏大,必须是全面的系统的改革和改进,是各领域改革和改进的联动和集成,在国家治理体系和治理能力现代化上形成总体效应、取得总体效果。

党的十八届三中全会以来,以习近平同志为核心的党中央在全面深化改革中,勇于实践、重在发展、不断创新,坚持和完善社会主义制度,全面推进和发展党的领导和经济、政治、文化、社会、生态文明、军事、外事等各方面制度,特别是在统筹推进"五位一体"总体布局、协调推进"四个全面"战略布局中,推动中国特色社会主义制度更加完善、国家治理体系和治理能力现代化等方面水平明显提高,为政治稳定、经济发展、文化繁荣、民族团结、人民幸福、社会安宁、国家统一提供了制度保障,作出了历史性贡献。

在这一过程中,习近平总书记强调了"总目标"中"两句话"的关系,即"必须完整理解和把握全面深化改革的总目标,这是两句话组成的一个整体,即完善和发展中国特色社会主义制度、推进国家治理体系和治理能力现代化"。前一句话规定了根本方向,我们要坚定不移走中国特色社会主义道路,既不走封闭僵化的老路,也不走改旗易帜的邪路;后一句话规定了在根本方向指引下完善和发展中国特色社会主义制度的鲜明指向。从"两句话"体现的根本方向和鲜明指向的内在统一性上理解"总目标",才是完整的、全面的。

党的十九大正式作出"到新中国成立一百年时,基本实现现代化,把我国建成社会主义现代化国家"的战略安排,提出了从"国家治理体系和治理能力现代化基本实现"到"实现国家治理体系和治理能力现代化"的战略步骤。建设社会主义现代化强国的宏伟目标,成为习近平新时代中国特色社会主义思想的重要内涵,是对坚持和完善中国特色社会主义制度、推进国家治理体系和治理能力现代化理论上和实践上的重大跃升。党的十九大以来,中国特色社会主义经历了一个时段虽然不长但极不平凡的过程。在这一时段,党的十八大期间取得的历史性成就和历史性变革得以巩固、延续和深化;面对具有许多新的历史特点的伟大斗争,改革发展稳定、内政外交国防、治党治国治军以及新时代中国特色社会主义事业的各个方面,也展示出更加向好的新成就、新变革、新气象;在制度完善和国家治理体系及治理能力现代化上,同样交出了一份出色的成绩单。

制度体系和治理现代化的中国智慧和显著优势

中国特色社会主义制度体系和国家治理体系是党领导人民在新时代坚持和发展中国特色社会主义实践中砥砺前行、坚韧不拔地干出来的,是历经艰辛探索而得出的规律性认识。对党的十八大以来实践中不断得到丰富、发展和检验的成功经验和思想智慧的凝炼,对党的十九大作出的战略安排一步一个脚印地坚定推进、与时俱行,使我们更为深刻地认识到,中国特色社会主义制度和国家治理体系是以马克思主义为指导同时又赋予马克思主义新的时代内涵,是植根中国大地、具有深厚中华文化根基同时又彰显时代意蕴、具有世界意义,深得中国人民拥护的制度和治理体系。

中国特色社会主义制度体系和国家治理体系,不是任何别的国家制度和治理体系的"翻版",而是中国共产党领导全国各族人民,在新时代坚持和发展中国特色社会主义实践中因势创新的理论结晶,特别是对中国制度体系和国家治理体系多方面的显著优势的思想凝练。《决定》对这些显著优势作出全面概括，主要包括：坚持党的集中统一领导，坚持党的科学理论，保持政治稳定，确保国家始终沿着社会主义方向前进的显著优势；坚持人民当家作主，发展人民民主，密切联系群众，紧紧依靠人民推动国家发展的显著优势；坚持全面依法治国，建设社会主义法治国家，切实保障社会公平正义和人民权利的显著优势；坚持全国一盘棋，调动各方面积极性，集中力量办大事的显著优势；坚持各民族一律平等，铸牢中华民族共同体意识，实现共同团结奋斗、共同繁荣发展的显著优势；坚持公有制为主体、多种所有制经济共同发展和按劳分配为主体、多种分配方式并存，把社会主义制度和市场经济有机结合起来，不断解放和发展社会生产力的显著优势；坚持共同的理想信念、价值理念、道德观念，弘扬中华优秀传统文化、革命文化、社会主义先进文化，促进全体人民在思想上精神上紧紧团结在一起的显著优势；坚持以人民为中心的发展思想，不断保障和改善民生、增进人民福祉，走共同富裕道路的显著优势；坚持改革创新、与时俱进，善于自我完善、自我发展，使社会充满生机活力的显著优势；坚持德才兼备、选贤任能，聚天下英才而用之，培养造就更多更优秀人才的显著优势；坚持党指挥枪，确保人民军队绝对忠诚于党和人民，有力保障国家主权、安全、发展利益的显著优势；坚持"一国两制"，保持香港、澳门长期繁荣稳定，促进祖国和平统一的显著优势；坚持独立自主和对外开放相统一，积极参与全球治理，为构建人类命运共同体不断作出贡献的显著优势。

对这些规律性的深刻认识和对这些显著优势的深刻把握，成为我们坚定中国特色社会主义道路自信、理论自信、制度自信、文化自信的基本依据和根本力量，也成为我们坚持和完善中国特色社会主义制度、推进国家治理体系和治理能力现代化的定力和信念，成为我们提出全面实现国家治理体系和治理能力现代化"总体目标"的底气和底蕴。

"总体目标"升华的意蕴

党的十九届四中全会在十八届三中全会提出的全面深化改革"总目标"的基础上，以深邃的历史穿透力、深刻的理论感染力和深厚的时代感召力，提出了"到我们党成立一百年时，在各方面制度更加成熟更加定型上取得明显成效；到二〇三五年，各方面制度更加完善，基本实现国家治理体系和治理能力现代化；到新中国成立一百年时，全面实现国家治理体系和治理能力现代化，使中国特色社会主义制度更加巩固、优越性充分展现"的"总体目标"。

从全面深化改革的"总目标"到"总体目标"的提出，是党对推进国家治理体系和治理能力现代化理论和实践认识的升华。

这一"总体目标"，涵盖了中国特色社会主义制度的各个方面和国家治理体系的各个环节，构成一个有机的总体。《决定》对国家治理各方面各环节作出一系列重大决策部署：一是坚持和完善党的领导制度体系，提高党科学执政、民主执政、依法执政水平；二是坚持和完善人民当家作主制度体系，发展社会主义民主政治；三是坚持和完善中国特色社会主义法治体系，提高党依法治国、依法执政能力；四是坚持和完善中国特色社会主义行政体制，构建职责明确、依法行政的政府治理体系；五是坚持和完善社会主义基本经济制度，推动经济高质量发展；六是坚持和完善繁荣发展社会主义先进文化的制度，巩固全体人民团结奋斗的共同思想基础；七是坚持和完善统筹城乡的民生保障制度，满足人民日益增长的美好生活需要；八是坚持和完善共建共治共享的社会治理制度，保持社会稳定、维护国家安全；九是坚持和完善生态文明制度体系，促进人与自然和谐共生；十是坚持和完善党对人民军队的绝对领导制度，确保人民军队忠实履行新时代使命任务；十一是坚持和完善"一国两制"制度体系，推进祖国和平统一；十二是坚持和完善独立自主的和平外交政策，推动构建人类命运共同体；十三是坚持和完善党和国家监督体系，强化对权力运行的制约和监督。

这一"总体目标"，在对各个方面和各个环节改革和发展目标设定中，凸显了实现"总体目标"首要的政治优势就是"坚持党的集中统一领导"。对此，《决定》强调，"必须坚持党政军民学、东西南北中，党是领导一切的，坚决维护党中央权威，健全总揽全局、协调各方的党的领导制度体系，把党的领导落实到国家治理各领域各方面各环节"。可见，"坚持党的集中统一领导""党是领导一切的"，成为"总体目标"中决定其他一切关系的地位和影响的"普照的光"。

这一"总体目标"，站在新时代的高度，对国家治理现代化的根本方向和鲜明指向作出新的概括，必将在全面实现国家治理体系和治理能力现代化过程中，为实现"两个一百年"奋斗目标，实现中华民族伟大复兴的中国梦提供重要保证的牢固基础。

加强制度建设的时代意义

上海市习近平新时代中国特色社会主义思想研究中心研究员，华东师范大学公共管理学院教授

——郝宇青

党的十九届四中全会是在中国特色社会主义进入关键时期而召开的一次重要会议。会议审议通过的《决定》，特别强调了制度建设在新时代中国特色社会主义发展进程中、在推进国家治理体系和治理能力现代化进程中的重要地位。《决定》不仅强调了中国国家制度和国家治理体系具有多方面的显著优势，更重要的是，进一步指明了中国制度建设的方向和内容，即：坚持和完善党的领导制度体系；坚持和完善人民当家作主制度体系；坚持和完善中国特色社会主义法治体系；坚持和完善中国特色社会主义行政体制；坚持和完善社会主义基本经济制度；坚持和完善繁荣发展社会主义先进文化的制度；坚持和完善统筹城乡的民生保障制度；坚持和完善共建共治共享的社会治理制度；坚持和完善生态文明制度体系；坚持和完善党对人民军队的绝对领导制度；坚持和完善"一国两制"制度体系；坚持和完善独立自主的和平外交政策；坚持和完善党和国家监督体系。这充分体现了中国特色社会主义制度建设是全方位、系统性的，也充分体现了我国现

代化建设的目标是全面的现代化。

制度建设：现代化建设成功的关键因素

综观世界，现代化国家发展进程中的成功经验和失败教训，其中最为重要的一条规律是：大凡成功的现代化国家，多是在制度建设方面有比较好的实践，制度的制定符合自身实际，制度的执行力充分而有效，制度在执行过程中体现了真正的普遍主义原则；那些失败的国家，大多没有能够完成对国家和社会的制度化改造，在制度建设方面，或存在制度供给不足的问题，或存在制度供给过剩的问题，其根本问题是制度运行低效乃至无效，制度执行过程中存在着较为严重的特殊主义倾向。正因为这样，不少研究政治发展的学者通常都把制度化作为现代化最重要的指标之一。

就中国特色社会主义制度建设实践而言，中国共产党将马克思主义基本原理同中国具体实际相结合，不断探索实践、改革创新，在建立和完善中国特色社会主义制度、进行中国特色社会主义现代化建设进程中，形成和发展了一套完备而有效的制度体系，如党的领导和经济、政治、文化、社会、生态文明、军事、外事等各方面制度。中国制度的有效性最为明显的表现是：国家制度和国家治理体系呈现出了多方面的显著优势，如坚持党的集中统一领导，坚持人民当家作主，坚持全面依法治国，坚持全国一盘棋，坚持各民族一律平等，坚持公有制为主体、多种所有制经济共同发展和按劳分配为主体、多种分配方式并存，坚持共同的理想信念、价值理念、道德观念，坚持以人民为中心的发展思想，坚持改革创新、与时俱进，坚持德才兼备、选贤任能，坚持党指挥枪，坚持"一国两制"，坚持独立自主和对外开放相统一等。正如《决定》所指出的："这些显著优势，是我们坚定中国特色社会主义道路自信、理论自信、制度自信、文化自信的基本依据。"应当说，对于这些已经建立起来并经过实践检验的、具有显著优势的制度，在具有中国特色的社会主义现代化建设进程中，我们要继续把它们"坚持好、巩固好"，并把它们进一步发扬光大。这是中国特色社会主义现代化建设取得成功的根本保证，也是中国特色社会主义现代化建设走向未来的根本保证。

中国特色社会主义制度的适应性变革

一套成熟的、成功的制度体系，从来不是静止的、一成不变的，而是和具体实际相结合，并能够根据具体实际的发展变化而加以发展和完善的。或者说，制度的适应性变革是制度成熟、成功的标志。《决定》对制度建设的强调，可以看作新时代中国特色社会主义制度体系的适应性变革。中共中央政治局2019年9月就"新中国国家制度和法律制度的形成和发展"举行第十七次集体学习时，习近平总书记强调："坚持从我国国情出发，继续加强制度创新，加快建立健全国家治理急需的制度、满足人民日益增长的美好生活需要必备的制度。要及时总结实践中的好经验好做法，成熟的经验和做法可以上升为制度、转化为法律。"在这里，"加强制度创新"，可以看作制度的适应性变革和中国特色社会主义现代化建设走向成功的根本保证。

需要指出的是，只守住昨天成功的制度不放，是无法走向成功的未来的。在这个意义上，加强制度建设，不断进行制度创新，是新时代的一项重要战略任务。当然，我们还必须清醒地认识到，制度建设固然重要，但是更加重要的是制度的落实和实施，即制度的执行力。正如习近平总书记指出的："要强化制度执行力，加强制度执行的监督，切实把我国制度优势转化为治理效能。"因此，在我国强化制度建设的过程中，不能只是停留在构建制度的层面上，不能只满足于制度的文本形式和"制度上墙"，而更应该追求制度的执行和制度执行的成效。再多的制度，如果不能得到真正的执行，不能在执行过程中真正体现制度的普遍主义，那也是无效的制度。而无效的制度，除了增加社会运行的成本，恶化社会的风气，降低制度的权威之外，并不会为现代化社会建设带来正向发展。因此，在我国强化制度建设的过程中，要避免制度建设和制度执行的形式主义。

中国特色社会主义制度为何拥有强大生命力

中国人民大学马克思主义学院教授,中国人民大学习近平新时代中国特色社会主义思想研究院研究员

汪亭友

党的十九届四中全会是一次具有开创性、里程碑意义的会议,最重要的成果就是审议通过了《决定》。《决定》系统总结了我国国家制度建设和国家治理发生的历史性变革,深刻阐释了党领导人民长期探索实践形成的制度性成果,全面概括了我国国家制度和国家治理体系的显著优势,进一步明确了坚持和完善中国特色社会主义制度、推进国家治理体系和治理能力现代化的方向、部署等。此次会议的召开和《决定》的发布,为把我国制度优势更好转化为国家治理效能指明了前进方向。

中国特色社会主义制度是长期探索实践取得的历史性成就

社会制度是一个国家在一定历史条件下形成的规则体系的总称,是一个社会赖以生存和发展的基础。任何一种社会制度都有一个建立、发展、完善到更加成熟、更加定型的过程。我国的社会主义制度

是在经济文化相对落后基础上建立的，是人民当家作主的新型制度，建立它不易，使之完善发展、成熟定型更加不易，任务也更为艰巨。

改革开放初期，邓小平深刻总结国内外正反两方面经验，强调制度建设对于党和国家事业发展的重大意义。1980年，邓小平指出，"领导制度、组织制度问题更带有根本性、全局性、稳定性和长期性"，"关系到党和国家是否改变颜色，必须引起全党的高度重视"。

从党的十一届三中全会到党的十八大的召开，围绕解决我国社会主要矛盾和发展生产力的根本任务，实现国家富强民主文明和谐的目标，中国共产党团结带领人民解放思想、实事求是、与时俱进、求真务实，集中力量革除一切阻碍生产力发展的体制机制弊端，创建适应经济社会发展要求的新体制新机制，在理论创新、实践创新中推动制度创新、体制创新、机制创新，推进中国特色社会主义制度的自我完善与发展，为我国形成更加成熟、更加定型的社会制度奠定了扎实的基础。

实践发展没有止境，制度创新和发展也没有止境。党的十八大以来，以习近平同志为核心的党中央高度重视中国特色社会主义制度建设，把制度建设摆在更加突出的位置，强调"全面建成小康社会，必须以更大的政治勇气和智慧，不失时机深化重要领域改革，坚决破除一切妨碍科学发展的思想观念和体制机制弊端，构建系统完备、科学规范、运行有效的制度体系，使各方面制度更加成熟更加定型"。2013年11月召开的党的十八届三中全会明确把"完善和发展中国特色社会主义制度、推进国家治理体系和治理能力现代化"作为全面深化改革的总目标。2014年2月17日，习近平总书记在省部级主要领导干部学习贯彻党的十八届三中全会精神全面深化改革专题研讨班开班式上的讲话中指出："从形成更加成熟更加定型的制度看，我国社会主义实践的前半程已经走过了，前半程我们的主要历史任务是建立社会主义基本制度,并在这个基础上进行改革,现在已经有了很好的基础。后半程,我们的主要历史任务是完善和发展中国特色社会主义制度,为党和国家事业发展、为人民幸福安康、为社会和谐稳定、为国家长治久安提供一整套更完备、更稳定、更管用的制度体系。"

党的十九大确立习近平新时代中国特色社会主义思想为党的指导思想,进一步明确了制度建设和治理能力建设的目标。在这一思想和目标的指引下,完善和发展中国特色社会主义制度、推进国家治理体系和治理能力现代化的进程加快。根据新时代中国特色社会主义的目标任务、战略部署,围绕全面深化改革的总目标,全面加强党的领导,强调以党的自我革命引领社会革命,强调加强党的制度建设,同时强化顶层设计、重视政策分层对接和人民首创精神,深化党和国家机构改革,在制度建设和治理能力建设上迈出了新的重大步伐。

在党中央的坚强领导和有力部署下,全面深化改革呈现全面发力、多点突破、蹄疾步稳、纵深推进的良好态势并向纵深推进,重要领域和关键环节大批改革举措密集出台、成效显著,制度落实力度持续加大,中国特色社会主义制度体系中具有四梁八柱性质的主体框架已经基本确立,主要领域基础性制度体系基本形成,形成和发展党的领导和经济、政治、文化、社会、生态文明、军事、外事等各方面制度,为推进国家治理体系和治理能力现代化打下了坚实基础。正是在我国制度建设和国家治理取得历史性成就的背景下,从党和国家事业发展的全局和长远出发,党的十九届四中全会全面总结所取得的成就、积累的经验、形成的原则,重点阐述坚持和完善支撑中国特色社会主义制度的根本制度、基本制度、重要制度,部署需要深化的重大体制机制改革、需要推进的重点工作任务,为新时代"坚持和巩固什么、完善和发展什么"这个重大政治问题提供了根本遵循。

中国特色社会主义制度是马克思主义中国化的创造性成果

党的十九届四中全会系统总结了我国国家制度和国家治理体系具有的 13 个方面的显著优势，如此全面系统地进行概括，在我们党和国家的历史上是第一次。这既是党领导人民一代又一代接续奋斗、长期积累的伟大成果，又是国家制度建设和国家治理能力迈向现代化的重要标志，是党领导人民坚定"四个自信"，夺取新时代中国特色社会主义伟大胜利的基本依据。

中国特色社会主义制度和国家治理体系的显著优势，集中体现在党的领导制度在国家治理体系当中的统摄性地位。党的领导制度作为国家的根本领导制度，统领和贯穿其他 12 个方面制度，其他 12 个方面制度都以党的集中统一领导为前提、以党的科学理论指引为基础。这 13 个方面的制度高屋建瓴、内涵丰富，不仅涵盖了政治、经济、文化、社会、生态、军事、外事等各个方面，而且涉及政治建设、法治建设、民族制度、经济制度、文化建设、社会建设、生态文明建设、组织制度、军队建设、"一国两制"、和平外交等各个领域，是新中国成立特别是改革开放以来，党领导人民坚持把马克思主义基本原理同中国具体实际相结合，不断推进马克思主义中国化形成的创造性成果。这些成果和成就的取得，贯穿社会主义建设与社会主义改革的伟大历史进程，体现了中国特色社会主义制度在一脉相承和与时俱进中不断自我完善和发展，推进国家治理体系和治理能力现代化。

在这 13 个方面的显著优势中，有些制度优势的形成，是在长期的探索中逐渐完善并发展起来的，如坚持党的集中统一领导，坚持党的科学理论，保持政治稳定，确保国家始终沿着社会主义方向前进的显著优势，如坚持人民当家作主，发展人民民主，密切联系群众，紧紧依靠人民推动国家发展的显著优势，如坚持德才兼备、选贤任能，聚天下英才而用之，培养造就更多更优秀人才的显著优势，如坚持党指挥枪，确保人民军队绝对忠诚于党和人民，有力保障国家主权、安全、发展利益的显著优势等。有些制度优势的形成，是在改革开放新的实践中创造出来的，如坚持全面依法治国，建设社会主义法治国家，切实保障社会公平正义和人民权利的显著优势，如坚持公有制为主体、多种所有制经济共同发展和按劳分配为主体、多种分配方式并存，把社会主义制度和市场经济有机结合起来，不断解放和发展社会生产力的显著优势，如坚持以人民为中心的发展思想，不断保障和改善民生、增进人民福祉，走共同富裕道路的显著优势，如坚持改革创新、与时俱进，善于自我完善、自我发展，使社会充满生机活力的显著优势，如坚持"一国两制"，保持香港、澳门长期繁荣稳定，促进祖国和平统一的显著优势等。还有些制度优势的形成，主要是在党的十八大之后完善并发展起来的，如坚持共同的理想信念、价值理念、道德观念，弘扬中华优秀传统文化、革命文化、社会主义先进文化，促进全体人民在思想上精神上紧紧团结在一起的显著优势，如坚持独立自主和对外开放相统一，积极参与全球治理，为构建人类命运共同体不断作出贡献的显著优势等。

中国特色社会主义制度在国际竞争中展示出强大生命力

新中国成立 70 年来特别是改革开放 40 多年来，中国的现代化建设取得了举世瞩目的巨大成就，不仅经济快速发展，而且社会长期稳定，走出了一条完全不同于西方的发展道路。中国的成功和成就引起国际社会的普遍关注，中国的道路和经验成为不少发展中国家学习和借鉴的榜样。中国特色社会主义，何以能取得如此骄人的成绩？它成功的奥秘在哪里？要回答这些问题，只有深刻领悟中国特色社会主义的制度优势才能做到。

从20世纪六七十年代起，随着社会主义在实践中经历曲折挫折，特别是一些社会主义国家发生亡党亡国的悲剧以后，"贫穷""落后""僵化""保守"逐渐成为社会主义的代名词，对社会主义的前途命运悲观失望的情绪迅速蔓延开来。西方世界却因此而欢呼雀跃、志得意满，西方的自由民主制度被吹捧为人类历史不可逾越的"高山"，资本主义的理念则被视为全人类的"普世价值"。在这样的国际背景下，中国特色社会主义开始了艰辛的探索。习惯在逆境中奋起的中国共产党人百折不挠、砥砺前行，带领人民成功应对了一个又一个风险挑战、克服了一个又一个艰难险阻、取得了一个又一个伟大胜利，中国人民迎来了从站起来、富起来到强起来的伟大飞跃，中华民族伟大复兴迎来前所未有的光明前景。而2008年西方爆发的金融危机，打破了资本主义"长盛不衰"的神话，欧美发达国家普遍经历新一轮的经济衰退，失业率居高不下，社会动荡不宁。中国"一枝独秀""风景这边独好"，引发人们对资本主义和社会主义孰优孰劣的再次思考。大量的事实说明中国特色社会主义制度具有优越性。

在现代化道路上，中国用不到70年的时间走完西方发达国家几百年的历程，而且避免了西方国家普遍遭遇的周期性危机和社会动荡。在改善人民生活方面，改革开放以来，中国农村贫困人口（按照2010年贫困标准）由1978年的7.7亿人减少至2018年的1660万人，农村贫困发生率由1978年的97.5%下降至2018年的1.7%。2012年至2018年，中国每年有1000多万人稳定脱贫。中国成为世界上减贫人口最多的国家，是第一个完成联合国千年发展目标减贫目标的发展中国家，对全球减贫贡献率超过70%。

中国的治理效能，不仅使中国人民的生活总体实现由温饱到小康再到即将全面小康的历史性跨越，而且为党和政府领导人民有效应对经济下行压力加大提供了强有力的物质条件和民意基础。2018年以来，中美贸易摩擦不断加剧，尽管中国发展面临的外部风险挑战加大、不确定因素增多，中国经济仍保持中高速增长，经济发展质量不断提升。2018年中国GDP增长6.6%，2019年上半年GDP增长6.3%。在这一来之不易的成就中，我国内需的增长和贡献发挥了关键的作用，内需成为拉动经济发展的主要动力。2019年上半年，我国内需对经济增长贡献接近80%，其中最终消费支出对经济增长贡献达到60.1%。

中国的制度优势转化为国家治理效能，不仅体现在助力中国实现现代化、造福中国人民，而且体现在应对世界变局、实现各国互利共赢、推动人类文明进步作出重要贡献。中国坚持全面对外开放、积极推动经济全球化朝着普惠共赢的方向发展、努力构建人类命运共同体的理念和主张，已经得到国际社会的普遍尊重和欢迎。中国持续推进建设"一带一路"，造福沿线国家和人民，也已经得到这些国家和人民乃至国际社会的肯定和赞誉。中国坚持积极合作而不是以邻为壑，坚持互利共赢而不是损人利己，坚持"拉手"而不是"松手"，坚持"拆墙"而不是"筑墙"，与美国奉行的单边主义、贸易保护主义，与美国一些政客鼓吹的"冷战思维""零和博弈"观念，形成了鲜明的对比和反差。中国的努力和付出已经结出累累硕果，我们要在全球竞争中发挥我们的制度优势，给世界贡献更多的思路、智慧和方案，为人类现代化事业作出更大的贡献。

以中国特色社会主义制度显著优势应对百年未有之大变局

山东大学经济研究院教授
李增刚

中国共产党第十九届四中全会审议通过的《决定》，将中国特色社会主义制度和国家治理体系明确为一系列制度构成的"制度体系"，强调了中国特色社会主义制度和国家治理体系13个方面的显著优势，并提出要"把我国制度优势更好转化为国家治理效能，为实现'两个一百年'奋斗目标、实现中华民族伟大复兴的中国梦提供有力保证"。

当前，世界正在经历"百年未有之大变局"，中国特色社会主义制度就是应对这一复杂环境的利器。

中国特色社会主义制度的显著优势是制度比较后的伟大判断

中国特色社会主义制度是人类前所未有的探索，没有照搬任何国家的制度，"是党和人民在长期实践探索中形成的科学制度体系"。新中国成立之前，中国共产党坚持将马克思主义基本原理同中国具体实际相结合，赢得了革命的胜利；新中国成立后，中国共产党领导人民进行社会主义建设，70年来特别是改革开放40多年来取得了举世瞩目的伟大成就，经济高速发展、社会长期稳定、国际地位和人民幸福指数显著提升；党的十八大以来，以习近平同志为核心的党中央领导全党全国各族人民，在复杂的国内外形势下，以全面深化改革为突破，坚定信心、保持定力、锐意进取、开拓创新，充分彰显了中国特色社会主义制度的优势。

一种制度好不好、优越不优越，不是体现在一种制度的评论上，而是需要将之与其他制度进行比较，才能作出客观判断。无论是与实行资本主义制度的发达国家相比，还是与其他发展中国家相比，无论是在经济上还是政治上，中国特色社会主义制度的显著优势都得以生动体现。

与发达的资本主义国家相比，中国经济实现了长期稳定的快速增长，在世界经济中的地位迅速提升，从改革开放之初的第十位左右一跃成为当今世界第二大经济体。虽然中国的人均国内生产总值与发达国家相比还有一定差距，但是，2018年末，中国的人均国内生产总值已经接近1万美元，成为中等偏上收入国家。与其他发展中国家相比，中国的发展速度超过了同期的其他发展中国家，在世界上还有很多发展中国家面临相对贫困甚至绝对贫困的情况下，中国将基本上实现全面脱贫。如今，中国在世界上的地位越来越高，掌握的话语权越来越多，不仅从全球治理体系的被动接受者成为主动参与者甚至领导者，而且中国提出的"一带一路"倡议、成立的亚洲基础设施投资银行，也得到了广大发展中国家以及许多发达国家的积极响应。总之，中国特色社会主义制度的显著优势是与历史上和同时期的其他各种制度比较后体现出来的，这也是道路自信、理论自信、制度自信和文化自信的根源和依据。

党的领导、人民当家作主和依法治国是中国特色社会主义制度显著优势的重要支柱

中国特色社会主义制度是一个"科学制度体系",包括根本制度、基本制度和重要制度。从制度的层次性上看,起决定性作用的是"党的领导、人民当家作主、依法治国"有机统一。这既体现出中国特色社会主义制度的"特色",也体现出国家治理体系和治理能力的现代化。

党的领导是根本

中国共产党的领导是中国特色社会主义最本质的特征,这不仅体现在中国政党制度上,而且体现在中国共产党的先进性上。

政党政治是当今各国普遍采用的政治制度。中国的政党制度既不同于其他国家的两党制、多党制,也不同于其他国家的一党制,而是具有鲜明独特性的中国共产党领导的多党合作和政治协商制度。这一制度的核心是中国共产党的领导和其他政党的广泛参与,以及中国共产党与其他政党的充分合作和协商。与其他国家的两党制和多党制相比,我国的政党制度有三方面的优势。

第一,中国共产党的领导,保证了中国共产党的执政党地位,保证了党的路线、方针、政策的连续性、有效性;第二,中国共产党虽然是执政党,处于领导地位,但是中国共产党一直注重加强与其他政党的充分合作,在国家治理等方面积极听取其他政党的广泛意见建议;第三,中国共产党是为人民服务的政党,正如习近平总书记在"不忘初心、牢记使命"主题教育工作会议上强调的,中国共产党人的初心和使命就是"为中国人民谋幸福,为中华民族谋复兴"。一个

将人民幸福和民族复兴作为自己初心和使命的政党,一个一切行动的方针、路线和政策以人民、民族和国家的利益为前提的政党,才能在近100年的历史中获得人民越来越高的支持和热爱、取得越来越牢固的执政地位。

人民当家作主是核心

人民当家作主是社会主义民主制度的核心。中国共产党从成立之日起,就一直将人民放在首位,将为人民争取权利和地位放在首位,充分肯定人民是国家的主人、历史的创造者。新中国成立之后不久,建成了人民代表大会制度,通过各级人民代表大会实现了人民当家作主。无论是在农村还是在城镇,无论是农民还是工人,无论是知识分子还是文盲,都有选举权和被选举权,而选举权和被选举权是民主制度的核心所在。同时,在基层治理中建立了自治制度,无论是农村的村民自治还是城镇的居民自治,都是人民当家作主的重要体现。

与中国的人民当家作主不同,西方许多国家特别是资本主义国家的民主制度,更多是政党获得选票、赢得选举进而成为执政党的工具。正如美国著名政治学家、经济学家安东尼·唐斯在《民主的经济理论》中所指出的,不论政党所制定出来的纲领是什么,都是为了赢得选票,赢得尽可能多选民的支持。又如,美国著名经济学家格罗斯曼和赫尔普曼在《特殊利益政治学》中所指出的,政策制定者在制定政策时考虑的首先是自身利益,即使实现了人民的福利,也不过是实现自身利益的副产品。这一点可以从西方国家所谓"民主制度"核心的普选权的建立和形成得到印证。无论是美国还是英国,其普选权的建立经历了从最初的由财富、肤色、性别、身份等决定到20世纪之后才逐渐建立的历史过程。

人民当家作主能够充分调动人民群众的积极性、主动性和创造性,"让一切劳动、知识、技术、管理、资本的活力竞相迸发,让一切创造社会财富的源泉充分涌流",从而实现"让发展成果更多更公平惠及全体人民"。

依法治国是保证

全面依法治国是现代国家治理体系的保证。"经国序民,正其制度。"制度是一个社会的博弈和游戏规则,既能对人们形成激励,也能约束人们的行为。无论是党政干部还是普通公众,无论是被选举者还是选民,无论是政府还是企业,其关系都是通过法律等一系列规则制度界定的,并且都受到这些规则制度的激励和约束,没有人能够凌驾于制度之上。国家治理体系现代化以制度为前提,现代治理体系与传统的国家治理最大差别就是现代治理体系强调依法治国,将"人治"降至最低限度。新中国成立以来特别是改革开放以来,中国的法律制度不断完善,发展并建立了法治国家、法治政府、法治社会,促进了社会公平正义的实现、维护了社会的和谐稳定。此外,中国共产党领导下的依法治国,还体现在中国共产党内部规章制度的不断完善上,体现在依法治党、依规治党上。

以民主集中制统一党的领导、人民当家作主与依法治国

民主集中制是在党的领导下民主和集中,"既充分发扬民主,又有效进行集中"。民主集中制下,人民当家作主不会变化,人民的利益可以得到权衡和统一,国家利益、民族利益可以得到最大程度保障。

民主集中制是中国特色社会主义民主制度与西方国家民主制度的本质差别。从民主制度的起源看,西方国家的民主制度是以个人主义、自由主义和功利主义为哲学基础的,目标是个人可以自由地追求

自己的权利和利益，但可能会因为普遍存在的利益冲突导致决策低效率，形成"多数人暴政"或"少数人暴政"的矛盾共存。中国共产党领导下的民主集中制，在充分尊重人民当家作主权利的基础上，以国家和民族的利益为前提，以最大多数人的利益为前提，将人民的权利和利益集中起来，提高决策的效率，实现"集中力量办大事"。民主集中制在中国特色社会主义制度的建设和完善中之所以能够发挥优势，还是由中国共产党的初心和使命决定的。正是由于这一点，中国特色社会主义制度的优越性才能够得以充分发挥。

社会主义基本经济制度：既坚持社会主义，又有中国特色

社会主义基本经济制度有三个方面：所有制、分配制度和经济运行机制。在所有制上，"公有制为主体、多种所有制经济共同发展"；在分配制度上，"按劳分配为主体、多种分配方式并存"；在经济运行机制上，坚持社会主义市场经济。这三个方面既坚持了社会主义制度，又有中国"特色"。

在马克思主义经典理论中，社会主义是在推翻资本主义制度的基础上建立起来的，核心特征是公有制、按劳分配和计划经济。但是，中国的社会主义并非在资本主义高度发达、物质产品极大丰富之后建立起来的，而是在一个贫穷落后的半殖民地半封建国家的基础上建立起来的。中国共产党作出了中国还处于社会主义初级阶段的重要判断，并结合中国所处的生产力水平和发展阶段，提出了既符合社会主义要求又适应中国国情、有中国特色的基本经济制度。其中，社会主义体现为公有制为主体、按劳分配为主体、更好发挥政府作用即规划（计划）；中国特色体现为多种所有制经济、多种分配方式和市场经济。可以说，中国特色社会主义基本经济制度是"党和人民的伟大创造"。

实践证明，中国特色社会主义基本经济制度适应了中国社会主义初级阶段的生产力发展水平，极大地促进了生产力的发展。从机理上看，公有制为主体，主要体现在各个层次的国有经济占主导地位，能够有效调动各种资源，促进经济的迅速增长，调节经济的波动，保证"集中力量办大事"；按劳分配可以在劳动创造价值的基础上充分发挥人民群众的主动性和能动性。而在人民拥有其他生产要素之后，让其他要素也参与分配，既增加了非劳动的其他要素收入，更调动了各种要素的积极性；市场经济通过价格机制配置资源，确保各种生产要素得到最优配置，很大程度上提高了资源利用效率。在中国特色社会主义基本经济制度下，不仅生产力水平、综合国力、人民的生活水平等各方面得到了大幅度提高，而且可以有效应对如亚洲金融危机、美国金融危机、欧洲债务危机、中美贸易摩擦等重大事件，将经济波动造成的负面影响降到最低水平，确保经济发展的健康稳定，充分彰显制度优势。

当今世界正在经历百年未有之大变局，中国作为世界的一部分，也置身其中，未来面临的不确定性将会越来越多，面临的困难也越来越多。而在中国共产党的领导下，中国特色社会主义制度具有的显著优势得以充分发挥，以应对这一"百年未有之大变局"，最终实现"两个一百年"奋斗目标和中国民族伟大复兴的中国梦！

新时代坚定制度自信的基本遵循

中国社会科学院马克思主义研究院马克思主义发展研究部主任，中国社会科学院大学21世纪当代中国马克思主义高等研究院副院长、研究员

刘志明

坚定制度自信，事关新时代更好推进改革开放、坚持党的领导、坚持和发展中国特色社会主义，事关实现"两个一百年"奋斗目标和中华民族伟大复兴中国梦，事关完善全球治理、维护世界和平、促进共同发展，构建人类命运共同体。党的十九届四中全会通过的《决定》，系统阐述了坚定制度自信的基本依据，丰富了坚定制度自信的内涵要义，进一步指明了坚定制度自信的目标任务，为我们提供了新时代坚定制度自信的基本遵循。

为什么要坚定制度自信：系统阐述了坚定制度自信的基本依据

坚定制度自信，首先会涉及它的基本依据问题，也就是为什么要坚定制度自信的问题。以往，我们党对制度自信的基本依据也多有论述，如中国共产党的领导、举国体制优势、强大的自我完善能力，来

源于实践、来源于人民、来源于真理等，但这些论述还不全面、系统。党的十九届四中全会对坚定制度自信的基本依据作出全面系统的阐释，从13个方面系统阐述了我国国家制度和国家治理体系的显著优势。

"十三个显著优势"充分体现了我国国家制度和国家治理体系坚持党的领导、人民当家作主和依法治国的统一，坚持不断提高效率与维护社会公平正义的统一，始终坚持人民立场、努力实现民族抱负和勇担世界责任的统一，是中华民族迎来从站起来、富起来到强起来伟大飞跃的根本所在，是"中国之治"即政治稳定、经济发展、文化繁荣、民族团结、人民幸福、社会安宁、国家统一的奥秘所在，也是中国共产党、中华人民共和国、中华民族最有资格、最有理由自信的底气所在。我国国家制度和国家治理体系如果不能同时确保"中国之治"和为构建人类命运共同体不断作出贡献，那么，我们说最有理由自信是缺乏底气的，至少说底气是不足的。

"中国之治"不是我们的臆想，也并非我们的粉饰，而是一种世界公认的客观事实。新中国成立70年来，中国经济实力、科技实力、国防实力、综合国力进入世界前列，中国政治清明、经济发展、文化繁荣、社会稳定、人民团结、山河秀美的东方大国形象日益清晰，中国国际地位实现前所未有的提升，国家的面貌、人民的面貌、中华民族的面貌发生前所未有的变化，中华民族正以崭新姿态屹立于世界的东方。这些伟大成就和翻天覆地的历史性变化，是"中国之治"的生动诠释和有力证明。近年来，在世界经济增长疲软和下行趋势日益明显的情况下，在一些西方国家社会动荡不已的情况下，世界越来越关注中国经济发展和社会长期保持稳定的伟大成就和宝贵经验。国际上普遍认为，经济持续健康发展、社会持续安全稳定是中国创造的"两大奇迹"，中国是世界上最有安全感的国家之一。

同时，中国为改善全球治理尤其是全球经济治理、能源治理、环境治理、数字治理，为建设持久和平、普遍安全、共同繁荣、开放包容、清洁美丽的世界，为构建人类命运共同体所作的不懈努力和巨大贡献也得到世界的赞誉。值得一提的是，"中国之治"和中国为构建人类命运共同体不断作出的巨大贡献，使包括西方国家在内的许多国家都认可中国国家制度和国家治理体系的巨大优越性。2017年11月13日的美国《时代》周刊杂志封面，除美国本土版外，杂志封面都用中文和英文两种语言写上"中国赢了"（China Won）。美国学者伊恩·布雷默（Ian Bremmer）在这篇封面文章中提到，虽然中国的政治体制曾不断受到西方国家的质疑，就在5年前还认为，中国总有一天需要进行根本性的政治改革来维护政体合法性。但是今天，中国的政治经济体制甚至比第二次世界大战后主导国际秩序的美国更加完备，更可持续。他表示，在可预见的未来，具有雄心壮志的中国仍将保持强劲和稳定，国际影响力将会持续增长，将会在世界舞台上占据中心位置。他还指出，在这个支离破碎的世界里，没有哪个国家的政府有足够的国际影响力来继续制定管理全球体系的政治和经济规则，"但是，如果你必须押注于一个当今最具优势的国家，那么中国会是比美国更明智的选择"。

制度自信的对象是什么：进一步丰富了制度自信的内涵要义

坚定制度自信，有一个这种自信的对象是什么的问题，换言之，也就是这个制度的内涵要义问题，通俗一点讲，就是制度是什么的问题。过去，我们把中国特色社会主义制度的内涵概括为"人民代表大会制度的根本政治制度，中国共产党领导的多党合作和政治协商制度、民族区域自治制度以及基层群众自治制度等基本政治制度，中国特色社会主义法律体系，公有制为主体、多种所有制经济共同发展的基本经济制度，以及建立在这些制度基础上的经济体制、政治体制、文化体制、社会体制等各项具体制度"。

以往对坚定制度自信的要义也有明确的阐释，就是要坚定对中国特色社会主义政治制度的自信。正如习近平总书记指出的，一个国家的政治制度决定于这个国家的经济社会基础，同时又反作用于这个国家的经济社会基础，乃至于起到决定性作用。在一个国家的各种制度中，政治制度处于关键环节。所以，坚定中国特色社会主义制度自信，首先要坚定对中国特色社会主义政治制度的自信，增强走中国特色社会主义政治发展道路的信心和决心。

党的十九届四中全会对我国国家制度的内涵要义有进一步的丰富。这种进一步的丰富体现在，在我国国家制度和国家治理体系上，党的十九届四中全会全面回答了应该"坚持和巩固什么、完善和发展什么"这个重大政治问题。应该坚持和巩固、完善和发展的制度，无疑是以马克思主义为指导、植根中国大地、具有深厚中华文化根基、深得人民拥护的制度，无疑是党和人民在长期实践探索中形成的科学制度体系，主要包括党的领导和经济、政治、文化、社会、生态文明、军事、外事等各方面制度。尤其是支撑中国特色社会主义制度的根本制度、基本制度、重要制度，如党的领导制度体系，人民民主专政的国体，人民当家作主制度体系尤其是人民代表大会制度这一根本政治制度、中国共产党领导的多党合作和政治协商制度、民族区域自治制度以及基层群众自治制度，中国特色社会主义法治体系，中国特色社会主义行政体制，公有制为主体、多种所有制经济共同发展，按劳分配为主体、多种分配方式并存，社会主义市场经济体制等社会主义基本经济制度，繁荣发展社会主义先进文化的制度，统筹城乡的民生保障制度，共建共治共享的社会治理制度，生态文明制度体系，党对人民军队的绝对领导制度，"一国两制"制度体系，独立自主的和平外交政策，党和国家监督体系等。

具体地说，和以往相比，对制度内涵的丰富，主要表现在更加凸显了生态文明、军事、外事等各方面制度。对制度自信对象的最重要部分或者说核心要义的丰富，主要表现在明确指出是支撑中国特色社会主义制度的根本制度、基本制度、重要制度，不再局限于过去所指的中国特色社会主义政治制度，而是包括党的领导和经济、政治、文化、社会、生态文明、军事、外事等各方面制度体系中的根本制度、基本制度、重要制度。

对制度自信对象内涵要义的进一步丰富，表明我们新时代的制度自信也进一步升级了。这种升级主要表现在，新时代的制度自信是全面自信和重点自信的有机统一，具体地说，就是涉及治党治国治军、内政外交国防等各个方面，涉及政治、经济、文化、社会、生态文明各个领域制度的全面的制度自信，特别是这些方面这些领域的根本制度、基本制度、重要制度的自信。

如何坚定制度自信：进一步指明了坚定制度自信的目标任务和要求

坚定制度自信，有一个如何坚定自信的问题。回答如何坚定自信的问题，必然涉及坚定制度自信的目标任务。坚定制度自信的目标任务，从我们党以往的有关论述来看，当然是通过坚持、完善和发展中国特色社会主义制度，更好地坚持和发展中国特色社会主义，更加充分彰显中国特色社会主义制度的优越性。具体来说，则是不断推进国家治理体系和治理能力现代化。

党的十九届四中全会既坚持以往关于坚定制度自信目标任务和要

求的有关论述，同时坚持进一步发展，主要表现在以下几个方面。

一是在推进国家治理体系和治理能力现代化方面，由过去的"两步走"战略，进一步明确为坚持"三步走"战略，即"到我们党成立一百年时，在各方面制度更加成熟更加定型上取得明显成效；到二〇三五年，各方面制度更加完善，基本实现国家治理体系和治理能力现代化；到新中国成立一百年时，全面实现国家治理体系和治理能力现代化，使中国特色社会主义制度更加巩固、优越性充分展现"。这种战略目标的进一步丰富，必将使国家治理体系和治理能力现代化的推进更加行稳致远。

二是在坚持、完善和发展中国特色社会主义制度，构建系统完备、科学规范、运行有效的制度体系方面，进一步提出了明确的任务。其一，在坚持和完善党的领导制度体系方面，提出建立不忘初心、牢记使命的制度，完善坚定维护党中央权威和集中统一领导的各项制度，健全党的全面领导制度，健全为人民执政、靠人民执政各项制度，健全提高党的执政能力和领导水平制度，完善全面从严治党制度。其二，在坚持和完善繁荣发展社会主义先进文化的制度方面，提出坚持马克思主义在意识形态领域指导地位的根本制度，坚持以社会主义核心价值观引领文化建设制度，健全人民文化权益保障制度，完善坚持正确导向的舆论引导工作机制，建立健全把社会效益放在首位、社会效益和经济效益相统一的文化创作生产体制机制。其三，在坚持和完善统筹城乡的民生保障制度方面，提出健全有利于更充分更高质量就业的促进机制，构建服务全民终身学习的教育体系，完善覆盖全民的社会保障体系，强化提高人民健康水平的制度保障。坚决打赢脱贫攻坚战，建立解决相对贫困的长效机制。其四，在坚持和完善生态文明制度体系方面，提出实行最严格的生态环境保护制度，全面建立资源高效利用制度，健全生态保护和修复制度，严明生态环境保护责任制度。其五，在坚持和完善"一国两制"制度体系方面，提出建立健全特别行政区维护国家安全的法律制度和执行机制等。这种对坚持、完善和发展中国特色社会主义制度任务的进一步明确，必将更加厚植我国的制度优势，夯实新时代"中国之治"的制度基础。

三是对坚定制度自信的主体进一步提出了明确的要求。首先，对各级党委和政府以及各级领导干部提出切实强化制度意识，带头维护制度权威，做制度执行的表率，带动全党全社会自觉尊崇制度、严格执行制度、坚决维护制度的具体要求。其次，对全党提出了加强制度理论研究和宣传教育，引导全党全社会充分认识中国特色社会主义制度的本质特征和优越性，坚定制度自信的要求。最后，对广大干部提出了严格按照制度履行职责、行使权力、开展工作，提高推进"五位一体"总体布局和"四个全面"战略布局等各项工作能力和水平的要求。对坚定制度自信的主体明确提出的这些具体要求，必将为把我国制度优势更好转化为国家治理效能，开辟"中国之治"新境界，提供根本遵循、指引前进方向。

把我国制度优势更好转化为国家治理效能

> 十三届全国政协委员，中共中央党校原副校长、教授
>
> **赵长茂**

党的十九届四中全会指出，要"把我国制度优势更好转化为国家治理效能"。在实现"两个一百年"奋斗目标的交汇期，全面理解和把握这一命题，意义重大而深远。

把国家制度优势更好转化为国家治理效能，是实现"两个一百年"奋斗目标、实现中华民族伟大复兴的有力保证

一个国家的发展史是与国家制度的变迁及国家治理的演进紧密相连的。国家制度是国家治理的根本遵循和重要保证，是指一个国家的宪法、法律规定的关于这个国家的性质和形式等的总和。其中，国家性质具有决定性意义，决定国家发展的总方向。

中国特色社会主义制度是党和人民在长期实践探索中形成的科学制度体系，我国国家治理一切工作和活动都依照中国特色社会主义制度展开，我国国家治理体系和治理能力是中国特色社会主义制度及其执行能力的集中体现。回顾我们党的奋斗历程，总结建立和完善社会

主义制度的经验，特别是依据党的十八大以来推动中国特色社会主义制度更加完善、国家治理体系和治理能力现代化水平明显提高的生动实践，党的十九届四中全会得出一个重要结论：中国特色社会主义制度和国家治理体系是以马克思主义为指导、植根中国大地、具有深厚中华文化根基、深得人民拥护的制度和治理体系，是具有强大生命力和巨大优越性的制度和治理体系，是能够持续推动拥有近十四亿人口大国进步和发展、确保拥有五千多年文明史的中华民族实现"两个一百年"奋斗目标进而实现伟大复兴的制度和治理体系。

这一国家制度和国家治理体系的显著优势包括：坚持党的集中统一领导，坚持党的科学理论，保持政治稳定，确保国家始终沿着社会主义方向前进；坚持人民当家作主，发展人民民主，密切联系群众，紧紧依靠人民推动国家发展；坚持全面依法治国，建设社会主义法治国家，切实保障社会公平正义和人民权利；坚持全国一盘棋，调动各方面积极性，集中力量办大事；坚持各民族一律平等，铸牢中华民族共同体意识，实现共同团结奋斗、共同繁荣发展；坚持公有制为主体、多种所有制经济共同发展和按劳分配为主体、多种分配方式并存，把社会主义制度和市场经济有机结合起来，不断解放和发展社会生产力；坚持共同的理想信念、价值理念、道德观念，弘扬中华优秀传统文化、革命文化、社会主义先进文化，促进全体人民在思想上精神上紧紧团结在一起；坚持以人民为中心的发展思想，不断保障和改善民生、增进人民福祉，走共同富裕道路；坚持改革创新、与时俱进，善于自我完善、自我发展，使社会始终充满生机活力；坚持德才兼备、选贤任能，聚天下英才而用之，培养造就更多更优秀人才；坚持党指挥枪，确保人民军队绝对忠诚于党和人民，有力保障国家主权、安全、发展利益；坚持"一国两制"，保持香港、澳门长期繁荣稳定，促进祖国和平统一；坚持独立自主和对外开放相统一，积极参与全球治理，为构建人类命运共同体不断作出贡献。这些显著优势，是我们坚定中国特色社会主义道路自信、理论自信、制度自信、文化自信的基本依据，是国家治理效能的源泉。"优势"变"效能"，必须经过的一个关键环节就是"把我国制度优势更好转化为国家治理效能"。唯其如此，我国国家治理体系和治理能力才能实现现代化，实现"两个一百年"奋斗目标才能获得足够的支撑，中国特色社会主义制度才能更加巩固、优越性才能充分展现。

按照党的十九大报告的论述，"实现国家治理体系和治理能力现代化"包含在"全面建成社会主义现代化强国"的目标之中，即实现前者是实现后者的重要标志。党的十九届四中全会按照党的十九大的总体部署和战略步骤，确立了从"制度更加成熟更加定型上取得明显成效"，到"基本实现"现代化，再到"全面实现"现代化"三步走"的总体目标。

理论和实践的逻辑是，无论是国家治理体系和治理能力现代化，还是包括这一目标在内的全面建成社会主义现代化强国目标的实现，都离不开"把我国制度优势更好转化为国家治理效能"。正是从这一重大意义上，党的十九届四中全会强调，"把我国制度优势更好转化为国家治理效能，为实现'两个一百年'奋斗目标、实现中华民族伟大复兴的中国梦提供有力保证"。显然，把握这一逻辑十分重要。

从国家有效治理的角度说，国家制度优势是基础、前提，提高国家治理效能是目标，把制度优势转化为治理效能是关键。优势不能更好转化甚至不能转化，既定目标就不能达成，中华民族伟大复兴的中国梦就不能如期实现。如果能更好转化甚至充分转化，中国特色社会主义的发展势头必然持续强劲，人民群众的获得感、幸福感、安全感必然增强。

基于已有的实践，我们应该对推动国家制度优势更好转化为国家治理效能保持足够的信心。党的十八大以来，我国国家制度和国家治理体系优势的发挥，使国家治理效能不断提高，推动中国特色社会主义发展进入新境界。以经济快速发展和社会长期稳定"两大奇迹"为标志的"中国之治"，不但得到了中国人民的肯定，而且引发国际社会关注和诸多国外人士积极评价，认为中国的成功实践为世界其他国家特别是发展中国家提供了新镜鉴。比如，英国48家集团俱乐部主席斯蒂芬·佩里说，中国在改革开放以来能够取得伟大成就，无不得益于其独特的制度优势和发展模式。厄瓜多尔国民大会议员多丽丝·索利斯认为，中国推进国家治理体系和治理能力现代化取得了令人惊叹的成就，值得世界肯定和研究；得益于国家治理体系和模式，中国长期保持政治稳定，在经济发展方面取得了跨越式发展。

形成对照的是，西方国家制度优势式微、国家治理效能不彰已成为事实。2019年8月，法国总统马克龙在一次讲话中称，"西方霸权或许已近终结"。而"西方霸权的终结，不在于经济衰落，不在于军事衰落，而在于文化衰落"。英国著名学者马丁·雅克撰文说："大部分美国人对政治制度和统治精英越来越失望，认为他们无法兑现民众所期待的东西。"

把国家制度优势更好转化为国家治理效能，是中国特色社会主义的本质要求，是世界范围内"制度竞争"的客观要求

国家治理体系和治理能力好坏强弱，是衡量一个国家综合国力和社会稳定的重要标准。社会发展的历史表明，大多数社会动荡、政权的非正常更迭，原因最终都可以归结为没有形成有效的国家治理体系和治理能力。因为没有有效的国家治理体系和治理能力，就不能有效解决社会矛盾和问题，矛盾和问题日积月累、积重难返，必然带来严

重政治后果，而已经形成有效治理体系和治理能力、治理效能高的国家，现代化进程都比较顺畅。

早在2014年2月，习近平总书记就指出，推进国家治理体系和治理能力现代化，"必须完整理解和把握全面深化改革的总目标，这是两句话组成的一个整体，即完善和发展中国特色社会主义制度、推进国家治理体系和治理能力现代化……我们的方向就是中国特色社会主义道路"。可见，推进国家治理体系和治理能力现代化，不是一个技术性问题，而是一个事关国家发展方向的重大政治问题，把我国国家制度优势更好转化为国家治理效能的实质，是使社会主义制度更加巩固和完善、优越性进一步彰显，从理论和实践的结合上坚定中国特色社会主义方向。

把国家制度优势更好转化为国家治理效能，是中国特色社会主义的本质要求，也是世界范围内"制度竞争"的客观要求。列宁认为："资本主义可以被最终战胜，而且一定会被最终战胜，因为社会主义能够创造新的高得多的劳动生产率。"邓小平指出："社会主义是一个很好的名词，但是如果搞不好，不能正确理解，不能采取正确的政策，那就体现不出社会主义的本质。""我们进行社会主义现代化建设，是要在经济上赶上发达资本主义国家，在政治上创造比资本主义国家的民主更高更切实的民主，并且造就比这些国家更多更优秀的人才……所以，党和国家的各种制度究竟好不好，完善不完善，必须用是否有利于实现这三条来检验。"可以相信，在推进国家治理体系和治理能力现代化的过程中，中国特色社会主义制度的优越性，将通过国家制度优势更好转化为国家治理效能不断得到证明。对此，我们应该有这个自信。

然而，可以观察到的现实情况是，并非所有人都有这样的自信。有人认为，中国的现代化要以西方国家为模本，甚至有人认为国家治理体系和治理能力现代化就是西方化。应当承认，西方国家率先完成现代化，包括在国家治理方面形成一套有效制度和做法，为后现代化国家提供了先例，被后现代化国家所借鉴。但事实表明，西方的东西并非都是"好东西"，即使是"好东西"，也并非普适于所有国家，他们的理论和实践并非放之四海而皆准。比如，被西方国家引以为傲的西方民主，的确成为助推西方国家治理现代化的重要因素，但推广到其他国家，常常水土不服，成为社会撕裂和动乱之源。一个时期以来，这样的国家不乏其例。

推进国家治理现代化，提高国家治理效能，不照搬西方模式不等于不吸收西方国家的有益经验。我们从来不拒绝真正好的外来的东西，实践让我们懂得一个道理，只有兼收并蓄才能使自己强起来，把他人的好东西化成自己的东西，才形成了我们的民族特色。因而，邓小平认为："我们的制度将一天天完善起来，它将吸收我们可以从世界各国吸收的进步因素，成为世界上最好的制度。"

坚定不移地推进全面深化改革，破除体制机制弊端，完善制度体系，推动国家制度优势更好转化为国家治理效能

把国家制度优势更好转化为国家治理效能的要害是"转化"。实践证明，在国家制度既定条件下，制度优势转化为治理效能的程度和质量取决于相关体制是否达到了"更好转化"的要求。

习近平总书记指出："我们的国家治理体系和治理能力总体上是好的，是有独特优势的，是适合我国国情和发展要求的。"中国之"治"在于中国之"制"，这是已被实践证明了的重要结论，不承认这一点，就不是真正的历史唯物主义者。既然是好的制度，就不应该在杂音干扰下思谋改弦更张，而应始终不渝地坚持，但坚持不等于故

步自封、墨守成规，因为世界在变，实践在变，现代化是动态的，即使成功的制度也必须与时俱进、因时而变，紧跟时代发展步伐不断完善。"总体上是好的"，说明我们的国家治理体系和治理能力尚有不足的地方，还存在不适应社会主义现代化建设需要的方面。中国之治，说明制度优势转化为国家治理效能是成功的，但并非已经达到了理想状态，既存的不足和不适应还在一定程度上制约着国家有效治理。党的十九届四中全会强调"更好转化"，则意味着还有转化不充分、不到位的情况，看不到这些，就不是真正的辩证唯物主义者。

把国家制度优势更好转化为国家治理效能，不是一件轻而易举的事情，必然遇到种种体制机制障碍、权力格局调整所产生的阻抗，因此必须坚定不移地推进全面深化改革，破除不利于国家制度优势更好转化为国家治理效能的体制机制弊端，构建系统完备、科学规范、运行有效的制度体系，加强系统治理、依法治理、综合治理、源头治理，努力推进国家治理体系和治理能力现代化，不断提高国家治理效能。

因此，党的十九届四中全会坚持和完善党的领导制度体系、人民当家作主制度体系、法治体系、行政体制、基本经济制度、文化制度、民生保障制度、社会治理制度、生态文明制度体系、党对军队领导制度、"一国两制"制度体系、外交政策、党和国家监督体系等在内的各方面制度和体制。其中，坚持和完善党的领导制度体系至关紧要。习近平总书记指出："国家治理体系是在党领导下管理国家的制度体系。"中国共产党的领导是中国特色社会主义最本质的特征，是中国特色社会主义制度的最大优势。推进国家治理体系和治理能力现代化，把国家制度优势更好转化为国家治理效能，最根本的就是坚持和完善党的领导。为了保证党领导人民有效治理国家，党的领导方式和执政方式还需要改进，坚持党的领导的体制机制有待完善；党要更好发挥总揽全局、协调各方的核心作用，提高科学执政、民主执政、依法执政水平，实现党、国家、社会各项事务治理制度化、规范化、程序化。只有这样，党的领导才能更加适应坚持和完善中国特色社会主义制度、推进国家治理体系和治理能力现代化的新要求。

制度优势转化为治理效能的过程与逻辑

西安交通大学公共政策与管理学院教授

王立剑

制度优势源于理论优势、显于治理效能。党的十九届四中全会聚焦坚持和完善中国特色社会主义制度、推进国家治理体系和治理能力现代化，明确提出"把我国制度优势更好转化为国家治理效能"。这是高举习近平新时代中国特色社会主义思想伟大旗帜，将"五位一体"总体布局和"四个全面"战略布局落到实处的理论和实践指引。新中国成立70年来，中国特色社会主义现代化进程就是从先进理论到制度优势、从科学政策到执行有力，最终实现治理有效的过程。坚持"先进理论、制度优势、政策科学、执行有力和治理有效"的相互统一和有机转化是中国特色社会主义伟大事业不断发展的实践经验和科学逻辑。

将理论优势转化为制度优势

新中国成立70年来，我们始终坚持将马克思主义基本原理同中国国情和时代发展特征相结合，用中国化的马克思主义指导中国特色社会主义伟大实践，在改革和发展中丰富和创新中国特色社会主义理论体系。习近平新时代中国特色社会主义思想是马克思主义中国化的最新理论成果，"新时代""新目标""新矛盾""新方略""新要求"等深刻体现了习近平新时代中国特色社会主义思想的强大活力和时代创新，"八个明确""十四个坚持"的内容体系全面展现了习近平新时代中国特色社会主义思想的理论优势，具有重大的时代意义、理论意义、实践意义和世界意义。

只有将先进理论转换为实践才能检验先进理论的价值，因此，利用先进理论指导制度创新是发挥理论优势的重要举措。在中国特色社会主义理论指导下，我们开创性地建立了人民代表大会制度、政治协商制度、民族区域自治制度等政治制度，建立了中国特色社会主义市场经济体制和分配制度，创新和完善了一系列增强人民获得感、幸福感、安全感的社会制度。实践表明，这些制度是符合中国具体国情、满足人民美好生活需要和顺应时代发展潮流的。

党的十九届四中全会将"坚持和完善党的领导制度体系"放在首要位置，深刻体现了中国特色社会主义制度"党性"与"人民性"的有机统一，而贯穿中国特色社会主义制度创新的根本特征也是始终坚持党的领导和"以人民为中心"的发展思想，这是中国共产党领导中国特色社会主义现代化建设区别于其他国家政府治理实践的根本特征。

将制度优势转化为政策优势

政策创新与发展是国家治理现代化的重要内容，是制度进一步向人民社会生活延伸、对公共利益分配起引导作用的关键工具。国家制度是公共政策发展的基本遵循，公共政策的制定和执行是一定时期内实现制度目标的实践表现。我国是人民当家作主的社会主义国家，实现好、维护好、发展好最广大人民的根本利益是政策发展的根本价值遵循，而中国特色社会主义的制度优势从根本上保证了以人民为中心的发展思想的贯彻落实。

党的十九大报告对新时代人民美好生活需要的判断既是对发展成就的肯定，也对全面小康社会建设提出了更高的要求。"民主、法治、公平、正义"既包含我国基本政治、经济、法治和社会制度建设要求，更体现在制度引导下的公共政策制定和发展。

党的十八大以来，党和政府将保障和改善民生放在国家发展战略布局的重要位置。当前，精准扶贫政策成为推动我国农村贫困地区全面发展的重大战略举措，开创了世界范围内贫困治理事业的壮举，其背后的重要原因在于中国特色社会主义制度引导下政府主导、市场响应、社会参与、群众聚力的大贫困治理格局的建立与发展；村民自治制度、民主协商制度、法律保障制度等又为精准扶贫政策在基层社会的有效、公平实施提供了制度保障，这是将我国制度优势转化为政策优势的伟大实践。

当前，政府在社会发展和人民生活水平提高方面承担了主要职能，在社会发展领域要更加注重从政府主导型向政府引导型政策转变，真正实现"共建、共治、共享"的社会治理共同体，这是制度优势转化为政策优势的重要趋势和路径。

将政策优势转化为执行优势

政策执行是将党和国家意志转化为政策效果的具体过程，也是党和政府与人民群众密切接触的主要场域，政策执行效果直接关系到制度优势和政策目标能否实现。随着我国社会主义市场经济体制的发展完善，市场在资源配置中的决定性作用不断凸显；随着我国服务型政府建设的不断深入和政府职能改革不断完善,职责明确、依法行政的政府治理体系不断完善,政府主导、社会参与的公共服务供给体系正在形成。这些改革创新成果为政策科学的有效执行提供了坚实的制度基础,中国特色社会主义行政体制使我国在公共政策执行、组织建设与社会动员等方面具有明显优势。

当前,我国政策执行的法治化、规范化与程序化效果显著增强,坚持和完善党的领导制度体系为我国公共政策的自下而上执行提供了坚强的制度保障。我们也要清醒地看到,由于基层社会的复杂性与群众个体差异,因资源获取与分配引起的社会公平问题成为影响政策执行效果的重要因素,群众对政府的依赖思想也日益加深。因此,在坚持基本制度要求和政策目标的前提下,探索多元共治的政策执行模式,激发自下而上的政策创新与社会活力,真正落实政策执行过程中的群众参与和人民监督,实现政策执行的公开化、透明化是将政策优势转化为执行优势的重要发展方向。

现代化是国家制度建设和治理改善的根本方位

北京航空航天大学公共管理学院教授、博士生导师

任建明

现代化是近代中国发展进步的基本方位

近代以来的中国历史，就是一部现代化的发展史。新中国成立之初，国家就提出了"四个现代化"的发展构想。新中国成立后前30年，在中国共产党的领导下，国家通过一系列五年计划，进行了艰苦卓绝的现代化实践。然而，出于多种原因，中国大规模的现代化建设还是发生在改革开放之后。改革开放以来的中国现代化主要依托于一系列新的发展战略。

党的十八大以来，党中央提出并形成了"四个全面"战略。在这个战略体系中，"全面建成小康社会"是战略目标，其他3个"全面"则属于战略对策或手段。实际上，这个目标只是国家现代化发展进程中一组目标中的一个。准确地说，是最近的一个阶段目标，即"近期目标"。"中期目标"是"两个一百年"奋斗目标中的第二个百年目标，而"远期目标"则是中华民族伟大复兴的中国梦。

回顾改革开放以来中国现代化的全部发展历程可以看出，"全面建成小康社会"是一个承上启下的关键发展目标。依据党的十八大报告中的表述，"两个一百年"奋斗目标就是："在中国共产党成立一百年时全面建成小康社会，在新中国成立一百年时建成富强民主文明和谐的社会主义现代化国家。"这实际上是"两个一百年"奋斗目标的1.0版本。党的十九大报告将"现代化国家"调整为"现代化强国"。从"国家"到"强国"，虽一字之差，却暗含了自新中国成立以来，在站起来、富起来的基础上，要早日实现强起来目标的必然诉求。因此，党的十九大调整过的"两个一百年"奋斗目标是2.0版本。

之所以说"全面建成小康社会"目标承上启下，是因为该目标上承改革开放早期的"三步走"发展战略，下启第二个百年奋斗目标和中国梦远大目标。从时间表来看，"三步走"战略的第三步到本世纪中叶完成，也就是第二个百年目标实现的时间。但是，从具体的目标内容来看，还是有很大差别的。因为"三步走"战略目标主要局限于经济发展指标，而"全面建成小康社会"的目标则是综合的。

"全面建成小康社会"目标的形成经历了一个较长的过程。党的十六大和十七大设定的目标都是"全面建设小康社会"。党的十八大才将这个目标调整为"全面建成小康社会"，而且明确了时间表：到中国共产党成立一百年时建成。"建设"可以是一个过程，而"建成"则是一个确定的目标实现状态，展示了党的坚定决心。

"近期目标"2020年就要实现，而从"近期目标"到"中期目标"，时间跨度有30年之久，是比较长的。为了确保第二个百年奋斗目标的实现，需要细致设计和谋划。正因为如此，党的十九大将这30年划分为"两个阶段"："第一个阶段，从二〇二〇年到二〇三五年，在全面建成小康社会的基础上，再奋斗十五年，基本实现社会主义现代化……第二个阶段，从二〇三五年到本世纪中叶，在基本实现现代化的基础上，再奋斗十五年，把我国建成富强民主文明和谐美丽的社会主义现代化强国。"

现代化是链接国家宏观制度建设和战略发展目标的重要纽带

在党的十九届四中全会上，党中央将国家宏观制度建设和治理体系发展的总体目标划分为3个阶段，即："到我们党成立一百年时，在各方面制度更加成熟更加定型上取得明显成效；到二〇三五年，各方面制度更加完善，基本实现国家治理体系和治理能力现代化；到新中国成立一百年时，全面实现国家治理体系和治理能力现代化，使中国特色社会主义制度更加巩固、优越性充分展现。"

从时间维度来看，国家宏观制度建设目标的阶段划分与国家发展战略目标的时间节点完全匹配。在了解了上述国家发展战略阶段安排之后，这个结论就是显而易见的。具体地说，国家宏观制度建设规划的时间阶段安排正好与"两个一百年"奋斗目标的时间阶段安排完全一致。

从逻辑关系上来看，国家宏观制度建设和发展战略目标之间是手段和目的的关系。制度建设本身并不是目的，绝不是为了制度建设而搞制度建设。毫无疑问，制度建设尤其是国家宏观制度建设的核心目的或终极目的，正是为了保障国家发展战略目标的实现。明确了两者之间的逻辑关系，就容易理解二者在时间安排上完全一致的原因。这不是巧合，而是具有内在的必然性。

从共同点上来看，国家宏观制度建设和发展战略目标都以现代化为指向。从发展战略方面来看，自新中国初期的"四个现代化"，到第二个百年奋斗目标中的"实现社会主义现代化"和"把我国建成……社会主义现代化强国"，现代化是贯穿其中的一个共同主题。

在国家宏观制度建设的总体目标中，无论是"基本实现国家治理体系和治理能力现代化"还是"全面实现国家治理体系和治理能力现代化"，现代化又成为其中的一个主要关键词。这种安排具有其内在的逻辑性，如果没有这个共同点，国家宏观制度建设和发展战略目标之间就有可能脱节或错位。因此，完全可以把现代化看作链接国家宏观制度建设和发展战略目标的重要纽带。正是通过这个纽带，把手段和目的更加牢固地连接在一起，以确保手段更好地为目的服务。

现代化是确保国家宏观制度建设切实取得进展的总抓手

自工业文明以来，现代化一直是人类文明进步的一个共同方位。人类文明有着悠久的历史，但大多数时间都属于传统阶段。传统文明有一些基本特征，如演进的速度十分缓慢，在这个缓慢的过程中形成了一套传统的价值和观念等。工业文明或者说人类现代化的历史虽然不过三五百年，却极大地改变了人类文明。虽然现在还很难说这种改变到底是好还是不好，但成为一个巨大的潮流。如果不顺应现代化这个潮流，就有失败甚至灭亡的危险。新中国成立之前的百年救亡图存就是明证。

中华文明作为人类的一种古老文明，虽然有很多好的积淀，但也形成了一些不好的东西，其中就包括一些阻碍我们迈向现代化的思想、观念、理念和思维。要切实推进现代化，就要首先克服这些传统观念的羁绊和束缚。需要强调的是，推进现代化进程的程度和效果好坏仍然要采用实践标准。40年多前开始的伟大的改革开放实践之所以能够发生，关键是以思想解放运动为先导，从而确立了"实践标准"。需要说明的是，实践标准并非所有的事实，而特指实践的结果或效果方面的事实。

推进现代化对于保障国家宏观制度建设具有重要作用。党的十九届四中全会提出的13个方面的制度或制度体系，其中最后一类是关于权力监督和廉政建设的。这类制度建设具有多方面的意义，既重要又困难，还具有相当的挑战性，以至于数千年的中华文明都从未破解。如何在这类制度建设上实现突破？关键还是要坚定地推进现代化。而要推进相关制度的现代化，首先就要克服传统观念，实现观念和思想上的革命。例如，在权力监督方面，传统观念和思维主要存在如下问题：一是重视单向监督，缺乏双向制约的理念；二是重视自上而下的组织监督，而自下而上的民主监督意识薄弱；三是重视自身（内部）监督，忽视异体（外部）监督；四是强调对被监督者的监督，忽视对监督者的监督。在党和国家权力监督实践中，有两大难点尤为突出：一是"一把手"监督难，且越往上越难；二是监督监督者难。之所以形成这样的权力监督现实，与传统观念关系甚大。与现代的观念相比，这些传统的观念和思维都是落伍的。如果不首先革新这些传统观念，就无法在制度的现代化上取得突破。只有权力监督制度现代化了，才能真正把权力关进制度的笼子，从而消除滋生腐败的土壤，取得廉政建设的成功。

"四个自信"开辟"中国之治"新境界

中国政法大学马克思主义学院教授,马克思主义基本原理研究所所长,延安干部培训学院特聘教授

——— 赵卯生

在新中国成立 70 周年之际,党的十九届四中全会审议通过了《决定》。这一纲领性文献表明中国共产党人对共产党执政规律、社会主义建设规律、人类社会发展规律的认识已达到全新的理论和实践高度,其对中国特色社会主义制度和国家治理体系现代化的科学阐释,为国运长盛长青提供了坚如磐石的可靠保证。

习近平总书记多次强调:"我们推进国家治理体系和治理能力现代化,要往什么方向走呢?这是一个带有根本性的问题,必须回答好。"要回答好这个问题,需要深入思考、研究 3 个方面的问题:第一,国家治理现代化的正确方向是什么?第二,如何确保国家治理现代化始终沿着正确方向推进下去?坚定"四个自信"在这里起到什么样的重大作用?第三,坚定"四个自信"与将改革进行到底是一种怎样的关系?

国家治理现代化的正确方向：坚持中国特色社会主义制度、坚定不移走中国特色社会主义道路

制度是定国安邦的根本、成就伟业的保障、推进工作的航标。要治理好一个国家，必须首先建立一个能够发挥全局性、决定性、长远性作用的根本制度，再以此为根基开展各项工作，唯有如此，才能最终成大业。推进我国的国家治理走向现代化，首先必须解决的最重要、最根本问题，就是沿着什么方向前行，即我们奠基于什么制度、走什么道路来推进我国的国家治理现代化？在推进国家治理现代化的整个过程中，我们又该如何确保这一制度永不变色、这一道路永不偏向？

在这个事关党和国家千秋大业、事关新时代中国特色社会主义伟大胜利、事关中华民族伟大复兴的根本问题上，习近平总书记明确提出：“考虑这个问题，必须完整理解和把握全面深化改革的总目标，这是两句话组成的一个整体……前一句，规定了根本方向，我们的方向就是中国特色社会主义道路，而不是其他什么道路。也就是我经常说的，我们要坚定不移走中国特色社会主义道路，既不走封闭僵化的老路，也不走改旗易帜的邪路。后一句，规定了在根本方向指引下完善和发展中国特色社会主义制度的鲜明指向。两句话都讲，才是完整的。只讲第二句，不讲第一句，那是不完整、不全面的。”在这里，习近平总书记把"完整理解和把握全面深化改革的总目标"概括为两个方面：一是根本方向——坚持中国特色社会主义制度、坚定不移走中国特色社会主义道路；国家治理的一切工作和活动，推进国家治理现代化都必须依照中国特色社会主义制度、沿着中国特色社会主义道路展开。二是鲜明指向——推进国家治理体系和治理能力现代化，把

中国特色社会主义制度各方面的显著优势转化为国家治理效能，让中国特色社会主义制度的巨大优越性得到充分发挥。习近平总书记强调指出，这两个方面是有机统一的整体，只有这两个方面都坚持才是完整、全面的。

中国特色社会主义制度，作为当代中国发展进步的根本制度保障，是党和人民在长期实践探索中形成的科学制度体系，是由一系列的根本制度、基本制度、重要制度所组成的一个完整体系。它植根于中国大地，具有深厚中华文化根基；它把党的领导、人民当家作主、依法治国有机统一起来；它既坚持了社会主义的根本性质，又借鉴了古今中外制度建设的有益成果；它具有强大生命力和巨大优越性，深得人民拥护。治理国家，制度是根本，然而，没有科学的治理体系和高效的治理能力，再好的制度也难以发挥作用。推进国家治理体系和治理能力的现代化，就是将制度优势转化为国家治理效能。党的十九届四中全会集中概括了我国国家制度和国家治理体系13个方面的显著优势，并指明它们为我国的政治稳定、经济发展、文化繁荣、民族团结、人民幸福、社会安宁、国家统一提供了强有力保障。实践证明，中国特色社会主义制度和国家治理体系是能够持续推动拥有近14亿人口大国进步和发展、确保拥有五千多年文明史的中华民族实现"两个一百年"奋斗目标进而实现伟大复兴的制度和治理体系。

坚定"四个自信"：国家治理现代化永葆正确方向的根本思想保障

正如列宁所言："没有革命的理论，就不会有革命的运动。"社会意识在依赖于社会存在的同时，又对社会存在具有反作用。这种反作用既可以是积极的促进作用，也可以是消极的阻碍作用。其中，先进的社会意识由于其反映了社会发展的趋势、代表着人们进步的要求，故而对社会发展起着积极的促进作用。

习近平总书记关于全面深化改革必须处理好坚定不移走中国特色社会主义道路和推进国家治理现代化的关系的经典论断，极大地凸显出国家治理体系和治理能力现代化的正确方向问题。《中国共产党第十九届中央委员会第四次全体会议公报》（以下简称《公报》）则明确要求，"坚持和完善中国特色社会主义制度、推进国家治理体系和治理能力现代化，必须……增强'四个意识'，坚定'四个自信'，做到'两个维护'"。习近平总书记的论断和《公报》的要求，深刻揭示了国家治理现代化永葆正确方向与坚定"四个自信"的内在关联，指出坚定"四个自信"是确保国家治理现代化始终坚持中国特色社会主义制度和坚定不移走中国特色社会主义道路这一正确方向的根本思想保障。

中国特色社会主义道路自信、理论自信、制度自信、文化自信是一个不可分割的有机整体。其中，"道路自信"强调中国特色社会主义道路是实现社会主义现代化、创造人民美好生活的必由之路，是实现中华民族伟大复兴的必由之路；"理论自信"强调在当代中国，中国特色社会主义理论体系是指导党和人民实现中华民族伟大复兴的唯一正确理论；"制度自信"则强调中国特色社会主义制度是当代中国发展进步的根本制度保障；"文化自信"强调中国特色社会主义文化是激励全党全国各族人民奋勇前进的强大精神力量。

道路自信、理论自信、制度自信、文化自信分别从不同角度、不同层面为国家治理现代化永葆正确方向提供不可或缺的思想保障和行动指导。具体而言，全体党员、全国人民只有坚定"四个自信"，坚定不移、信心满满地看准、认定中国特色社会主义道路、理论、制度、文化，进而坚定不移地将中国特色社会主义坚持下去、发展开来，不为任何风险所惧，不为任何干扰所惑，真正做到"千磨万击还坚劲，任尔东西南北风"，才能在坚定"四个自信"的基础上，头脑清醒、态度鲜明、意志坚定地保持改革前进中的强大定力，在强有力地推进国家治理体系现代化的同时，又确保其始终沿着坚持中国特色社会主义制度和坚定不移走中国特色社会主义道路的正确方向发展。反之，如果人们不能自觉坚定"四个自信"，甚至缺乏"四个自信"，必将受到在当今世界广泛存在的"西方文化中心论"的强烈影响，加之我国自鸦片战争以来屡遭苦难、长期落后于西方而在一部分国人心中产生的民族自卑和文化自卑，在推进国家治理现代化的过程中，人们就会习惯性地眼睛向西看，不在中国大地上探索适合自己的道路和制度，而是热衷于"西天取经"，自觉不自觉地走向"西方化""资本主义化"。其结果必将使我国的全面深化改革事业遭遇挫折、陷入困顿，半途而废、南辕北辙，甚至出现颠覆性错误。这样一来，国家治理现代化便无从实现，始终坚持和完善中国特色社会主义制度、始终坚定不移地走中国特色社会主义道路便沦为空谈，"推进国家治理体系和治理能力现代化，绝不是西方化、资本主义化"也就自然落为一句空话。在这一大是大非面前，全党同志、全国人民的头脑更要特别清醒、眼睛更要特别明亮，要始终保持"不畏浮云遮望眼""乱云飞渡仍从容"的状态。

坚定"四个自信"：实现坚决将改革进行到底与坚持改革正确方向的有机统一

习近平总书记强调："我们全面深化改革，不是因为中国特色社会主义制度不好，而是要使它更好；我们说坚定制度自信，不是要固步自封，而是要不断革除体制机制弊端，让我们的制度成熟而持久。"

习近平总书记的概括与总结,充分展现了全体党员、全国人民在坚定"四个自信"的同时,实现坚决将改革进行到底同坚持改革正确方向有机统一的决心和毅力。

从哲学上讲,坚定"四个自信"与全面深化改革是辩证统一的关系。没有坚定的"四个自信",就不可能有全党全国人民坚决地将改革进行下去的勇气和决心。同样,离开不断深化改革并日益取得的实效,"四个自信"也不可能真正、彻底、持久地坚定起来。在推进国家治理现代化过程中,把坚定"四个自信"和不断深化改革统一起来,实质是"增加和扩大我们的优势和特点,而不是要削弱和缩小我们的优势和特点"。

不言而喻,我国的国家制度和国家治理体系总体上特色鲜明、优势巨大、富有效率,深得人民拥护。这是我们坚定"四个自信"的基本依据。当然,也应看到我国的国家制度和国家治理体系还不是十全十美、成熟定型的。面对当今世界日趋激烈的竞争,要实现国家的长治久安和满足人民日益增长的美好生活需要,我国的国家制度和国家治理体系还有不少地方需要改进和完善。因此,我们必须坚持和完善中国特色社会主义制度,推进国家治理体系和治理能力现代化。从这个意义上来说,我们坚定"四个自信",不是自我满足,更不是故步自封,而是通过不断革除体制机制弊端,使我们的制度更加成熟完善的同时,既不断巩固发挥制度优势,又不断把制度优势更好转化为国家治理效能,助推新时代国家治理再升级。

"物之不齐,物之情也。"世界上不会出现和存在完全相同的国家制度,也不会出现和存在适用于一切国家、地区的制度模式和治理体系。每一个国家的制度、模式和治理体系都是基于本国自然环境、历史传承、文化传统,以及经济社会发展状况而长期内生性演化的结果。中国特色社会主义制度之所以富有活力、优势巨大,就是因为它是从我国的自然环境、历史传承、文化传统中生长起来的。中国特色社会主义制度未来要继续发展壮大，也还必须深深扎根于我国的自然环境、历史传承、文化传统。正是基于此，习近平总书记指出："解决中国的问题只能在中国大地上探索适合自己的道路和制度。"只有在坚持中国特色社会主义制度，坚定不移地走中国特色社会主义道路的前提下，有序推进国家治理体系和治理能力现代化，才能最终实现全面深化改革的预定目标。当然，中华民族是一个兼容并蓄、海纳百川的民族，我们推进国家治理现代化，必定要学习和借鉴人类文明的一切优秀成果，包括西方国家的优秀成果，并将其消化吸收转化成我们自身的结构和因素，但我们任何时候都不能囫囵吞枣、邯郸学步，更不能西方化、资本主义化。"橘生淮南则为橘，生于淮北则为枳"的道理告诉我们，不考虑、不顾及本国的实际情况和本国人民的意愿情感，盲目地照搬照抄别国的制度、模式、治理体系从来不会成功，只会"画虎不成反类犬"，成为别人的笑柄和自身的痛处。正是基于这样的自觉意识，改革开放40多年来，我国成功地走出了中国特色社会主义道路——这是一条不同于西方国家的现代化道路，形成了中国特色社会主义制度——这是一套不同于西方国家的制度体系。中国特色社会主义道路、中国特色社会主义制度不仅写出了科学社会主义的"新版本"，而且为解决人类问题贡献了中国智慧和中国方案。

党的领导与国家治理现代化

南开大学周恩来政府管理学院教授
郭道久

党的十九届四中全会审议通过的《决定》，清晰地阐明了中国特色社会主义制度与国家治理现代化之间的关系，即"我国国家治理一切工作和活动都依照中国特色社会主义制度展开，我国国家治理体系和治理能力是中国特色社会主义制度及其执行能力的集中体现"。这为我国国家治理现代化指明了着力点和发展方向。

推进国家治理现代化需坚持和完善中国特色社会主义制度

自党的十八届三中全会提出"推进国家治理体系和治理能力现代化"以来，党政机关、社会媒体、高校和研究机构等各主体围绕国家治理现代化展开了一系列实践探索、经验总结和理论研究，形成了社会各界共同推进国家治理现代化的蓬勃发展态势。

从领域的角度来看，国家治理现代化涉及全球治理、国家治理、政府治理、社会治理、城市治理、乡村治理、基层治理、社区治理、网络治理等；从治理的方式上讲，有依法治理、民主治理、科学治理、协商治理、系统治理、综合治理等；从治理的理论依据上讲，有多中心治理、协同治理、合作治理、整体性治理、元治理、自主治理等。

然而，在纷繁复杂的治理实践和理论研究背后，仍在一定程度上存在对国家治理现代化总体方向理论研究模糊的状态。因为最初的"治理"是一个来自西方的舶来品，其理论和概念主要源于西方国家的现实情况，包括西方的政治制度等。当这些理论和概念被引入中国时，还没有很好地与中国实际相结合，以致对于"治理"的探讨有不同的看法。

党的十八届三中全会提出国家治理体系和治理能力现代化命题时，明确强调"全面深化改革的总目标是完善和发展中国特色社会主义制度，推进国家治理体系和治理能力现代化"。可见，国家治理现代化是与中国特色社会主义制度紧密联系在一起的，只是在后续的探讨中，这一前提在一定程度上被忽视了。因此，党的十九届四中全会再次强调这一点，可以看作为国家治理现代化正本清源：我们推进的国家治理现代化是依照中国特色社会主义制度展开的国家治理现代化，而不是其他任何形式的国家治理现代化；国家治理现代化必须在中国特色社会主义制度的框架内展开，并服务于中国特色社会主义制度。

党的领导制度是中国特色社会主义制度的核心

那么，中国特色社会主义制度是什么、有哪些？党的十九届四中全会给出了清晰的回答。中国特色社会主义制度主要包括以下 13 项，即党的领导制度体系、人民当家作主制度体系、中国特色社会主义法治体系、中国特色社会主义行政体制、社会主义基本经济制度、繁荣发展社会主义先进文化的制度、统筹城乡的民生保障制度、共建共治共享的社会治理制度、生态文明制度体系、党对人民军队的绝对领导制度、"一国两制"制度体系、独立自主的和平外交政策、党和国家监督体系。同时，党的十九届四中全会强调，我国国家制度和国家治理体系所具有的这13个方面的显著优势，"是我们坚定中国特色社会主义道路自信、理论自信、制度自信、文化自信的基本依据"。

其中，中国特色社会主义制度的核心是党的领导制度。党的十九大报告指出，"中国特色社会主义最本质的特征是中国共产党领导，中国特色社会主义制度的最大优势是中国共产党领导"。其他各项中国特色社会主义制度，或者是党的领导制度的一部分，如党对人民军队的绝对领导制度、党和国家监督体系等；或者与党的领导制度相统一，如人民当家作主制度体系；或者是党的领导制度的结果，如繁荣发展社会主义先进文化的制度、统筹城乡的民生保障制度、共建共治共享的社会治理制度等。

首先，党的领导保证国家治理现代化坚持社会主义方向。国家治理现代化是一个普遍性的命题，所有现代国家都在努力走现代化发展道路，但各国的最终走向不一样。中国是社会主义国家，其国家治理现代化必须坚持社会主义方向，中国共产党的领导为其提供了根本保证。中国共产党一经成立，就把实现共产主义作为党的最高理想和最终目标；党领导人民，为实现理想和目标持续开展伟大斗争，从社会主义革命到社会主义建设，最终确立了中国特色社会主义道路。有了党的领导，国家治理现代化就有了路线和方向保证。

其次，党的领导为国家治理现代化提供力量源泉和组织保障。中国共产党在近100年的发展历程中，经历了各种艰难险阻，经受了锻炼和考验，并磨砺出坚强的意志品质，凝练成科学的理论体系，建立起完善的组织体系，培养出高素质的干部队伍，练就了全面的战略决断能力，因而能够成为国家治理现代化的坚强领导核心。中国共产党在革命、建设和改革中所取得的伟大成就，已经获得全国人民的高度认同，具有广泛的群众基础，能够动员广大人民群众，积极投身于国家治理现代化事业。

最后，党的领导能够为国家治理现代化提供丰富的经验。中国开启现代化进程后，先后有不同组织力量和大批仁人志士为之努力过，但只有中国共产党能够领导人民取得成功。新时代，中国要实现国家治理现代化，离不开党的领导所积累的丰富经验，包括国家能力、经济发展、社会建设、文化振兴、国际战略等。

此外，适应国家治理现代化需要，党也要重视自身的现代化。坚持党的领导，也要不断改善党的领导。在领导国家治理现代化的进程中，中国共产党需要不断完善自身的组织建设，加强思想建设，丰富理论建设，强化作风建设，努力提高领导和执政能力，从而为实现"两个一百年"奋斗目标、实现中华民族伟大复兴的中国梦奠定坚实基础。

党的领导是国家治理的核心

中共中央党校（国家行政学院）教授，福建师范大学马克思主义学院院长

许耀桐

党的十九届四中全会审议通过的《决定》提出"坚持和完善党的领导制度体系，提高党科学执政、民主执政、依法执政水平"的战略部署。《决定》指出，中国共产党领导是中国特色社会主义最本质的特征，是中国特色社会主义制度的最大优势，党是最高政治领导力量。必须坚持党政军民学、东西南北中，党是领导一切的，坚决维护党中央权威，健全总揽全局、协调各方的党的领导制度体系，把党的领导落实到国家治理各领域各方面各环节。

中国共产党必须坚实地具备国家治理的能力

和其他的政党相比，中国共产党有着自身显著的特点。

第一，中国共产党所代表的阶级利益，是最广大的无产阶级和人民群众的利益。共产党不同于其他的一切政党，其他的一切政党都只代表狭小的阶级利益，只有共产党才能代表最广大的阶级利益。因为过去的一切运动，包括资产阶级政党在内领导的都是少数人的或者为

少数人谋利益的运动，而共产党领导的无产阶级的运动是绝大多数人的、为绝大多数人谋利益的独立的运动。

第二，中国共产党把政党的代表功能和表达功能最完美地结合起来了。在西方国家，每隔4年或5年进行政府首脑的更换选举，西方政党作为选举党仅限于参加竞选，无须进行国家治理，因而其代表功能和表达功能是相脱节的。中国共产党之所以能把政党的代表功能和表达功能最完美地结合起来，是因为它与在民主条件下通过议会产生的西方政党不同，中国共产党是在白色恐怖下屡遭破坏、镇压而成长起来，只能成为以暴力方式夺取政权的革命党。为此，中国共产党在组织军队、开展武装斗争时还必须进行根据地建设，建立各级政权，早已承担起了各项公共事务治理的任务，通过实施有效的治理将其表达功能完全落实体现。

第三，中国共产党是具有坚强组织和严密纪律的政党。和西方政党的组织纪律比较松弛涣散、党员入党退党"来去自由"不同，中国共产党以民主集中制作为根本的组织原则，全党组成了一支先进的战斗部队，使党具有强大的战斗力。党培养和造就了一支优秀的干部队伍，重视开展思想宣传，深入群众、组织群众和依靠群众，善于制定正确的路线方针政策。正是以上中国共产党的这些特点，决定了中国共产党必须进行国家治理，而且必然成为国家治理的核心。因此，中国共产党必须坚实地拥有国家治理的资质、能力。

中国共产党必须具备国家治理的能力，不仅出于新民主主义革命斗争的需要，而且为社会主义建设时期和改革开放新时期所需要。在改革开放新时期，中国共产党以实事求是的思想路线，解放思想、勇于探索，制定了党在社会主义初级阶段建设中国特色社会主义的基本路线，形成了中国特色社会主义理论体系，开启了社会主义现代化建设的伟大事业，成功地进行了国家治理。建设中国特色社会主义，是包含经济建设、政治建设、文化建设、社会建设、生态文明建设在内的"五位一体"建设，中国共产党不仅要推进市场经济、民主政治、文化繁荣、社会和谐、生态文明，还要形成生机勃勃的经济体制、政治体制、文化体制、社会体制和生态文明体制。

中国共产党必须具备国家治理的能力，还在于这是由中国的国情所决定的。1840年鸦片战争后，中国沦为半殖民地半封建的国家，几乎受到所有西方列强的侵略和掠夺，成为积贫积弱、一盘散沙、任人宰割的国家。国家的失败，固然有经济、政治、军事方面实力不足、落后的原因，但最根本的是缺乏一个坚强的领导核心。当中国共产党肩负起救亡图存、振兴中华的重任，成为中国人民的主心骨、掌舵人之后，中国的面貌就发生了翻天覆地的变化。今天，中国已成为屹立于世界民族之林的国家，但是，在我们这样一个多民族的发展中大国，要把近14亿人的思想统一起来，力量凝聚起来，保持社会的稳定，向着社会主义现代化建设的目标前进，仍然需要中国共产党的坚强领导。

中国共产党必须持续不断地增强和提升执政党的能力

毫无疑问，坚持中国共产党的领导已然构成国家治理的核心和关键。但是，这丝毫不意味着中国共产党天然地具备国家治理的能力。恰恰相反，中国共产党必须持续不断地增强和提升执政党的能力。世情、国情、党情的深刻变化，对执政党的能力提出了新的要求。

那么，什么是执政党的能力呢？2004年党的十六届四中全会通过的《中共中央关于加强党的执政能力建设的决定》阐明，中国共产党要"成为立党为公、执政为民的执政党，成为科学执政、民主执政、依法执政的执政党，成为求真务实、开拓创新、勤政高效、清正廉洁的执政党"和"成为始终做到'三个代表'、永远保持先进性、经得住各种风浪考验的马克思主义执政党"。"四个成为"完整地揭示了中国共产党作为社会主义国家执政党的科学含义和所应具备的能力。它清楚地表明,中国共产党的执政能力就是"科学执政、民主执政、依法执政"的能力。"三个执政"的能力构成了党的总体性的执政能力,即国家治理能力。中国共产党要着眼于提升"三个执政"的国家治理能力。

一是着眼于提升科学执政能力,就是能够用科学的理论和思想指导执政,就是能遵循党在社会主义初级阶段执政的客观规律,在吸收和借鉴世界各国政治文明中一切合理的科学成分的基础上执政。要在科学的理论和方法的指导下,逐步建立科学的制度,把科学的执政理念、执政方式、执政方法应用到执政的实践中去。

二是着眼于提升民主执政能力,就是能够坚持为人民执政、靠人民执政,支持和保证人民当家作主,坚持和完善人民民主专政,坚持和完善民主集中制,以发展党内民主带动人民民主。密切联系人民群众,相信和依靠人民群众,全心全意为人民群众谋利益,是中国共产党区别于其他阶级政党的一个根本标志。党的性质和宗旨,决定了它在成为执政党以后,必须坚持为人民执政、靠人民执政。党通过自己的执政活动,集中体现了人民的利益和意愿,并努力实现人民的利益和意愿。党带领人民建设社会主义民主政治,并且在自己的执政活动中严格遵循社会主义民主政治的根本要求,为人民执好政、掌好权。

三是着眼于提升依法执政能力,就是能够建设完善的中国特色社会主义法治体系,实现建设法治中国的目标。中国共产党以依法治国、依宪治国为基本治国方略,就必然要带领人民立法,通过立法把人民的意志变为国家意志,把代表人民根本利益的党的方针政策变为法律法规。同时,坚持依法执政、依宪执政,带头遵法守法,在宪法和法律的范围内活动，维护宪法和法律的权威，保证宪法和法律的实施，不断推进国家经济、政治、文化、社会生活的法治化、制度化、规范化。

《中共中央关于加强党的执政能力建设的决定》提出，当前和今后一个时期加强党的执政能力建设的主要任务，概括起来就是5种能力建设：不断提高驾驭社会主义市场经济的能力、发展社会主义民主政治的能力、建设社会主义先进文化的能力、构建社会主义和谐社会的能力、应对国际局势和处理国际事务的能力。

《决定》提出了坚持和完善党的领导制度体系，提高党科学执政、民主执政、依法执政水平的战略部署，并明确了6个方面的制度建设：建立不忘初心、牢记使命的制度，完善坚定维护党中央权威和集中统一领导的各项制度，健全党的全面领导制度，健全为人民执政、靠人民执政各项制度，健全提高党的执政能力和领导水平制度，完善全面从严治党制度。

提升国家治理能力，对党的执政方式和领导方式提出了明确的要求

首先，党的执政方式和领导方式是立足于提出宏观的路线方针政策，以指导国家的政治生活和全社会的行动，而不是陷于微观的、具体琐碎的行政事务和经济事务的治理中。其次，党的执政方式和领导方式是依法执政和依法领导，即党的领导要法治化。党要在宪法和法律的范围内活动，党对国家事务实行领导的主要方式是使党的主张经过法定程序变成国家意志，即通过法律和法令来实现党的领导，要把党的领导活动纳入国家法治的轨道。再次，党的执政方式和领导方式是选拔和推荐重要干部到国家政权机关中任职。党的执政和领导，最

主要的就是通过党的干部在政权中的工作来实现。要以国家政权作为执政中心，把自己重要的领导干部推荐到国家权力机关中去，通过这些执政的党的干部来领导和实现治国理政的方针政策。最后，党的执政方式和领导方式是监督国家政权中的党的领导干部和党员，发挥先锋模范作用，以身作则、反腐倡廉、廉洁从政。

提升"三个执政"的国家治理能力，还对党与人大、政府、政协以及人民团体关系作出明确的规范。在党与国家政权和人民团体的关系上，要求把党的领导与尊重国家机关依法独立行使职权相结合。中国共产党提出了必须按照总揽全局、协调各方的原则，规范党委与人大、政府、政协以及人民团体关系的基本要求。总揽全局，主要是指党委要在同级各种组织中发挥领导核心作用，集中精力抓好大事，支持各方独立负责，步调一致地开展工作，而不包揽一切，不事无巨细一齐抓；协调各方，主要是指党在支持国家机关和人民团体依照有关法律和各自章程独立开展工作的同时，要通过国家机关和人民团体的党组与党员领导干部的工作，努力使党的主张通过法定程序变成法律和各界的共识，通过党组协调各方关系，不以党代政，协调而不代替。显而易见，中国共产党只有通过不断地增强和提升"科学执政、民主执政、依法执政"的国家治理能力，才能实现有效的国家治理。

党的领导制度是系统完备的制度体系

北京市习近平新时代中国特色社会主义思想研究中心特聘专家

张 峰

党的十九届四中全会一个突出的亮点是明确提出坚持和完善党的领导制度体系，将党的领导制度作为国家根本领导制度，强调其统领地位，深刻揭示其科学含义、基本要求，全面展示所包含的党的领导的各项具体制度，在党的领导制度化建设上具有新的里程碑意义。

党的领导制度是在党团结带领人民进行伟大社会革命中形成和发展的，具有深刻的历史必然性

党的领导制度是顺应党的领导地位的客观存在，在不断推进党的领导制度化、法治化的过程中形成和发展的。

党的领导制度在新民主主义革命和社会主义革命过程中得以形成。新民主主义革命是由无产阶级和中国共产党充当领导者的反对帝国主义、封建主义和官僚资本主义的革命。在这场革命中，中国共产党先后建立起党领导的工农苏维埃政权、抗日根据地"三三制"政权。党的领导是一元化的领导。1943年，毛泽东指出："实行一元化

的领导很重要,要建立领导核心,反对'一国三公'。"新中国成立后,中国共产党实现了从局部执政到掌握全国政权,建立起新民主主义政权,工人阶级通过自己的先锋队中国共产党实现了对国家及其政府的领导。1954年制定的宪法肯定了在中国共产党领导下取得的历史性成就,明确了中国共产党在人民民主统一战线中的领导地位,正式将中国共产党的领导融入国家制度。1956年,社会主义改造任务的基本完成,标志着社会主义经济制度的建立,我国进入全面建设社会主义时期。1957年,为正确处理人民内部矛盾,毛泽东提出6条政治标准,其中最重要的是社会主义道路和党的领导两条。在党的领导下,克服了国民经济发生的严重困难,社会主义建设取得伟大成绩。总结党的领导历史经验,1962年,毛泽东提出:"工、农、商、学、兵、政、党这七个方面,党是领导一切的。党要领导工业、农业、商业、文化教育、军队和政府。""文化大革命"时期尽管发生严重曲折,党的领导地位始终是存在的,并且成为我们党能够依靠自身力量纠正错误的根本原因。

党的领导制度在改革开放新的伟大革命中得以改善。党的十一届三中全会后,邓小平提出党和国家领导制度改革新课题,指出:"我们要改善党的领导,除了改善党的组织状况以外,还要改善党的领导工作状况,改善党的领导制度。"第一次明确提出"党的领导制度"概念。党的领导制度改革,是为了加强党的领导,是为了改进党的领导,使党的领导更能适应社会主义现代化建设的需要。为反对资产阶级自由化,邓小平提出坚持四项基本原则,其核心是坚持党的领导。在邓小平看来,领导制度问题更具有根本性、全局性、稳定性、长期性,具有关系到党和国家是否改变颜色的决定性意义,由此他提出实现包括党的领导制度在内的制度现代化的新设想。1993年3月,八届全国人大一次会议修改宪法,将"中国共产党领导的多党合作和政治协商制度将长期存在和发展"载入宪法序言，从国家基本政治制度层面明确了中国共产党领导的制度。1997年，党的十五大提出依法治国基本方略，明确了实现党的领导制度化、法律化的基本含义："从制度和法律上保证党的基本路线和基本方针的贯彻实施，保证党始终发挥总揽全局、协调各方的领导核心作用。"

党的领导制度在新时代继续推进的伟大革命中得以加强和完善。党的十八大以来，习近平总书记提出："我们要继续推进党的领导制度化、法治化，不断完善党的领导体制和工作机制，把党的领导贯彻到全面依法治国全过程和各方面。"以习近平同志为核心的党中央，全面加强党的领导和党的建设，使党在革命性锻造中更加坚强，焕发出新的强大生机活力，从而使党的领导制度得到全面加强和完善。党的十八届三中全会把完善和发展中国特色社会主义制度、推进国家治理体系和治理能力现代化确立为全面深化改革的总目标，明确国家治理体系是在党领导下管理国家的制度体系。这一国家制度体系的核心是坚持党的领导，要紧紧围绕提高科学执政、民主执政、依法执政水平来深化党的建设制度改革，完善党的领导体制和执政方式。依据党的十九大报告中的"完善坚持党的领导的体制机制"新要求，党的十九届三中全会提出"完善坚持党的全面领导的制度""要建立健全党对重大工作的领导体制机制"。通过一系列重要举措，完善能够保证党全面实施领导的制度安排，构建起发挥党总揽全局、协调各方作用的党和国家机构职能体系，并朝着实现国家治理体系和治理能力现代化的宏伟目标迈出了坚实步伐。

党的领导制度是国家根本领导制度，在国家治理体系中居于统领地位

在国家制度体系中，根本制度最重要，是其他各项制度之根、之本。党的领导制度就属于这样的根本领导制度。我国国家制度和国家治理体系具有多方面的显著优势，第一条就是：坚持党的集中统一领导，坚持党的科学理论，保持政治稳定，确保国家始终沿着社会主义方向前进的显著优势。

把党的领导制度列为国家根本领导制度，是依据宪法提出来的。2018年3月11日，十三届全国人大一次会议通过宪法修正案，在宪法第一条第二款"社会主义制度是中华人民共和国的根本制度"后增写"中国共产党领导是中国特色社会主义最本质的特征"。这是推进党的领导制度化、法治化的重大举措。在宪法中将关于我国国家根本制度的条款载入党的领导，表明了党的领导在中国特色社会主义制度中的核心地位，实现了党的领导制度与国家根本制度的有机衔接，确认了党在国家政权结构中总揽全局、协调各方的领导地位，具有深远而重大的意义。这也是将党的领导制度上升为国家根本领导制度最重要的宪法依据，是党依宪执政的重要体现。对这一点，要理直气壮讲、大张旗鼓讲。

党的领导制度作为国家根本领导制度，也是依据党的核心作用实际而提出来的。中国共产党是中国特色社会主义事业的领导核心，是最高的政治领导力量。党的领导是做好党和国家各项工作的根本保证。历史的经验告诉我们，没有中国共产党，哪有社会主义中国？哪有中国特色社会主义？哪有中华民族伟大复兴？具体地说，主要是党的领导与4个方面的关系。

首先，党的领导与中国特色社会主义事业的关系。中国特色社会主义是党和人民历尽千辛万苦、付出巨大代价取得的根本成就，是我们承前启后、继往开来正在推进的伟大事业。党的领导是中国特色社会主义道路的根本保证，是中国特色社会主义理论体系的核心要义，是中国特色社会主义制度的最大优势，是中国特色社会主义文化的精神引领，是党和国家事业不断发展的"定海神针"。新时代坚持和发展中国特色社会主义，就必须坚持党的领导、完善党的领导制度。

其次，党的领导与国情的关系。我国是一个统一的多民族国家，这是我国的一个基本国情。在这样一个近14亿人口的国家里，没有坚强有力的政治领导，要实现精神上文化上高度团结统一是不可想象的。中国共产党的领导是各民族大团结的根本保证。古人讲"六合同风、九州共贯"，在当代中国，没有党的领导，这个是做不到的。从这个意义来说，中国最大的国情就是中国共产党的领导。因此，要坚持党的领导制度，走中国特色解决民族问题的正确道路，巩固和发展平等团结互助和谐的社会主义民族关系。

再次，党的领导与历史成就的关系。党的领导是我们党和国家事业取得历史性成就的根本保证。新中国成立以来，我们党领导人民创造了世所罕见的经济快速发展和社会长期稳定"两大奇迹"。可以毫不夸张地说，中国有中国共产党领导并长期执政，这是中国、中国人民、中华民族的一大幸事。近代以来的中国历史昭示，没有中国共产党的领导，我们的国家和民族不可能取得今天这样的成就，更不可能具有今天这样的国际地位。坚持中国共产党的领导，实行党的领导制度，是尊重历史的必然结果。

最后，党的领导与未来前途的关系。经过长期奋斗，中华民族迎来了从站起来、富起来到强起来的历史性飞跃，比历史上任何时期都更接近、更有信心和能力实现中华民族伟大复兴的目标。但实现这一目标需要在中国共产党的领导下付出更为艰巨、更为艰苦的努力，不知要爬多少坡、过多少坎、经历多少风风雨雨、克服多少艰难险阻。应对和战胜前进道路上的各种风险和挑战，关键在党。党的十九大报告指出："历史已经并将继续证明，没有中国共产党的领导，民族复兴必然是空想。"坚持中国共产党的领导、完善党的领导制度，是面向未来的必然选择。

党的领导制度是一个系统完备的制度体系，能够发挥综合性效应

党的十九届四中全会提出坚持和完善党的领导制度体系，是一个重大的制度创新。党的领导制度只有成为一种健全的体系，发挥各个具体制度的作用，才能产生综合性效应，彰显其独特的优势。习近平总书记指出："党是最高政治领导力量，党的领导是我们的最大制度优势。加强党对一切工作的领导，这一要求不是空洞的、抽象的，要在各方面各环节落实和体现。"为此，就要建立健全党的领导的各项具体制度，主要是6个方面的制度。

一是不忘初心、牢记使命的制度。这是党的思想建设方面的制度。"不忘初心、牢记使命"，是目前在全党开展的主题教育的名称，对于推动全党恪守党的性质宗旨、理想信念，更加自觉地为实现新时代党的历史使命而不懈奋斗，具有十分重要的意义。为使这一主题教育制度化、常态化，就有必要形成不忘初心、牢记使命的制度。

二是维护党中央权威和集中统一领导的各项制度。这是党的政治建设方面的制度。党的政治建设属于党的根本性建设，对党的建设方向和效果起着决定性作用。建立这方面的制度，要紧紧围绕保证全党服从中央、坚持党中央权威和集中统一领导这一党的政治建设的首要任务，以党章为根本依据，严明党的政治纪律和政治规矩，完善和落

实民主集中制的各项制度，不断完善保障"两个维护"的制度机制。

三是党的全面领导制度。这是为实施党对国家各方面各环节全面有效的领导的工作制度。包括健全党中央集中统一领导重大工作的体制机制，完善地方党委、党组、党的工作机关实施党的领导的体制机制，建立健全国有企业党委（党组）和基层党组织发挥领导作用的制度规定；健全党对权力机关、行政机关、协商机构、司法机关、民主党派、人民团体、国有企业、高等学校等实施领导的制度规定。

四是为人民执政、靠人民执政的各项制度。这是党的作风建设方面的制度，目的是保持党同人民群众的血肉联系，增强群众观念和群众感情，不断厚植党执政的群众基础。为落实中央八项规定，形成反对形式主义、官僚主义、享乐主义和奢靡之风的长效机制，需要建立健全这方面的各项制度。

五是提高党的执政能力和领导水平制度。这是党的能力建设方面的制度。既要本领过硬，也要本领高强，是我们党领导近14亿人口的社会主义大国必备的素质。党的十九届四中全会在党的十九大提出的"8个本领"即学习本领、政治领导本领、改革创新本领、科学发展本领、依法执政本领、群众工作本领、狠抓落实本领、驾驭风险本领的基础上，增加增强斗争本领。这些本领的提高，需要靠制度来保障。

六是全面从严治党制度。这是推进党的自我革命、提高解决自身问题能力的制度。全面从严治党，要真正做到要求严、措施严、对上严、对下严、对事严、对人严，抓思想从严，抓管党从严，抓执纪从严，抓治吏从严，抓作风从严，抓反腐从严。为此，就要把这些要求制度化为具体的制度性规定，并且强化制度的执行力，坚持制度面前人人平等、制度执行没有例外，杜绝"破窗效应"，防止"制度虚化"，以从严的制度实现党的自我净化、自我完善、自我革新、自我提高。

健全党的领导制度体系从哪里着力

中国人民大学习近平新时代中国特色社会
主义思想研究院研究员

——— 张世飞

新中国成立70年尤其是改革开放40多年来，在党的坚强领导下，我国的国家治理体系不断健全优化，治理能力有效提升。进入新时代，以习近平同志为核心的党中央在坚持和发展中国特色社会主义伟大实践中，高度重视推进国家治理体系和治理能力现代化的特殊价值和重要意义，对国家治理现代化的重大问题进行了深入思考，为担当起推进国家治理体系和治理能力现代化这一历史重任展开了不懈探索。

坚持党的领导是推进国家治理体系和治理能力现代化的鲜明特征

无论是改革发展稳定事业，还是内政国防外交工作，都离不开党的领导。习近平总书记指出，国家治理体系是在党领导下管理国家的制度体系。推进国家治理体系和治理能力现代化是一项具有根本性、战略性、全局性和长期性的任务，没有党的领导这一根本原则作为前提，国家治理体系的完善和治理能力的提升就不复存在，也就没有现代化。做好推进国家治理体系和治理能力现代化工作的鲜明特征就是坚持党的领导。

党的十九届四中全会提出要坚持和完善党的领导制度体系，提高党科学执政、民主执政、依法执政水平。这一要求是对"党是中国特色社会主义的领导核心"这一社会主义本质特征的深刻把握，深刻反映了党的领导在推进国家治理体系和治理能力现代化历程中的独特作用，党的领导制度体系建设是推进国家治理体系和治理能力现代化建设的一个关键抓手。

首先，国家治理体系和治理能力的现代化需要不断加强，但是如何加强？如何让国家治理体系和治理能力的现代化沿着正确的发展方向？关键在于有一个强有力的执政党作为领导核心。从党的属性来看，中国共产党是坚持以马克思主义为指导的执政党，党的领导决定着国家治理体系和治理能力现代化的道路性质和道路方向，推进国家治理体系和治理能力现代化不是西方化和资本主义化，而是社会主义性质的自我革新和自我完善。只有健全党的领导制度体系，充分发挥中国共产党在推进国家治理体系和治理能力现代化中的领导作用，才能确保推进国家治理体系和治理能力现代化不走形、不变味，保持正确的发展方向。

其次，从具体实践来看，推进国家治理体系和治理能力现代化是一项系统工程。中国共产党在发展中国特色社会主义过程中起着统领全局、协调各方的关键作用，党的领导体系不是抽象的、空洞的，而是全面的、系统的、整体的，能够在各方面和各环节体现，这就决定了党的领导可以在推进国家治理体系和治理能力现代化过程中实现各个层次和各个方面的全覆盖。党具有善于运用马克思主义方法论的优良传统，注重加强实现经济基础和上层建筑、摸着石头过河和加强顶层设计的有机协调统一，能够解决国家治理体系和治理能力现代化进程中遇到的各种难题，战胜各种风险及挑战。

最后，从实际效果看，历届党中央都注重发挥党在国家治理中的决定性作用，中国共产党的领导是推进中国特色社会主义国家治理现代化建设的优势所在。特别是党的十八大以来，习近平总书记围绕推进治理体系和治理能力现代化作出系列重要讲话，为新时代加强党对推进治理体系和治理能力现代化的领导提供了重要指导和遵循。中国共产党坚持以人民为中心的发展思想，最根本的目的是实现好、维护好、发展好最广大人民群众的根本利益，要建立起让人民更有获得感的国家治理现代化成果，必须把坚持党的领导作为首要政治任务，保证党领导人民有效治理国家，必须以深化党的领导制度体系为重要基础，把党和人民的意志落到实处。只有这样，推进国家治理体系和治理能力现代化任务的顺利完成才有了根本保证，才能真正建立起更科学、更完备、更稳定、更管用的国家治理体系。这也有助于提升党的长期执政能力和执政水平，巩固党的执政地位和实现国家长治久安。

推进国家治理体系和治理能力现代化是新时代中国共产党的必然选择

现实有所呼，党就有所应。坚持和完善中国特色社会主义制度、推进国家治理体系和治理能力现代化，是全党的一项重大战略任务，是党结合新时代改革发展的任务要求，综合考虑国内国际因素，主动回应人民群众普遍期盼而作出的一项重大决定。锻造什么样的治理体系，成就什么效果的治理能力，是与党和国家的思想指导、历史传承及时代需要等综合因素紧密相关的。

治国理政事业的重要组成部分就是推进国家治理体系和治理能力现代化，推进国家治理体系和治理能力现代化对推进全面深化改革具有重要导向性作用，是新时代加速推进国家现代化进程、完善党的领导和执政方式所面临的重大课题，也是夺取新时代中国特色社会主义伟大胜利，推进实现中华民族伟大复兴中国梦的必然要求，这关乎着我们党、国家和民族的未来。

从马克思主义发展史的角度看，马克思主义国家理论是科学的理论，马克思主义国家理论揭示了国家的起源和本质，认为国家是阶级统治的工具。马克思主义国家理论也是随着时代和实践不断发展的理论。中国共产党把马克思主义国家学说与中国国家治理实际结合起来，提出了"推进国家治理体系和治理能力现代化"这一深刻命题。这一命题的提出继承和发展了马克思主义国家学说，是推进马克思主义中国化发展的一项重要内容。

从党和国家的历史传承来看，邓小平在改革开放初期就提出了制度更有根本性、全局性、战略性这一远大构想。在新时代，推进国家治理体系和治理能力现代化在党和国家工作全局中的地位更加重要、作用更加明显，越来越成为国家核心竞争能力和文明发展程度的重要体现。从党的十八届三中全会全面深化改革总目标的提出到党的十八届四中全会全面依法治国这一党领导人民治理国家基本方略的确立，到党的十九大推进国家治理体系和治理能力现代化阶段性目标的确立，再到党的十九届四中全会对推进国家治理体系和治理能力现代化作出统一全面又细致的部署，可以清楚地看到，推进国家治理体系和治理能力现代化是改革开放40多年来的不懈追求，是新时代全面深化改革的攻坚点，是适应我国国家治理转型升级的必由之路。

中国特色社会主义制度是党和人民在长期实践探索中形成的科学制度体系，在党的领导下推进国家治理体系和治理能力现代化是新时代坚持和完善中国特色社会主义制度的迫切需要，反映了建成现代化国家的客观要求。虽然，目前我国国家治理现代化事业有着独特的优势，总体上是适合我国国情实际和发展要求的，并且取得了巨大成就，但仍存在许多亟待改进、下大力气加以解决和完善的地方，新形势下的制度创新在一定程度上还滞后于实践创新，一些制度距离成熟、定型的要求和实现社会主义现代化的要求还存在差距。推进国家治理体系和治理能力现代化是加强制度创新、增强制度执行力的重要一步，有利于破除制度中阻碍发展和稳定的不合理因素，建立起符合现代化建设要求的制度安排和组织体系，形成有效的现代化国家治理能力，是解决中国各方面难题的长效之策，也是坚定中国特色社会主义制度自信的题中应有之义。

必须把全面从严治党与推进国家治理体系和治理能力现代化结合起来

加强党的建设，坚持全面从严治党是一项意义重大、立意长远的战略性使命，是推进国家治理体系和治理能力现代化的现实诉求，也是推进各项制度优化健全的一个重要落脚点。邓小平曾指出，改革党和国家的领导制度不是涣散党的纪律，而是坚持和加强党的纪律。全面从严治党是解决党内突出问题的关键所系，也是国家治理体系和治理能力现代化在顶层设计上的表现，因此，必须统筹好全面从严治党与推进国家治理体系和治理能力现代化的关系。

治国必先治党，治党务必从严。坚持全面从严治党有助于解决党内的突出问题，化解党内存在的各类难题，提升党驾驭全局的能力和水平，使党赢得人民群众的广泛支持，获得奋勇前进的不竭动力，有助于促进政党治理的现代化，把政党治理优势转化为国家治理效能。推进国家治理体系和治理能力现代化是一场伟大的社会革命，加强党的建设是一场伟大的自我革命，必须把推进国家治理体系和治理能力现代化这一社会革命和党的建设自我革命结合起来，以自我革命推动社会革命，因此，必须高度重视加强和完善全面从严治党的制度建设，统筹完善从严治党制度和经济、政治、文化、社会、生态文明、军事、外事等各方面制度。

"四个全面"战略布局是我们党在对共产党执政规律、社会主义建设规律、人类社会发展规律的科学认识不断深化的基础上提出来的。从"四个全面"战略布局的高度看，全面深化改革的目标指向就是推进国家治理体系和治理能力现代化。作为"四个全面"战略布局的关键，坚持全面从严治党能够对推进全面深化改革起到保障引领作用，因而，全面从严治党对实现国家治理体系和治理能力现代化具有重要积极意义。它们之间有着紧密的逻辑关系，在推进国家治理体系和治理能力现代化过程中必须高度重视全面从严治党并将其贯穿全过程。

新形势下，全面从严治党虽然呈现了很多新气象，取得了很多新成绩，但与政党治理现代化的标准还存在一定差距，全面从严治党的意识、制度、体制、方式等还有很多需要加强和改进的地方。因此，必须以党的政治建设为统领，把思想建党和制度治党有机结合起来，在涉及道路、理论、制度等根本性问题上时刻做到毫不动摇；必须把党的制度建设摆在关键位置，深化党的组织建设、作风建设、纪律建设。

强化监督是推进全面从严治党向纵深发展的重要法宝，是深入推进反腐败斗争的利器。党的十九届四中全会提出，"坚持和完善党和国家监督体系，强化对权力运行的制约和监督"。这一要求准确把握了全面从严治党的标本兼治、精准施治之义，遵循了监督体系的运行和发展规律。建立和完善监督体系、形成有效的监督体制机制，是全面从严治党、推进国家治理体系和治理能力现代化的着力方向，有助于加强党的自我约束能力，提升社会公信力，更好地回应人民群众关切、维护人民群众利益。因此，必须坚持大胆探索、勇于创新、担当使命，发挥监督体系的综合作用，推动监督从内部体制监督走向国家法治监督，提升党和国家机关的工作效能，增强党员干部的理想信念和综合素质，实现国家治理体系和治理能力现代化水平明显提升。

推进国家治理体系和治理能力现代化，是党在新时代立足历史和当下、着眼长远和未来作出的重大论断，是汇集了新时代的理论和实践经验后作出的重要部署，凝结着广大人民群众的热切期盼。党的十九届四中全会坚持了全面深化改革的总目标导向，明确了国家治理制度和治理体系的内容组成、价值作用及优势，对推进国家治理体系和治理能力现代化建设提出了新的、更全面的任务要求，开启了推进国家治理体系和治理能力现代化的新阶段。

不忘初心、牢记使命，要把推进国家治理体系和治理能力现代化这一党在新时代的重大战略任务高质量完成，必须推进全党学习贯彻习近平新时代中国特色社会主义思想，在推进国家治理体系和治理能力现代化历程中增强"四个意识"、坚定"四个自信"，做到"两个维护"。必须坚持树立新的国家治理现代化理念，进一步统筹协调、上下一致，形成总体效应，推动各项制度改革和完善，重视提升制度的执行力，增强尊崇制度、落实制度的自觉性和使命感，必须高度重视党的领导制度体系建设的加强和完善，确保党能始终领导一切工作，努力为推进国家治理体系和治理能力现代化实践的开展保驾护航，激发出推进国家治理体系和治理能力现代化的正能量，展现新时代中国特色社会主义的巨大优势和强大生命。

国家治理现代化首先要实现政府治理现代化

中共中央党校（国家行政学院）教授，深圳创新发展研究院资深研究员

汪玉凯

2013年，党的十八届三中全会将"完善和发展中国特色社会主义制度、推进国家治理体系和治理能力现代化"作为全面深化改革的总目标，引起各界广泛的关注。2017年，党的十九大把推进国家治理体系和治理能力现代化与新时代中国特色社会主义发展的两个阶段战略安排相挂钩，提出到2035年时"各方面制度更加完善，国家治理体系和治理能力现代化基本实现"；到本世纪中叶"实现国家治理体系和治理能力现代化，成为综合国力和国际影响力领先的国家"。

党的十九届四中全会提出了坚持和完善中国特色社会主义制度、推进国家治理体系和治理能力现代化"三步走"的总体目标："到我们党成立一百年时，在各方面制度更加成熟更加定型上取得明显成效；到二〇三五年，各方面制度更加完善，基本实现国家治理体系和治理能力现代化；到新中国成立一百年时，全面实现国家治理体系和治理能力现代化，使中国特色社会主义制度更加巩固、优越性充分展现。"这个总体目标和党的十九大提出的建设社会主义现代化国家的目标是相融合的。

坚持和完善中国特色社会主义制度、推进国家治理体系和治理能力现代化，这个主题有三层含义：第一，我们的国家治理体系和治理能力现代化，是在中国特色社会主义制度的大框架下，治理体系、治理能力的现代化，而不是其他的。第二，国家治理体系现代化是指各项制度要现代化，包括经济、政治、文化、社会、生态文明等各领域的制度都要现代化。第三，治理能力现代化是制度执行能力的现代化，要使制度能够真正落到实处。

推进国家治理体系和治理能力现代化，要以坚持和完善中国特色社会主义制度为前提。所以党的十九届四中全会提出"坚持和完善党的领导制度体系""坚持和完善人民当家作主制度体系""坚持和完善中国特色社会主义法治体系""坚持和完善中国特色社会主义行政体制""坚持和完善社会主义基本经济制度""坚持和完善繁荣发展社会主义先进文化的制度""坚持和完善统筹城乡的民生保障制度""坚持和完善共建共治共享的社会治理制度""坚持和完善生态文明制度体系"等十三个方面的工作要求，这些都是坚持和完善中国特色社会主义制度的重要部署。

其中，坚持和完善党的领导和实现政府治理现代化，是国家治理现代化中最重要的方面，下文着重谈一下这两点。

坚持和完善党的领导制度体系，提高党科学执政、民主执政、依法执政水平

党的领导，是我国《宪法》明确规定的。我国是中国共产党领导的社会主义国家，中国共产党领导是中国特色社会主义最本质的特征和中国特色社会主义制度的最大优势。党的十九届四中全会把"坚持和完善党的领导制度体系"，排在了坚持和完善中国特色社会主义制

度各项部署的第一位，突出了党的领导在国家治理现代化中的重要地位。《决定》还强调"提高党科学执政、民主执政、依法执政水平"。坚持和完善党的领导，就要在科学执政、民主执政、依法执政方面逐步完善各种制度。

第一，科学执政，就是结合中国实际，不断深化对共产党执政规律、社会主义建设规律、人类社会发展规律的认识，以科学的指导思想、制度体系和方式方法领导中国特色社会主义事业。过去一些领导干部"拍脑袋决策"，就不是科学执政。当前，技术进步，如大数据、移动互联网、云计算等，能够给我们提供很多精准的决策支持，这样就为进一步科学决策提供了有利条件。

第二，民主执政，是指坚持党内民主、人民民主，重大决策要经过民主协商、讨论，要有民意的支持和民主程序的保障。当前，不论党内民主还是人民民主，都还有一定的提升空间。如何更好地体现民意，在一些重大决策过程中、一些重大事项中能够让党员、人民群众有更多的话语权和发言权，使党的重大决策不至于因为脱离实际、偏离方向，而造成重大失误，是提升民主执政水平需要解决的问题。

第三，依法执政，是指党的领导要逐步进入法治轨道。党的十八大以来，我们制定修订了很多党内法规，并且把党的法规也纳入到国家法治框架中。党的十八届四中全会提出"建设中国特色社会主义法治体系"，其中就包括"形成完备的法律规范体系、高效的法治实施体系、严密的法治监督体系、有力的法治保障体系，形成完善的党内法规体系"。依法执政，既要求党依据宪法法律治国理政，也要求党依据党内法规管党治党。当前我国的法律制度是比较完备的，但最大的问题是法治权威在党员干部和群众中没有真正树立起来，现实中还存在权大于法、执法犯法、司法不公等情况。党的十八大以来，以习近平同志为核心的党中央高度重视领导干部法治思维和法治能力建设,特别强调领导干部要提高运用法治思维和法治方式深化改革、推动发展、化解矛盾、维护稳定的能力。党的十九大报告指出:"各级党组织和全体党员要带头尊法学法守法用法,任何组织和个人都不得有超越宪法法律的特权,绝不允许以言代法、以权压法、逐利违法、徇私枉法。"依法执政将是未来党领导的国家治理现代化的重要内容。

坚持和完善中国特色社会主义行政体制,构建职责明确、依法行政的政府治理体系

国家治理体系和治理能力现代化,首先是政府治理体系和政府治理能力的现代化。因为政府走在国家治理的前台,国家主要靠政府治理,所以政府治理体系和治理能力的现代化对整个国家治理的影响非常大。党的十九届四中全会提出"坚持和完善中国特色社会主义行政体制,构建职责明确、依法行政的政府治理体系"。

1978年到现在,我国经历过8次行政体制改革,通过这些改革使政府治理整体上由计划经济的政府转向了市场经济的政府。改革开放40多年来,中国经济取得了举世瞩目的成就,中国社会发生了翻天覆地的变化,这与中国政府有效的治理有很大关系。从这点上讲,行政体制改革功不可没。

党的十八大以来,我国大力推动"放管服"改革,简政放权、放管结合、优化服务。这个改革成效明显。近两年,我国的营商环境排名在全世界大幅度上升。2019年10月24日,世界银行发布的《全球营商环境报告2020》显示,中国营商环境全球排名继2018年从第78位跃至46位后,2019年再度升至第31位,连续两年入列全球优化营商环境改善幅度最大的十大经济体。

两年内营商环境大大改善,什么原因?第一,我国近几年大幅度

降低市场准入。过去垄断性的行业不允许外资、民间资本进入，而现在市场准入降低，金融、保险、电信很多都被允许进入了。第二，"放管服"改革取得很大成就。第三，我国推进"互联网+政务"服务，改善服务方式，浙江的"最多跑一次"改革，佛山的"一门式服务"、北京的"一站式服务"、深圳的"不见面审批"，等等，借助互联网形式改善服务手段，极大方便了企业和老百姓。营商环境排名大幅上升，客观上也说明我国这几年的行政体制改革、政府改革取得了很大成效。

我国的行政体制改革虽然取得了很大成就，但还有很大的改革完善空间。例如，现在政府部门的设置和纵向的行政层级设置还有一定的调整空间。横向来看，我国国务院由26个部委组成，但是现在世界上主要国家政府部门基本不超过20个，俄罗斯政府部门数量比较多，但也只有18个，其他大部分是16个、17个。这不是简单用数字衡量，一定程度上说明我国在这方面还有改革的空间。

2018年党和国家机构改革，特别强调职责要清晰，职能减少冲突和交叉，一件事情尽量让一个部门处理。例如，应急管理部整合了13个部门的职能，把公安部的消防工作、林业局的森林防火、农业部的草原防火、水利部的防汛抗旱等职能合并过来，减少各个部门都参与的情况。过去组建自然资源部、环境保护部非常难，每项职能都有七八个部门参与，现在整体归到一个部门管理，职能配置上更为科学。即使这次党政机构改革完成以后，我国这方面的制度还不完全定型，还需要进一步调整，这是今后工作的重中之重。

纵向来看，我国现在还是五级政府：中央政府、省政府、市政府、县政府、乡镇政府。按道理来讲，信息化越发达、数字化越发达，组织结构越扁平化。因为信息传递手段改变了，过去可能一级一级往下传递，现在不需要那么多会议的传递，可以减少管理层次，这样既节约了人力，也节约了物力。现在有一些试点，改变市管县体制，县由省直接来管，减少管理层次，但是实施过程中还有很多复杂因素制约。

转变政府职能，是坚持和完善中国特色社会主义行政体制的难点问题。表面上看是转变政府职能问题，但实则是复杂的利益关系问题。当前仍存在权力部门化、部门利益化、利益个人化，甚至个人利益被法定化的问题。部门立法过程中"相互打架"的情况经常出现，说明部门在立法过程中会考虑自己部门的利益。这些都是未来行政体制改革需要考虑和完善的问题。

科学建构不忘初心、牢记使命制度

山东大学马克思主义学院教授、博士生导师

徐国亮

党的十九届四中全会提出"要建立不忘初心、牢记使命的制度",坚持和完善党的领导制度体系,提高党科学执政、民主执政、依法执政水平。党的十九大主题中就包含"不忘初心、牢记使命",2019年也在全党开展了"不忘初心、牢记使命"主题教育。这些工作为科学建构不忘初心、牢记使命制度奠定了基础,也为以后这一制度的继续深入、全面建构铺平了道路。

科学建构不忘初心、牢记使命制度的重大意义

科学建构不忘初心、牢记使命制度是我们党在新时代明确奋斗目标的需要。党的十八大以来,在新中国成立特别是改革开放以来取得重大成就的基础上,中国特色社会主义进入新时代,这是我国发展的新的历史方位。我国发展站到了新的历史起点上,中国特色社会主义事业进入了新的发展阶段。这表明中国特色社会主义事业要从第一个百年奋斗目标迈向第二个百年奋斗目标,我们需要有一项制度时刻

提醒自己，明确新时代奋斗目标。通过不忘初心、牢记使命常规性教育学习，可以时刻提醒每一位共产党员和国家公职人员，谨记自己的岗位职责，牢记"团结带领全国各族人民在中国特色社会主义道路上全面建成小康社会，进而全面建成社会主义现代化强国、实现中华民族伟大复兴"这一新时代中国共产党的奋斗目标和历史使命。只有这样，才对得起中国共产党的革命历史、对得起革命烈士的奉献和牺牲、对得起人民交付的重托和国家公职岗位职责。可见，建构不忘初心、牢记使命制度是新时代党的建设的需要。

科学建构不忘初心、牢记使命制度是使整个民族在新时代继续保持旺盛的斗志的需要。中国特色社会主义进入新时代，全面建成小康社会、加快推进社会主义现代化、实现中华民族伟大复兴既面临更为光明的前景，也面临更大的风险和挑战，需要整个民族付出更为艰巨的努力。党的十九大报告指出："中华民族伟大复兴，绝不是轻轻松松、敲锣打鼓就能实现的。全党必须准备付出更为艰巨、更为艰苦的努力。"中国特色社会主义进入新时代，也需要整个民族继续保持旺盛的斗志，才能战胜前进途中的一切艰难险阻。对此，习近平总书记指出："这些成就和变革，有些是前所未有的，有些是振聋发聩的，有些是荡气回肠的，有些是惊心动魄的，哪一项要实现起来都不容易，都需要极大的政治勇气和政治胆魄，也都需要精心谋划和顽强毅力。"可见，没有共产党极大的政治勇气和胆略、没有全民族的旺盛的斗志，这些新时代成就就不能取得。为了今后继续保持全民族这种旺盛的斗志，建立不忘初心、牢记使命制度是十分必要的。

科学建构不忘初心、牢记使命制度是新时代干部教育制度化、规范化、常态化的需要。我们坚持和发展中国特色社会主义，必须高度重视理论教育和理论学习，不断增强理论自信和战略定力。习近平总书记指出："理论修养是干部综合素质的核心，理论上的成熟是政治上成熟的基础，政治上的坚定源于理论上的清醒。"回顾党的奋斗历程可以发现，我们党之所以能够不断历经艰难困苦造就新的辉煌，很重要的一条就是始终重视思想建党和理论建党，坚持用科学理论武装广大党员和干部的头脑，并形成一定的制度，使这种学习教育制度化、规范化、常态化，始终保持全党的思想统一、步调一致，从而形成统一的意志和强大的战斗力。因此，科学建构不忘初心、牢记使命制度势在必行。

科学建构不忘初心、牢记使命制度的主要内容

首先，科学建构不忘初心、牢记使命制度要符合中国共产党的建设和发展的客观规律。我们党自从1921年建立到今天，已经走过了近百年的光辉历程。回顾这近百年的历程，其间充满了艰辛和磨难，道路曲折而坎坷，为什么我们能完成近代以来各种政治力量不能完成的艰巨任务？主要是因为我们始终不忘初心，始终把马克思主义这一科学理论作为自己的行动指南，始终高举社会主义伟大旗帜，始终牢记实现共产主义历史使命，坚持在实践中不断丰富和发展马克思主义。这就使我们党得以摆脱以往一切政治力量自身特殊利益的局限，以唯物辩证的科学精神、无私无畏的博大胸怀领导和推动中国革命、建设和改革，不断坚持真理、修正错误，不论身处顺境还是逆境，从未动摇过对马克思主义的信仰。坚定的马克思主义信仰、矢志不移的共产主义理想信念是我们党保持立于不败之地的实践经验和历史规律。因此，加强对全党的理想信念的教育，坚定对马克思主义的信仰、对社会主义和共产主义的信念，应该成为科学构建不忘初心、牢记使命制度的首要内容。

其次，科学建构不忘初心、牢记使命制度要符合我国国情和人民

意愿。回顾新中国的建立和发展历史，不难看出，新中国的成立和70年来的建设巨大成就都是中国共产党领导人民所取得的。"没有共产党就没有新中国"，有了共产党的坚强领导，中国人民从受人欺压走向全面解放、从贫穷落后走向繁荣富强、从繁荣富强走向自信和受全世界的尊敬。中国共产党成为时代和中国的"定盘星"，这既是我国现实社会最显著的国情，也是全体中国人民的意愿和历史的选择。要教育全党和全国人民坚定对中国共产党领导中国特色社会主义事业的信心，推进中国特色社会主义各项事业不断向前。要坚定全党和全国人民对党的坚定信心，就必须维护党中央权威和全党团结统一，加强全党牢记根本宗旨的教育，不断推进党在新时代的自我革命，永葆先进性，坚决反对"四风"，弘扬正气，不断巩固党的执政基础。因此，维护党中央权威和党的团结统一教育、加强根本宗旨教育、推进党的自我革命和永葆先进性教育、坚决反对"四风"和弘扬正气教育成为新时代科学建构不忘初心、牢记使命制度的核心内容。

最后，科学建构不忘初心、牢记使命制度要符合我国新时代国家发展目标的需要。当今世界正面临百年未有之大变局，中国特色社会主义进入新时代。党内外、国内外环境的深刻变化，工作对象和工作方式的深刻变化，知识信息对人类生产生活影响的深刻变化，对我们的国家治理能力提出了许多新要求。这些变化要求我们党既要政治过硬，也要本领高强。面对新时代国家治理体系和治理能力的现代化要求，我们党要努力增强各方面本领，包括学习本领、政治领导本领、改革创新本领、科学发展本领、依法执政本领、群众工作本领、狠抓落实本领、驾驭风险本领等。因此，开展全面增强党的执政本领的教育成为科学建构不忘初心、牢记使命制度的重要内容。

科学建构不忘初心、牢记使命制度的实施步骤

一项制度建构的科学合理性，不仅在于其内容的科学性正义性，还在于其建构程序的现实合理性。程序正义是保证制度内容得到实践合理传达的必然要求。一般说来，要保证程序正义，需要经过理论论证、民主讨论、试行调整三个建设阶段。因此，科学建构不忘初心、牢记使命制度需要经历"从上至下""从下至上"和再次"从上至下"三个步骤。第一个"从上至下"是制度的经验总结与理论文本建构阶段，属于制度的目标性建构；"从下至上"是制度的民意建构阶段，属于制度的可行性建构；第二个"从上至下"是制度的民主集中建构阶段，属于制度的统合性建构。不忘初心、牢记使命制度的目标性建构主要由党政职能部门按照党中央指示要求和工作部署，在充分总结以往"不忘初心、牢记使命"主题教育经验基础上，按照制度的目标要求，遵循制度伦理，经过专家论证，拿出制度初步文本；该制度的可行性建构主要是通过各种渠道，自下而上地征求全党同志意见，对制度初步文本进行意见征集、修改完善；该制度的统合性建构主要是民主集中、接受监督、统合全党意志，兼顾制度建构的理论性与实践性、效用性与稳定性、教育性与惩戒性、公正性与合理性、承接性与长期性。总之，科学建构不忘初心、牢记使命制度是全党智慧和意志的体现。

不忘初心、牢记使命，有效坚持和完善党的领导

清华大学公共管理学院教授

蓝志勇

党的十九届四中全会通过的《决定》将"建立不忘初心、牢记使命的制度"放在"坚持和完善党的领导制度体系，提高党科学执政、民主执政、依法执政水平"的战略部署之首。《决定》指出，确保全党遵守党章，恪守党的性质和宗旨，坚持用共产主义远大理想和中国特色社会主义共同理想凝聚全党、团结人民，用习近平新时代中国特色社会主义思想武装全党、教育人民、指导工作，夯实党执政的思想基础。把不忘初心、牢记使命作为加强党的建设的永恒课题和全体党员、干部的终身课题，形成长效机制，坚持不懈锤炼党员、干部忠诚干净担当的政治品格。全面贯彻党的基本理论、基本路线、基本方略，持续推进党的理论创新、实践创新、制度创新，使一切工作顺应时代潮流、符合发展规律、体现人民愿望，确保党始终走在时代前列、得到人民衷心拥护。

"办好中国的事情，关键在党。坚持和完善党的领导，是党和国家的根本所在、命脉所在，是全国各族人民的利益所在、幸福所在。"习近平总书记在庆祝中国共产党95周年大会上的讲话表明，党组织是中华民族的命运和前途之维系，大权总揽，决断乾纲，责任沉重，

挑战自然巨大。当今世界风起云涌，国际竞争激烈，科技的进步使颠覆性技术相继出现，环境改变，文化冲突，军事具有毁灭人类的能力，人民对生活质量和民主文化的要求不断提高。在这样的时代，对于"领导"的要求，与旧时代比自然不可同日而语。新时代，必须不忘初心、牢记使命，与时俱进，不断改善、不断学习，严密纪律、全面从严治党，保持精干的队伍和旺盛的战斗力，把党建设得更加坚强有力，使其成为顶天立地的国家脊梁，能团结带领广大人民共同努力，推进伟大事业、实现伟大梦想。在新的时期，如何有效坚持和完善党的领导，我们依然面临诸多新任务新挑战新要求。

能否坚定理想信念、成功进行自我革命，是处于权力中心的执政党面临的重大挑战

如何锻造和培养党员干部的坚定理想信念和坚强意志是首要挑战。要不忘初心、牢记使命，以维护人民利益为目标，始终坚持以人民为中心，全心全意为人民服务，不畏艰难险阻，矢志不渝。那些无数无产阶级革命战士和仁人志士为之奋斗的崇高理想，不是人类天生的自然属性，而是教育和培养的结果，要靠奋斗、牺牲和"我以我血荐轩辕"的革命精神推动实现。中国共产党是一个拥有9000多万名党员的大党，坚定党员干部的理想信念，加强党的组织建设，是十分艰巨的工作，也是保障革命事业成功的基本条件。在中国革命几十年的风风雨雨中，这一主题被反复强调。当然，也出现过"涟漪"，甚至出现过个别基层干部理直气壮地将党的目标与人民的利益分割开来的案例。由此可见，政治信仰、理想信念的坚定，绝非一日之功。

如何增强自我净化、自我完善、自我革新、自我提高能力是重大挑战。"治国必先治党，治党务必从严。"我们党面临的最大危险

是腐败。如何始终与人民站在一起，不搞特殊化，接受人民群众监督、防治腐败，是国家经济高度发达、党内外环境复杂的条件下党面临的严峻挑战。无产者必须站在泥泞的世界中改造世界，并最后改造自己。如何处于权力的核心而不腐败，并不是一件容易的事。中国传统智慧中就有"灯光不知脚下暗"的至理名言。为此，我们党必须不忘初心、牢记使命，加强自省反思、自我监督，加强执政和决策的透明度，用社会主义的道德风尚、党纪原则和国家制度反对腐败，以自我革命的政治勇气，着力解决党自身存在的突出问题，不断增强自我净化、自我完善、自我革新、自我提高的能力，做到风清气正，永葆党的战斗青春，确保党始终成为中国特色社会主义事业的坚强领导核心。

科学认识世界、把握世界发展大势，是全球化和知识信息时代我们党面临的新任务

全球化的今天，世界经济高速发展，政治格局瞬息多变，知识积累的速度远远超过个人经验使人进步的速度。如何认识世界，把握世界发展大势，领导中国人民走向人类文明的制高点，是全球化、高科技化和知识信息时代面临的新挑战。因此，总览全局，了解和把握世界发展大势，适应新形势、新任务，了解中国自身的发展特点，应对各种内部和外部的危机和挑战，不犯颠覆性错误，成为党员干部的必备素质。

一些党员干部淹没于日常事务工作中，放松了学习，而依靠僵化保守落后的理念和传统的旧方法进行决策，认为自己即使没有功劳也有苦劳。虽然他们不贪不腐，但不能与时俱进，赶上高科技和知识信息变化的步伐，依然会给党和人民的事业造成重大损失。党员干部

如何用好时间，提高工作效率，以开放谦虚的心态加强学习，克服一劳永逸的心理状态和传统的思维惯性，善于学习，走在时代的思想前沿，是党的干部的必备素质。为此，习近平总书记从治国理政的高度洞察到解决"本领恐慌"是全党面临的重要挑战，并将加强学习作为解决"本领恐慌"的唯一途径。他指出，"对于领导干部来说，学习不只是个人的问题，也不是一般性的问题，而是关系到党和国家工作的推进、社会主义现代化事业的发展和党的执政地位的巩固问题""建设马克思主义学习型政党，是保持党在理论上实践上先进性的本质要求"。这为党员干部指明了学习和努力的方向。

改善工作作风、防止官僚主义，是新中国成立以来我们党面临的经常性挑战

官僚主义是人类社会一个历史久远的政治现象，自封建社会就开始存在，是与公共权力相生相伴的组织现象。传统中国是一个封建国家，幅员辽阔，地方差异大，封建官僚文化非常盛行。所以，中国的新民主主义革命以反帝反封建为主题，其中，反封建官僚更是主题中的最难点。中国的革命者、建设者们一直都对封建官僚主义高度警惕。官僚主义也是马克思主义执政党面临的主要危险。

早在1944年，毛泽东在延安的一次干部会议上就批评过官僚主义，并形象地将其比喻为"泥塑神"。他说，除了三餐不食这一点不像外，官僚主义者的其他方面都很像一座神像："一声不响，二目无光，三餐不食，四肢无力，五官不正，六亲不靠，七窍不通，八面威风，久坐不动，十分无用！"新中国成立之后，毛泽东也多次强调要反对官僚主义，严肃批评了粗暴骂人、对群众疾苦和问题冷漠，主观主义、命令主义、形式主义，违法乱纪、臃政等现象，并提出要以整

风的形式将这些错误的东西消灭掉，更好地团结党外一切立志改革的志士仁人共同工作。

1963年5月，在党中央、国务院直属机关负责干部会议上，周恩来根据新中国成立之后十几年间干部队伍的实际状况，列举和批评了一些典型的官僚主义现象，如高高在上，孤陋寡闻，不调查研究，不抓具体政策；狂妄自大、主观片面，不抓业务、空谈政治；官气熏天，颐指气使，作风粗暴，不学无术，耻于下问；文牍主义和形式主义盛行；裙带主义、山头主义盛行；等等。邓小平早在1952年在西南军政委员会第六十五次行政会议上就明确指出，"反封建是一个长期的斗争，比打倒帝国主义、封建地主阶级困难得多"。

党的十八大以来，以习近平同志为核心的党中央，坚定不移推进全面从严治党，始终把反腐败斗争摆在十分突出的位置。"打铁必须自身硬。"从中央八项规定出台开始，不管是中央政治局常委会、中央政治局、中央委员会，还是党的高级干部、各级领导干部，均以身作则、率先垂范，说到做到、兑现承诺，把共产党人真诚为民的政治本色表现得淋漓尽致。在2013年党的群众路线教育实践活动工作会议上，习近平总书记深刻剖析了官僚主义在当前的主要表现，认为官僚主义脱离实际、脱离群众，从根本上违背了党的宗旨。在正风反腐的持续高压态势下，"打虎""拍蝇""猎狐"力度不减，不敢腐、不能腐、不想腐一体推进，反腐败斗争取得压倒性胜利。作风建设的逐步好转，反腐败斗争取得的显著成效，彰显了我们党勇于进行自我革命的坚强决心和可贵担当精神，也是"立党为公，执政为民"理念落到实处的外在表现。

改进工作方法、进行科学管理,是新时代对党的领导提出的新要求

古代中国就懂得如何设立郡县制、部门制、法制来强调分工和减少执政决策的随意性。在高度发达、对公共服务有着不可或缺需求的现代社会进行管理,领导好国家建设发展,照顾好人民福祉,是更加具有挑战性的工作,需要有科学的管理方法和良好的组织分工作机制。在强化党的领导的过程中,少数基层党员干部以为党的领导就是"一把手"抓、书记说了算,导致工作方法生硬,不能包容和广纳建言,也伤害了人民群众和基层党员干部参与国家建设的积极性。党的领导主要是政治、思想和组织的领导,并不是越俎代庖、事必躬亲的"操刀手"。党要适应改革开放和社会主义现代化建设的要求,必须改变传统的领导方式,学习新的管理方式和科学的领导方式,既总揽全局又协调各方,既要有引领发展、令行禁止的硬实力,也要有伸缩自如、分工合理、"细雨润无声"的软实力。人民群众是有创造力的,一旦给他们合适的条件,就会迸发出来,形成巨大的生产力和社会改造力,推动社会前进。诸葛亮虽鞠躬尽瘁,但蜀国终亡,并没有增进人民的长远福祉,历史的教训是深刻的。对于政治、经济、社会结构等方面都在从传统向全面现代化转型的发展中国家来说,讲究分工、法治和科学管理,这是一个前所未有的挑战。对于从战争中走来,逐步学习和开展国家建设的执政党来说,也是一个新的课题。建设社会主义现代化,坚持和完善党的领导,其核心要义在于继续学习,改造领导方法,避免刚性管理的巨大行政成本,让人才涌流,让社会和民间的创造活力竞相迸发。

新时代,以习近平同志为核心的党中央接过历史的接力棒,敢于

直面问题、勇于担当，为实现新的社会主义现代化建设目标而不懈努力。党的十八届三中全会对改革开放的成功实践进行了总结，将推进国家治理体系和治理能力现代化作为全面深化改革的总目标。为此，坚持和完善党的领导，需要在新的历史起点上从以下四个方面努力：一是坚持贯彻落实党的基本路线，不走封闭僵化的老路、改旗易帜的邪路，坚定走中国特色社会主义道路；面向未来，坚持不懈地推进改革开放。二是坚持解放思想、实事求是、与时俱进、求真务实，勤于学习，推进理论和实践创新。三是坚持以人为本，尊重人民主体地位，紧紧依靠人民推动改革，促进人的全面发展。四是坚持正确处理改革发展稳定的关系，胆大步稳，加强顶层设计和摸着石头过河相结合，整体推进和重点突破相促进，提高改革决策的科学性，广泛凝聚共识，形成改革合力。

纵观人类的文明史，战乱贫困与繁荣昌盛交替出现，走向繁荣和可持续发展非常不易，需要许许多多优秀的仁人志士团结一心、共同努力，打造坚强的组织，营造社会共识和积极的文化环境，同心协力，创造一段辉煌。中国特色社会主义的伟大事业，需要与时俱进，牢记使命，应对挑战，不断坚持和完善党的领导。井冈山时期播下的火种、订立的原则，是中国革命从弱小走向胜利，社会主义建设事业从捉襟见肘走向辉煌的法宝。如果说"八角楼的灯光"指明了为人民求解放的中国革命的方向，与之相伴出现的"三大纪律八项注意"、官兵平等、士兵委员会、民主监督等治军治党的方法，则是保障向这个方向行进、夺取最后胜利的组织行为保障。习近平总书记"我将无我，不负人民"的深情表达，为千千万万的党员干部和中华民族精英作出了表率。有这样的领袖和先锋群体组成的坚强组织，国家有栋梁，民族有中坚，人民有希望。

做到"两个维护"是中国共产党人的试金石

中国社会科学院马克思主义研究院马克思
主义中国化研究部副主任
　　　　　　　　　　　　贺新元

党的十九届四中全会通过的《决定》作出了"完善坚定维护党中央权威和集中统一领导的各项制度"的战略部署。《决定》提出:"推动全党增强'四个意识'、坚定'四个自信'、做到'两个维护',自觉在思想上政治上行动上同以习近平同志为核心的党中央保持高度一致,坚决把维护习近平总书记党中央的核心、全党的核心地位落到实处。"这是继《中国共产党纪律处分条例》《中共中央关于加强党的政治建设的意见》之后,将坚决做到"两个维护"作为加强党的政治建设的首要任务和最根本的政治纪律和政治规矩,予以明确。

"两个维护"既源自马克思主义政党的历史传统,又源于我们党不断发展壮大的实践检验,是党的十八大以来我们党取得的重大政治成果和宝贵经验,是我们党夺取新时代中国特色社会主义伟大胜利的政治保证。能否做到"两个维护",是共产党人政治信仰是否坚定、政治立场是否站稳、党性修养的试金石。衡量是否做到"两个维护"不是看单纯的政治表态或行动上的服从,而是关键看是否具有高度自觉的政治站位,是否具有践行"两个维护"的思想自觉、政治自觉和行动自觉。旗帜鲜明讲政治是我们党作为马克思主义政党的根本要求，是党保持团结一致、协调统一的关键所在。只有坚决做到"两个维护"，我们这个有着9000多万名党员、460多万个基层党组织的世界第一大执政党，才能凝聚全党智慧、强基固本，具有更强的凝聚力、战斗力和号召力。

"两个维护"是全党团结统一的集中体现

"两个维护"的要求既是普遍的，又是全面的。所谓普遍性，是指坚决做到"两个维护"是对全党的要求，要通过抓"关键少数"和管"绝大多数"的有机结合，实现全党思想上和组织上的高度统一。所谓全面性，要求深刻领会"两个维护"的政治内涵和外延，坚决做到"时时维护""处处维护""事事维护"，从而实现党的全面领导。

在坚决做到"两个维护"上，从中央到地方，任何一级基层组织、任何一个党员都没有特殊性，每一个基层组织都是一个阵地、每一个共产党员都是一面旗帜。上级党委要率先作示范，基层支部要善于抓落实，既要抓"关键少数"的领导干部，又要管"绝大多数"的普通党员，使全党上下的每个组织和党员都从实际出发、从点滴做起，真正落实好"两个维护"。切实践行"两个维护"还事关全党思想上和组织上能否高度统一。以"两个维护"作为首要任务来加强党的政治建设，就是为了确保全党团结统一、步调协调、行动一致。"两个维护"是全党团结统一的集中体现，是全党统一意志、统一行动的实践指向。一个政党内部的统一意志和行动反映了其成员对政治身份和组织归属的认同。因此，"两个维护"就必须要求"党员要强化党的意识和组织观念，自觉做到思想上认同组织、政治上依靠组织、工作上服从组织、感情上信赖组织"。共产党人就应该牢记初心使命，用党的纪律和规矩来严格规范和约束自己的言行，坚决做到"两个维护"，牢固树立"一盘棋"意识，与以习近平同志为核心的党中央保持高度一致。

共产党人只有从历史与现实、理论与实践的结合上准确把握"两个维护"特定的政治内涵，才能深刻领会其全面性要求，才能切实解决当前部分党员干部对"两个维护"存在的认识上有欠缺、落实上不够坚决等根本问题。"两个维护"本身是一个内在统一的有机整体，维护权威和维护核心是紧密相联的。维护核心就必须认同权威，维护权威首先要认同核心。坚决维护党中央权威和集中统一领导，首先就要维护习近平总书记党中央的核心、全党的核心地位。"两个维护"与以人民为中心的根本政治立场也是统一的，其根本目的就是要通过加强党的全面领导，推动党中央决策部署落实落地，更好地满足人民群众对美好生活的期待。准确把握"两个维护"丰富的政治内涵才能坚定不移向党中央看齐，才能切实将"两个维护"落实到各个领域和日常工作生活的方方面面，使"两个维护""无处不在、无时不有"。

坚决做到"两个维护"是根本政治任务

加强党的政治建设，首要任务就是坚决做到"两个维护"，这既是根本政治任务，也是"四个意识"的集中反映。能否坚决做到"两个维护"既是对共产党人是否讲政治的考验，更是对其是否对党忠诚的实践检验。共产党人必须时刻保持政治清醒，不断增强维护意识，自觉承担"两个维护"的重要政治责任。这就要求共产党人必须切实认同"两个维护"的内在要求，不断增强"四个意识"。

"政治意识、大局意识、核心意识、看齐意识"是习近平总书记在2016年1月29日主持召开的中共中央政治局会议上第一次明确提出的。随后，习近平总书记在很多不同场合进行了强调和系统阐述。习近平总书记在庆祝中国共产党成立 95 周年大会上指出："全党同志要增强政治意识、大局意识、核心意识、看齐意识，切实做到对党忠诚、为党分忧、为党担责、为党尽责。"党的十八届六中全会通过的《关于新形势下党内政治生活的若干准则》中则进一步强调，全党必须牢固树立政治意识、大局意识、核心意识、看齐意识，自觉在思想上政治上行动上同党中央保持高度一致。习近平总书记在 2019 年春季学期中央党校（国家行政学院）中青年干部培训班开班式上发表重要讲话时再次强调，"对党忠诚，就要增强'四个意识'、坚定'四个自信'、做到'两个维护'"。只有增强政治意识，才能从更高的政治站位上正确对待"两个维护"，时刻牢记自己的党员身份，明确自己的党员职责，绝对忠诚于党，任何时候都与党同心同德；只有增强大局意识，才能从战略思维上辩证把握"两个维护"，坚定维护党和国家工作大局，自觉把工作放在大局中去思考和定位；只有增强核心意识，才能从思想遵循上坚决服从"两个维护"，不断增强拥护核心、跟随核心、捍卫核心的思想自觉；只有增强看齐意识，才能从对标对表中深刻领会"两个维护"，自觉向党的理论路线方针政策看齐，向党中央决策部署看齐。"四个意识"关键是核心意识，如果没有核心意识，政治意识、大局意识、看齐意识就失去"准星"；"核心意识"强不强，最终要看是否坚决做到了"两个维护"。

"两个维护"有着丰富的实践性，既要内化于思想深处，更要外化于具体行动

中国特色社会主义进入新时代，我们党展现了新作为新气象。习近平总书记立足于马克思主义基本原理和中国共产党革命、建设、

改革时期的经验总结，从思想修养、政治修养、道德修养、纪律修养和作风修养等方面对新时代要具备的党性修养进行了系统完整的论述。"两个维护"不是抽象的，而是具体的，有着丰富的实践性。坚决做到"两个维护"，既要内化于思想深处，更要外化于具体行动。脱离了具体工作的"两个维护"只是一个空洞的口号、单纯的政治表态；具体工作不能坚决落实"两个维护"就会走形变样、滋生"四风"问题，从而影响党和国家事业的发展。共产党人要把"两个维护"落实到担当实干的各项具体工作中。"两个维护"是党性修养的具体体现，要求共产党人思想上要笃信、政治上要笃定、道德上要笃善、纪律上要笃尊、作风上要笃实。

思想上笃信，源于理论的清醒。共产党人要认真学习马克思主义基本理论，尤其是习近平新时代中国特色社会主义思想，坚持系统全面学、及时跟进学、深入思考学、联系实际学，在读原著、学原文、悟原理方面出实招，在学懂弄通做实上下功夫，真正掌握马克思主义的立场观点和方法，把党的最新理论创新成果转化为思想的武器、行动的指南。政治上笃定，源于信念的坚定。共产党人只有坚定理想信念，才能始终坚持正确的政治方向，无论何时何地都能做到"风雨不动安如山"，时刻牢记自己的第一身份是共产党员，牢记理想信念是共产党人安身立命的政治灵魂。道德上笃善，源于境界的提升。共产党人要行得端、走得正，就必须涵养道德操守，明礼诚信，怀德自重；就必须以培育和践行社会主义核心价值观为道德修养的切入点，做到"知荣辱、讲正气、作奉献、促和谐"；就必须不断提升自身的道德境界，做到"以德修身、以德立威、以德服众"。纪律上笃尊，源于使命的崇高。以为中国人民谋幸福、为中华民族谋复兴为初心和使命的中国共产党人，必须把纪律修养作为提高自身修养的硬指标，坚决做到"两个维护"作为最根本的政治纪律，任何时候都不能放松。作风上笃实,源于传统的优良。共产党人作风修养的关键是保持与人民群众的血肉联系,目的是坚持和发扬"理论联系实际、密切联系群众、批评和自我批评以及艰苦奋斗、求真务实"的优良传统,始终坚持以人民为中心,切实有效地解决人民群众最关心、最直接、最现实的利益问题。

坚决做到"两个维护",才能永葆政治本色

党的十八大以来,习近平总书记多次强调"永葆共产党人政治本色"这个重要话题。永葆政治本色是落实习近平总书记要求的生动实践,是共产党人听党的话、跟党走的具体体现。能否坚决做到"两个维护"直接关系到共产党人是否自觉永葆政治本色。共产党人唯有坚定政治信仰、把准政治方向、站稳政治立场,坚决做到"两个维护",才能永葆政治本色。

坚决做到"两个维护",永葆政治信仰不变色。所谓政治信仰就是指在政治上信奉什么、敬仰什么。共产党人的政治信仰就是坚决做到"两个维护",始终与以习近平同志为核心的党中央保持高度一致,永葆对马克思主义的信仰、中国特色社会主义的信念、实现中华民族伟大复兴中国梦的信心不变色;坚决做到"两个维护",永葆政治方向不偏离。事在四方,要在中央。合格的共产党人应该时刻牢记"以党的旗帜为旗帜、以党的方向为方向"。永葆政治方向不偏离,就是要坚决做到"两个维护",始终同以习近平同志为核心的党中央保持高度一致,就必须在具体工作中做到党中央提倡的坚决响应、党中央决定的坚决执行、党中央禁止的坚决不做;坚决做到"两个维护",永葆政治立场不动摇。政治立场事关根本,不得有半点含糊。永葆政治立场不动摇,就要坚决做到"两个维护",始终同以习近平同志为

核心的党中央保持高度一致，一是要警惕各种歪曲、否定马克思主义的错误思潮，坚持马克思主义指导地位，站稳马克思主义立场；二是要警觉淡化党性、忽视党性、不讲党性的错误认识，在党言党、在党忧党、在党为党，站稳党性立场；三是要警醒思想上背离群众、工作上远离群众的错误倾向，相信群众、依靠群众、为了群众，以百姓心为心，把群众放在心中最高位置，站稳群众立场。

"两个维护"是最根本的政治纪律和政治规矩，也是对共产党人最根本的政治要求。"两个维护"是刚性的，不存在"要不要""想不想"维护的问题，而是必须坚决有力的维护，特别是对党中央的重大决策部署，必须不打折扣地坚决贯彻落实。做到"两个维护"是共产党人的试金石，只有坚决做到"两个维护"，才能确保全党统一意志、统一行动，紧密团结在以习近平同志为核心的党中央周围，才能为实现"两个一百年"奋斗目标和中华民族伟大复兴的中国梦奠定坚实的政治基础。

正确认识"两个维护"的深刻内涵

中国人民大学习近平新时代中国特色社会
主义思想研究院副院长、教授、博士生导师
——王向明

事在四方,要在中央。党的十九届四中全会通过的《决定》指出:"推动全党增强'四个意识'、坚定'四个自信'、做到'两个维护',自觉在思想上政治上行动上同以习近平同志为核心的党中央保持高度一致,坚决把维护习近平总书记党中央的核心、全党的核心地位落到实处。"此前中共中央办公厅颁布的《中共中央关于加强党的政治建设的意见》明确指出:"坚持和加强党的全面领导,最重要的是坚决维护党中央权威和集中统一领导;坚决维护党中央权威和集中统一领导,最关键的是坚决维护习近平总书记党中央的核心、全党的核心地位。"

坚决做到"两个维护",是我们党最重要的政治纪律和政治规矩,是当前加强党的政治建设的首要任务,是共产党员践行初心和使命的首要政治要求,是全党团结带领全国各族人民为实现伟大梦想共同奋斗的根本政治保证。

"两个维护"是马克思主义政党理论的当代体现

所谓"核心",本义是指某一事物的中心部分,或指在一系列相互关联的事物关系中居于主导位置的那一部分。核心的形成和存在,是决定一切事物内部属性和运动轨迹的主要依据。

在国际共产主义运动的历史发展中,马克思主义历来主张,无产阶级革命必须形成具有权威性的领导核心。早在1871年巴黎公社革命失败后,马克思和恩格斯就深刻指出,过于强调民主,在强敌环伺、面临生死存亡的危机关头没有能够形成众望所归的领袖核心,没能建立起力挽狂澜的权威领导,是导致巴黎公社革命失败的重要原因。因而,"把权威原则说成是绝对坏的东西,而把自治原则说成是绝对好的东西,这是荒谬的"。

列宁在领导俄国无产阶级革命的历史进程中,进一步深化了对形成党的核心领导重大意义的认识。1900年,他在《我们运动的迫切任务》报告中就深刻指出:"在历史上,任何一个阶级,如果不推举出自己的善于组织运动和领导运动的政治领袖和先进代表,就不可能取得统治地位。"正因为有以列宁为核心的俄国布尔什维克党的坚强领导,才能取得十月革命的胜利并进而巩固这一胜利。

在领导中国革命过程中,毛泽东于1945年党的七大预备会议上曾形象地指出:"要知道,一个队伍经常是不大整齐的,所以就要常常喊看齐,向左看齐,向右看齐,向中间看齐,我们要向中央基准看齐,向大会基准看齐。看齐是原则,有偏差是实际生活,有了偏差,就喊看齐。"改革开放总设计师邓小平也曾提出:"任何一个领导集体都要有一个核心,没有核心的领导是靠不住的。"

可见,自觉而坚决地维护在整个无产阶级革命运动中形成的核心领导，是马克思主义政党理论的一贯主张。历史和现实都充分证明，在近代以来中国人民为实现民族复兴进行的艰苦卓绝的奋斗历程中，"领导我们事业的核心力量是中国共产党"。但这一核心的实现又必然是具体的、历史的。在当代中国，维护习近平总书记党中央的核心、全党的核心地位，这也是马克思主义政党理论的当代体现。

"两个维护"是对党的民主集中制原则的创造性运用

马克思主义政党区别于其他政党的一个根本特征，就是实行民主集中制的组织原则和领导制度，它是在国际共产主义运动实践中创造的一种新型民主形式，其基本的执行机制就是在广泛民主基础上的集中和集中指导下的民主。

《共产党宣言》明确提出，无产阶级在建立政权后，一个重要目标就是"争得最广泛的政治民主"。与资产阶级标榜的虚伪民主不同，无产阶级民主是真正符合绝大多数人民利益的民主。因而，这种人民民主不是抽象的、自发的、各自为政的形式上的民主，而是在充分吸取人民群众方方面面意见的基础上将其中正确的、反映大多数人民利益并且是现实利益和长远利益结合的部分集中起来，最终形成党的路线、方针和政策并在党的领导下将其贯彻落实到位。这就是民主基础上的集中和集中指导下的民主。在这一过程中，必然需要一个能够集中全党智慧、统一全党意志、指挥全党行动的"大脑"和"中枢"。

"两个维护"是全党在推进党的事业发展实践过程中必然的政治选择。通过党的全国代表大会选举产生的党中央，通过党中央全体会议选举产生的习近平总书记，是充分发扬党内民主的结果。而这个结果一经形成，就成为全党的"大脑"和"中枢"，全党就能够做到上下统一、步调一致，去实现党的目标和任务。

坚决做到"两个维护"和实行党的民主集中制是辩证统一的整体。"两个维护"作为根本政治要求，是坚持民主集中制的必然体现；民主集中制作为重要的制度安排，是落实"两个维护"的基础和保障，两者相辅相成、相互促进。

党的民主集中制的"集中"，最根本的就是全党服从中央。这是维护党中央权威的根本条件，是维护党的团结统一的根本条件，是实现党的集中领导的根本条件。而党中央的领导又必然要通过最有威信、最有经验、最受全党信任的领袖来具体实现。

在中国特色社会主义既定航道上乘风破浪的中国航船，正在经历并还将在未来不断经历无数艰难险阻，甚至是难以想象的惊涛骇浪。正值攻坚克难、夺关闯隘的紧要时刻，我们需要一位民族的舵手，需要一位稳健的船长，需要一位人民的领袖。生于20世纪50年代的习近平，经历了新中国最为激荡的历史变迁，从乡村到城市，从学生、农民、战士到干部，从最基层的村党支部书记到党的总书记，一步一个脚印，成长为最了解中国国情、最体察民意、最能为人民福祉而奋斗的人民领袖。

党的十八大以来，以习近平同志为核心的党中央，以敏锐的问题导向、颇具前瞻性的科学思维、笃定的战略定力，展现了为中国人民谋幸福的坚定理想信念、真挚的人民情怀，以高度的自觉自信、无畏的担当精神，协调推动伟大斗争、推进伟大事业、实现伟大梦想、建设伟大工程，"解决了许多长期想解决而没有解决的难题，办成了许多过去想办而没有办成的大事，推动党和国家事业发生历史性变革"，赢得了全党和全国各族人民的衷心拥戴。

这一历史过程，正是贯彻党的民主集中制的必然结果。坚决做到"两个维护"，是贯彻党的民主集中制的必然要求，是新时代贯彻党的民主集中制的创造性运用。

"两个维护"是实现党的根本宗旨的根本保证

无产阶级政党的领导集体及其领袖是忠诚的人民公仆和忠实的人民代言人。马克思、恩格斯在总结巴黎公社经验的基础上,创立了马克思主义公仆理论。这一理论强调,要实行人民管理制,所有的公职人员都是人民的勤务员,都是"社会的负责公仆"。

中国共产党代表最广大人民群众的根本利益,坚持马克思主义的唯物史观,始终把人民作为创造历史的主人,始终坚持以人民为中心,把全心全意为人民服务作为党的根本宗旨。而要实现这一根本宗旨,就必须坚决做到"两个维护"。坚决做到"两个维护",就是确保党的领导权掌握在忠于人民,为人民负责的"公仆"手中;就能确保我们党始终坚持立党为公、执政为民,自觉维护和实现最广大人民群众的根本利益。

习近平总书记曾经以鲜明的态度表达了他甘为人民公仆的博大情怀:"我将无我,不负人民。我愿意做到一个'无我'的状态,为中国的发展奉献自己。"维护习近平总书记党中央的核心、全党的核心地位,就是维护最广大人民群众的根本利益,就是维护人民福祉、维护民族未来。总之,只有广大党员干部自觉坚定地做到"两个维护",全党才能步调一致、号令统一,才能使党始终保持团结和集中统一。

坚持党的全面领导：推进国家治理体系现代化的首要原则

张荣臣　中共中央党校（国家行政学院）
党建部教授、博士生导师
蒋成会　中共重庆市委党校教师

——　**张荣臣　蒋成会**

根据党的十九届四中全会审议通过的《决定》，中国特色社会主义制度图谱由13个部分组成，其中"坚持和完善党的领导制度体系，提高党科学执政、民主执政、依法执政水平"排在第一位，以统领和贯穿其他12个方面制度，充分彰显出党的领导制度体系在中国特色社会主义制度体系中的首要地位。

中国共产党领导是中国特色社会主义最本质的特征

党的领导是指马克思主义政党对无产阶级革命事业和社会主义建设事业的引导和向导作用。党的领导的实质就是帮助人民群众正确认识自己的利益，并团结起来为自己的利益而奋斗。因此，党的领导不是靠行政权力来实现，而是靠代表人民群众的利益，制定和执行正确的路线、方针、政策，保持党同群众的密切联系，得到人民群众的信任和拥护来实现的。党的领导只能依靠自己路线、方针、政策的正确性，依靠向人民群众作宣传教育工作，使人民群众自觉地接受和执行自己的路线、方针、政策。党的十九大报告把"坚持党对一切工作的领导"作为新时代坚持和发展中国特色社会主义的基本方略之一，提出"党政军民学，东西南北中，党是领导一切的"。夺取新时代中国特色社会主义伟大胜利，务必要坚持党的全面领导。

坚持党的全面领导是科学社会主义基本原则与中国实际相结合的必然要求。关于党的领导，1850年马克思、恩格斯在《共产主义者同盟中央委员会告同盟书》中阐述工人政党同工会关系时曾指出，工人政党"应该使自己的每一个支部都变成工人协会的中心和核心，在这种工人协会中，无产阶级的立场和利益问题应该能够进行独立讨论而不受资产阶级影响"。列宁进一步指出党对工人阶级和其他工人组织的领导，实质上是政治上的领导。毛泽东也指出，无产阶级"要经过它的政党实现对于全国各革命阶级的政治领导"。"领导我们事业的核心力量是中国共产党。"改革开放后，党的历届领导人都十分重视党的领导问题，邓小平在改革开放初期指出："坚持四项基本原则的核心，是坚持共产党的领导。"在中国特色社会主义新时代，必须坚持党对一切工作的领导，即坚持党的全面领导，我们党才能团结带领人民有效应对重大挑战、抵御重大风险、克服重大阻力、解决重大矛盾。党的领导必须是全面的、整体的，而不是片面的、局部的，哪个领域、哪个方面、哪个环节都不应该弱化党的力量。这是我们在中国特色社会主义新时代对马克思主义政党建设中关于党的领导的理论创新。

坚持党的全面领导是夺取新时代中国特色社会主义伟大胜利的政治保障。在中国，中国共产党不仅是执政者，更是领导者。党的领导地位不是自封的，更不是强加的。这种领导地位和执政地位的取得是由共产党的性质、宗旨和奋斗目标所决定的，也是由中国共产党领导中国人民在革命、建设、改革的各个历史时期取得的伟大成就所奠定的，更是历史的选择、人民的选择。改革开放以来，我们党紧紧把握世界和时代发展大势，坚持走自己的路，成功开辟了中国特色社会主义道路。中国共产党是中国特色社会主义事业的领导核心，是全面深化改革的方向引领者、顶层设计者和基层创新的组织与推动者，没有党的领导，就没有社会主义在中国的实践，就没有中国特色社会主义的开创和发展。

新时代，党的领导既有历史依据又有现实需求。新时代以来，我国社会主要矛盾已经转化为人民日益增长的美好生活需要和不平衡不充分的发展之间的矛盾。这需要我们党统筹和解决诸多重大现实问题。而坚持党的全面领导是各项事业成功的根本保证。只有坚持党的全面领导，才能坚持正确的改革方向和改革立场，确保改革不变质、不走样。只有坚持党的全面领导，伟大梦想才会顺利实现，现代化建设才能顺利完成。没有党的全面领导，就不可能夺取新时代中国特色社会主义伟大胜利，民族复兴就会沦为空想。党的十九届四中全会指出，中国共产党领导是中国特色社会主义最本质的特征，是中国特色社会主义制度的最大优势，党是最高政治领导力量。必须坚持党政军民学、东西南北中，党是领导一切的，坚决维护党中央权威，健全总揽全局、协调各方的党的领导制度体系，把党的领导落实到国家治理各领域各方面各环节。

实现国家治理体系现代化离不开党的领导

"现代化"是近代以来世界各国追求的理想，是中华民族确立的奋斗目标。鸦片战争结束以后，中国先进的知识分子开始探索和寻求中华民族现代化的道路。在洋枪洋炮的震撼下，有识之士先后提出了"师夷长技,以治夷"和"学习西方,拯救中华"的口号。"戊戌变法"和伟大的革命先行者孙中山先生领导的民主革命,其实质都是寻找一条振兴中华的道路,尽快实现中国的现代化。中国共产党自1921年成立起就把探索民族的彻底解放和中华民族的现代化发展道路作为自己的历史使命。1949年新中国成立,中国共产党开始了中国工业化、现代化建设的历史进程。改革开放后,尤其是1992年邓小平发表南方谈话后,党和国家根本任务是集中力量进行改革开放和现代化建设,确保小康社会建成。沿着中国特色社会主义道路,集中力量进行社会主义现代化建设,是《中华人民共和国宪法》规定的国家根本任务。中国的现代化包括各个方面的现代化,国家治理体系和治理能力现代化应然包括在内。

党的十八大以来,以习近平同志为核心的党中央在总结古今中外治国理政的经验教训,特别是我们党领导人民进行革命、建设、改革的伟大实践所取得的宝贵经验的基础上,在党的十八届三中全会首次提出"国家治理体系和治理能力现代化"的概念,作出了推进国家治理体系和治理能力现代化的战略抉择。这是中国共产党执政的逻辑转变与战略选择,是对全面深化改革所面临的目标和任务作出的新的科学判断。国家治理体系,是一个内涵和外延都十分庞大的综合性概念,既包括国家治理的主体,如党、政府、民间团体以及广大人民群众等,也包括国家治理的客体,如经济、政治、文化、社会、生态环境等,还包括国家治理的道路、理论、制度、政策、方法等。国家治理体系和治理能力现代化,强调的是国家治理体系和治理能力要与社会的发展要求相适应,与社会发展的一定阶段相联系。我们要建设社会主义现代化国家,客观上要求国家治理体系和治理能力现代化。

习近平总书记强调,一个国家选择什么样的治理体系,是由这个国家的历史传承、文化传统、经济社会发展水平决定的,是由这个国家的人民决定的。我国今天的国家治理体系，是在我国历史传承、文化传统、经济社会发展的基础上长期发展、渐进改进、内生性演化的结果。正如他在党的十九大上强调的，"世界上没有完全相同的政治制度模式，政治制度不能脱离特定社会政治条件和历史文化传统"。中国的国家治理体系，是近代以来中国人民长期奋斗的结果，是中国共产党带领中国人民，把马克思主义国家治理理论与中国实际相结合的伟大实践。中国国家治理体系和治理能力的特点和优势，是中国经济社会繁荣发展的重要原因。在实现现代化的过程中，国家治理体系的现代化尤为重要，党的十九大明确将"实现国家治理体系和治理能力现代化"作为全面建设社会主义现代化国家的重要内容。国家治理涉及方方面面，是十分复杂的系统工程。在新时代，我们党要统揽伟大斗争、伟大工程、伟大事业、伟大梦想，就必须加快推进国家治理体系和治理能力现代化，努力形成更加成熟、更加定型的中国特色社会主义制度。而坚持党的全面领导是实现国家治理现代化目标的保证，党的全面领导实现于国家治理现代化的全过程。在推进国家治理体系现代化的实践中，必须真正发挥好全面领导的作用。只有坚持党的全面领导，才能使深化党和国家机构改革在继往开来中解决存在的障碍和弊端，更好发挥我国社会主义制度优越性。坚持党的全面领导不能是一句空话，把党的全面领导落实到一切工作当中，是党的建设的必然要求，必须贯彻在国家治理的各个环节，体现在国家治理体系现代化的方方面面。

把党的全面领导贯彻到国家治理体系现代化的过程中

新时代，我国经济社会发展对国家治理体系和治理能力提出了许多新要求。习近平总书记强调，"推进国家治理体系和治理能力现代化，就是要适应时代变化，既改革不适应实践发展要求的体制机制、法律法规，又不断构建新的体制机制、法律法规，使各方面制度更加科学、更加完善，实现党、国家、社会各项事务治理制度化、规范化、程序化"。在国家治理体系现代化过程中坚持党的全面领导，把坚持党的全面领导贯彻到国家治理体系现代化的过程中，就是如何构建系统完备、科学规范、运行有效的党的建设的制度体系，既解决好党的自身建设问题，又处理好党同国家政权和社会的关系问题，以进一步提高党的领导水平和执政能力，处理好党政关系。

解决好党的自身建设问题，必须一以贯之推进党的建设新的伟大工程，要把新时代坚持和发展中国特色社会主义这场伟大社会革命进行好，我们党必须勇于进行自我革命，把党建设得更加坚强有力。这里的"一以贯之"强调的是中国共产党的勇于自我革命和不断奋斗精神。在历史的各个节点上，中国共产党以这种勇于自我革命和不断奋斗精神取得了革命、建设、改革的不断胜利。在新时代，我们党必须以党的自我革命来推动党领导人民进行的伟大社会革命，把党建设成为始终走在时代前列、人民衷心拥护、勇于自我革命、经得起各种风浪考验、朝气蓬勃的马克思主义执政党。这既是我们党领导人民进行伟大社会革命的客观要求，也是我们党作为马克思主义政党建设和发展的内在需要。

我们党建党近百年来，尽管在加强党的先进性和纯洁性建设方面作出了巨大的努力，但党内仍存在着思想不纯、组织不纯、作风不纯等突出问题。思想不纯，就是忘掉了初心，没有理想信念，或者理想信念不坚定；组织不纯，突出表现为一些党员领导干部缺少组织意识、纪律意识和规矩意识，党组织政治功能弱化；作风不纯，突出表现为形式主义、官僚主义、享乐主义和奢靡之风。以自我革命和不断奋斗的精神一以贯之推进党的建设新的伟大工程，就要正视党内存在的思想不纯、组织不纯、作风不纯等突出问题，坚持"革命理想高于天"，始终保持共产党人的蓬勃朝气、昂扬锐气、浩然正气。在新的历史时代，为人民建功立业。

当前，我们就是要坚持以党的十九届四中全会精神为指导，"建立不忘初心、牢记使命的制度，确保全党遵守党章、恪守党的性质宗旨，坚持用用共产主义远大理想和中国特色社会主义共同理想凝聚全党、团结人民，用习近平新时代中国特色社会主义思想武装全党、教育人民、指导工作，夯实党执政的思想基础"，以党的自我革命来推动党领导人民进行的伟大社会革命，坚持和完善党的全面领导的制度，加强党对各领域各方面工作领导，确保党的领导全覆盖，确保党的领导更加坚强有力。要建立健全党对重大工作的领导体制机制，强化党的组织在同级组织中的领导地位，更好发挥党的职能部门作用，统筹设置党政机构，推进党的纪律检查体制和国家监察体制改革。

在国家治理体系现代化过程中坚持党的全面领导，要处理好党同国家政权的关系。在健全党的全面领导制度方面，党的十九届四中全会这样阐述："完善党领导人大、政府、政协、监察机关、审判机关、检察机关、武装力量、人民团体、企事业单位、基层群众自治组织、社会组织等制度，健全各级党委（党组）工作制度，确保党在各种组织中发挥领导作用。完善党领导各项事业的具体制度，把党的领导落实到统筹推进'五位一体'总体布局、协调推进'四个全面'战略布局各方面。完善党和国家机构职能体系，把党的领导贯彻到党和国家所有机构履行职责全过程，推动各方面协调行动、增强合力。"

改革开放之后，党的领导方式和执政方式不断得到完善，党在同国家政权的关系处理上更加科学。进入新时代，习近平总书记把党同国家政权的关系放在更加突出的位置进行思考，指出"必须适应国家现代化总进程，提高党科学执政、民主执政、依法执政水平，提高国家机构履职能力，提高人民群众依法管理国家事务、经济社会文化事务、自身事务的能力，实现党、国家、社会各项事务治理制度化、规范化、程序化，不断提高运用中国特色社会主义制度有效治理国家的能力"。坚持科学执政、民主执政、依法执政就是要保证党的领导，不能脱离、削弱党的领导，既要支持人大、政府、政协以及人民团体等依法履行职能，还要遵守总揽全局、协调各方的原则。也就是构建系统完备、科学规范、运行高效的党和国家机构职能体系，形成总揽全局、协调各方的党的领导体系，职责明确、依法行政的政府治理体系，中国特色、世界一流的武装力量体系，联系广泛、服务群众的群团工作体系，推动人大、政府、政协、监察机关、审判机关、检察机关、人民团体、企事业单位、社会组织等在党的统一领导下协调行动、增强合力，全面提高国家治理能力和治理水平。

党的十九届三中全会指出，党和国家机构职能体系是中国特色社会主义制度的重要组成部分，是我们党治国理政的重要保障。深化党和国家机构改革是推进国家治理体系和治理能力现代化的一场深刻变革，在这场变革中要落实党的全面领导，认真落实党的十九届二中、三中以及四中全会的相关精神。与此同时，充分发挥国家政权机关的职能，促进国家管理的民主化和科学化也是党政关系的发展目的。国家权力机关要真正和更好地代表最广大群众的利益，依靠民主化科学化的决策以及执行和监督机制的健全。领导制度、执政方式的明确化、具体化，需要党政关系的法制化、规范化。党政关系的法制化、规范化，有利于党的方针、路线和政策在国家治理中的顺利实施，可以从法律上保证党对国家机关的领导作用。

加强党的全面领导与国家治理现代化的辩证统一关系

中共中央党校（国家行政学院）研究员、博士生导师，中国行政体制改革研究会研究部主任

———— 胡仙芝

党的十九届四中全会审议通过了《决定》。在我们党的历史上，专门用一次中央全会研究国家制度和国家治理问题并作出决定，这还是首次。全会着眼于健全总揽全局、协调各方的党的领导制度体系，提出了6方面要求：一是建立不忘初心、牢记使命的制度；二是坚定维护党中央权威和集中统一领导的各项制度；三是健全党的全面领导制度；四是健全为人民执政、靠人民执政各项制度；五是健全提高党的执政能力和领导水平制度；六是完善全面从严治党制度。

党的领导是国家治理体系的核心，加强党的领导能力建设是推进国家治理体系和治理能力现代化的关键。"党政军民学，东西南北中，党是领导一切的"，加强党的全面领导与国家治理现代化齐头并进，是中国特色社会主义建设和发展进程中的两个基本方面，二者之间不是非此即彼、你强我弱、相互矛盾的关系，而是相辅相成、相互促进、缺一不可的辩证统一的关系，需要我们正确理解和牢牢把握。

党的十八届三中全会通过的《中共中央关于全面深化改革若干重大问题的决定》，第一次把国家治理体系和治理能力与现代化联系起来。推进国家治理现代化是我国实现中国梦的必经之路，也是民族走向复兴、国家走向富强的必然选择。与此同时，在中国特色社会主义建设的征程中，坚持中国共产党的领导是历史的选择、人民的选择，更是中国特色社会主义最本质的特征，是中国特色社会主义制度的最大优势。

推进国家治理现代化必须坚持党的全面领导

首先，从现代政治学和修辞学的角度上看，国家治理现代化意味着政党治理的现代化。针对国家治理一词的含义，著名学者许耀桐指出，"国家治理是指一国范围内的所有治理，它既包含了经济、政治、文化、社会、生态文明、国防军队和党的建设等各个领域的治理，也包含了政府治理、政党治理、市场治理、社会治理、小区治理、第三方治理、源头治理等各个方面的治理"。从这个含义上说，党的建设领域的治理即政党治理，也是属于国家治理的重要方面和组成内容，国家治理现代化也就意味着政党治理也要走向现代化。此外，他还进一步指出，在现代化国家中，政党往往成为国家的领导力量，因此，党的领导往往构成国家治理的核心。政党现代化往往也成为国家治理现代化的核心和关键所在。

其次，从中国政治的实际情况与中国特色社会主义建设的实践上看，加强执政党建设、加强党的全面领导是我国国家治理现代化的一个基本前提。常言道，办好中国的事情，关键在党。坚持党的领导，是中国特色社会主义建设事业的一个定律。正如学者齐卫平的判断——中国政治呈现国家与政党紧密粘连的结构形态。当代中国政治发展的逻辑衍生出执政党与治国理政的内在关系。在中国特色社会主义制度下，执政党建设得如何，直接关系国家和社会的发展命运。政党、国家、社会是连在一起的。因此，治国必先治党，治党务必从严，政党治理成为国家治理的基本前提。为此，在中国特色社会主义制度下，加强执政党建设是国家治理大框架下的一个重要内容。

加强党的全面领导要遵循国家治理现代化的基本规律和基本方向

国家治理现代化既是中国特色社会主义改革的总目标，也是实现中华民族伟大复兴的中国梦的必由之路。我们党是国家治理现代化的核心和主导力量，坚持党的领导是实现国家治理现代化目标的保证，党的领导贯穿国家治理现代化的全过程，国家治理现代化的每一步推进，都为坚持党的领导创造现代化的基础。加强党的领导也为如何加强党的自身建设提出了新的命题和更高的要求。新时代党的建设主题就是加强党的全面领导，提高党的领导科学化水平。这就要求，加强党的全面领导要遵循国家治理现代化的基本规律和基本方向。

国家治理与党的建设不是相对立的，国家需要治理，政党同样需要治理。党的建设科学化，就是按照政党发展的客观规律开展党的建设。国家治理现代化，则是按照国家发展的客观规律开展国家治理建设。加强党的全面领导，既要在国家治理现代化方面充分发挥党的领导核心作用，又要在政党治理方面不断提高党的领导科学化水平，也就是说，要使党的领导科学化的水平与国家治理现代化的要求相契合。契合得好，党才能在完善和发展中国特色社会主义制度、推进国家治理体系和治理能力现代化的实践中，真正发挥好领导核心的作用。

适应推进国家治理现代化新要求，坚持加强党的全面领导，加快国家治理体系改革和执政党建设

由上可知，党的全面领导与国家治理现代化之间是辩证统一的关系，它们互相包涵、互为依托、互相促进。为此，需深入分析新时代党和国家的新任务新要求，围绕加强党的全面领导，对我国职能机构、治理体系和治理能力进行审视，寻找差距和不足，从而在下一步的改革中采取更有针对性的措施。具体而言，主要有以下两个方面：

一是在国家治理体系方面，要以加强党的全面领导为统领，以国家治理体系和治理能力现代化为导向，坚持二者高度统一，深化党和国家机构改革。目前，我国国家治理体系同统筹推进"五位一体"总体布局、协调推进"四个全面"战略布局的要求还不完全适应，同实现国家治理体系和治理能力现代化的要求还不完全适应。"两个不适应"的问题若不抓紧解决，将会影响党和国家事业的顺利发展。党的十九届三中全会通过了《中共中央关于深化党和国家机构改革的决定》，明确提出改革的指导思想是"以加强党的全面领导为统领，以国家治理体系和治理能力现代化为导向，以推进党和国家机构职能优化协同高效为着力点，改革机构设置，优化职能配置，深化转职能、转方式、转作风，提高效率效能"。《决定》在健全党的全面领导制度部分提出："完善党领导人大、政府、政协、监察机关、审判机关、检察机关、武装力量、人民团体、企事业单位、基层群众自治组织、社会组织等制度，健全各级党委（党组）工作制度，确保党在各种组织中发挥领导作用。完善党领导各项事业的具体制度，把党的领导落实到统筹推进'五位一体'总体布局、协调推

进'四个全面'战略布局各方面。完善党和国家机构职能体系，把党的领导贯彻到党和国家所有机构履行职责全过程，推动各方面协调行动、增强合力。"我们必须在完善坚持党的全面领导的制度、优化政府机构设置和职能配置、统筹党政军群机构改革、合理设置地方机构方面作出部署，进而在推进国家治理体系现代化方面迈出重要步伐。

二是在国家治理能力现代化方面，要把加强党的全面领导作为核心和龙头，加强党对各领域各方面工作的领导，优先加快执政党自身的现代化建设。推进国家治理现代化，是庞大而复杂的艰巨任务。党的全面领导，作为国家治理的核心和关键，应该而且必须适应全面深化改革的要求，率先推进自身的进一步现代化，才有能力推动和保证全面改革的不断深化。因此，一方面，要加强党对各领域各方面工作的领导，通过优化党的组织机构，从机构职能上解决党对一切工作领导的体制机制问题，解决党长期执政条件下国家治理体系中党政军群机构职能关系问题，为有效发挥党的领导这一最大制度优势提供完善有力的体制机制保障、坚实的组织基础和有效的工作体系，确保党的领导更加坚强有力。另一方面，要适应推进国家治理现代化的新要求，努力加快执政党自身现代化的建设。要坚持党的建设制度改革，不断加强党的组织制度、领导制度和思想政治建设，改革完善党的领导方式和执政方式，形成发挥党的独特优势与推进国家治理体系和治理能力现代化的互促同进机制，才能有序有力有效地推进国家治理体系和治理能力现代化。重点是坚持意识形态与时俱进，实现指导思想现代化；推进党内民主制度建设，实现组织结构现代化；不断完善党的领导体制，实现执政方式现代化；加快党的建设改革创新，实现队伍素质现代化。

群众路线：国家治理的中国之道

中国人民大学国家发展与战略研究院研究员，马克思主义学院教授、博士生导师
——张云飞

新中国成立以来，我们将党的群众路线创造性地运用在国家治理中，形成了中国特色社会主义的治理之道，不仅促进了国家治理体系和治理能力的现代化，而且推动了社会的全面发展和人的全面进步。在党的十九届四中全会通过的《决定》中，将群众路线纳入了"坚持和完善党的领导制度体系，提高党科学执政、民主执政、依法执政水平"当中。《决定》指出："贯彻党的群众路线，完善党员、干部联系群众制度，创新互联网时代群众工作机制，始终做到为了群众、相信群众、依靠群众、引领群众，深入群众、深入基层。健全联系广泛、服务群众的群团工作体系，推动人民团体增强政治性、先进性、群众性，把各自联系的群众紧紧团结在党的周围。"并将之提高到"健全为人民执政、靠人民执政各项制度"的高度，为我们坚持和完善党的群众路线指明了方向，提供了遵循。

群众路线在国家治理中的创新发展

长期以来，我们党将马克思主义群众观点运用在社会主义革命、建设、改革的全部实践活动中，并在推进国家治理体系和治理能力的现代化的过程中，不断丰富和发展了党的群众路线。

新民主主义革命时期，在总结正反两方面经验的基础上，毛泽东将马克思主义群众观和马克思主义认识论有机统一起来，提出了党的群众路线。在我们党的一切实际工作当中，凡是正确的领导和工作，都坚持了"从群众中来、到群众中去"的工作路线。这一工作路线，首先在深入群众的基础上，将群众的意见集中起来，通过辩证思维加工，提升为集中的系统的意见，形成党的路线、方针和政策；然后，到群众中去宣传党的路线、方针、政策，使之内化为群众的意见，外化为群众的行动，在群众的实践中检验其科学性和正确性；最后，从群众中集中起来，再到群众中坚持下去。通过如此无限循环，一次比一次更正确、更生动、更丰富。毛泽东反复强调，在一切工作中都要采取群众路线。实践证明，群众路线是我们取得新民主主义革命胜利的重要保证。

新中国成立后，中国共产党人深刻意识到：当我们党成为执政党之后，脱离群众的危险以及由此带来的其他风险可能会大大增加，因此，必须认真地宣传和全面执行党的群众路线。在历史观上，要认识到人民群众是历史的创造者，是我们力量的源泉。只有依靠人民，共产党才能完成自己的历史使命。在认识论上，要认识到"从群众中来、到群众中去"和人类认识运动总图式（实践—认识—再实践—再认识）的一致性。只有不断地虚心向群众学习，我们党才能保证发展的正确方向。群众路线在实践中不断地丰富和发展，社会主义建设时期毛泽东将统筹兼顾作为群众路线工作方针的重要延伸，要军民兼顾、公私兼顾，一切为了人民群众。从工作对象来看，这就是对于全国总人口的统筹兼顾，就是对全体人民的统筹兼顾；从工作领域来看，粮食、救灾、就业、教育、知识分子、统一战线、少数民族等问题和工作，都要坚持统筹兼顾；从总体上来看，这就是要根据具体情况，与各方面的人员协商，作出各种适当安排。显然，统筹兼顾就是要调动一切积极力量，建设社会主义。这是我国初步取得社会主义建设成就的重要保证。

党的十一届三中全会以后，为了实现拨乱反正，《中国共产党中央委员会关于建国以来党的若干历史问题的决议》将群众路线看作毛泽东思想的活的灵魂的三个基本方面之一。该决议指出，群众路线，就是一切为了群众，一切依靠群众，从群众中来，到群众中去。这是对我们党在长时期敌我力量悬殊的艰难环境里进行革命活动的无比宝贵的历史经验的总结。在新时期，我们应继续发扬群众观点和群众路线这一传家宝。邓小平在《党和国家领导制度的改革》中曾指出："社会主义现代化建设的极其艰巨复杂的任务摆在我们的面前。很多旧问题需要继续解决，新问题更是层出不穷。党只有紧紧地依靠群众，密切地联系群众，随时听取群众的呼声，了解群众的情绪，代表群众的利益，才能形成强大的力量，顺利地完成自己的各项任务。"正是在坚持党的群众路线的基础上，我们才开辟了社会主义现代化建设的新局面。

党的十三届四中全会以后，我们党从关乎社会主义成败得失的高度，提出必须更加自觉地坚持党的群众路线。江泽民指出："党的领导，党的一切工作，都要依靠人民，相信人民，汲取人民的智慧，尊重人民的创造，接受人民的监督。这里既有共产党人的世界观、人生观、价值观，也有共产党人的工作方法。"在社会主义市场经济条件下，我们必须旗帜鲜明地反对以权谋私，绝不允许形成既得利益集团，必须始终代表中国最广大人民的根本利益。为此，这要求党的理论、路线、纲领、方针、政策和各项工作，必须将人民的根本利益作为出发点和落脚点，充分发挥人民群众的主体作用，切实保障人民群众的各项权益，促进人的全面发展。这是我们顺利完成总体小康任务的重要保证。

党的十六大以后，在推动科学发展和构建社会主义和谐社会的过程中，胡锦涛指出："相信谁、依靠谁、为了谁，是否始终站在最广大人民的立场上，是区分唯物史观和唯心史观的分水岭，也是判断马克思主义政党的试金石。"在此前提下，我们党强调，必须坚持贯彻党的群众路线，深入了解民情，充分反映民意，广泛集中民智，切实珍惜民力，不断实现民利，保证党的路线方针政策和全部工作更好地体现人民群众的利益，切实维护和保障人民群众的各项权益，让人民群众共享改革发展稳定的成果。尤其是必须牢记群众利益无小事的深刻道理，着力解决人民群众反映强烈的突出问题，下大力气做好组织群众、宣传群众、教育群众、服务群众的工作，创造性地开展新形势下的群众工作。正是由于坚持和完善了党的群众路线，我国才在以往发展的基础上成为世界上第二大经济体。

党的十八大决定围绕着保持党的先进性和纯洁性，在全党深入开展党的群众路线教育实践活动。为了搞好这次活动，习近平总书记强调，党的群众路线本质上体现的是马克思主义关于人民群众是历史的创造者这一基本原理。这一原理还集中体现了我们党全心全意为人民服务的根本宗旨，无论在任何时候任何情况下，都不能丢掉群众路线。党的十八大以后，在推进新时代中国特色社会主义事业发展中，习近平总书记提出，群众路线是我们党的生命线和根本工作路线，是我们党永葆青春活力和战斗力的重要传家宝。不论过去、现在和将来，我们都要坚持一切为了群众，一切依靠群众，从群众中来，到群众中去，把党的正确主张变为群众的自觉行动，把群众路线贯彻到党治国理政的全部实践之中。这样，群众路线就进一步扩展成为国家治理的重要原则和根本方法。能否坚持这一点，直接关乎国家治理体系和治理能力现代化的实现，关系着我们能否实现强起来的目标。

综上，在社会主义革命、建设、改革的过程中，中国共产党既将群众路线贯彻在治国理政全部实践之中，又在实现国家治理体系和治理能力现代化的过程中不断地对群众路线进行丰富和发展。

群众路线在国家治理中的丰富实践

在推进国家治理体系和治理能力现代化的过程中，我们党将群众路线运用到了国家治理的各个领域中，创造性地开展了丰富多彩的群众工作，形成了国家治理的中国之道。

群众路线在政治治理中的创新实践

随着新民主主义革命的胜利和社会主义改造任务的完成，我国建立和巩固了工人阶级领导的、以工农联盟为基础的人民民主专政的国家政权。从国体上来看，我国是工人阶级领导的、以工农联盟为基础的人民民主专政的社会主义国家，国家一切权力属于人民。从政体上来看，人民行使国家权力的机关是全国人民代表大会和地方各级人民代表大会。这是中国历史上从未有过的人民当家作主的新型国体和政体，为人民群众参与国家治理提供了根本的政治制度保障。

在此前提下，我国宪法明确规定，社会主义的建设事业必须依靠工人、农民和知识分子，团结一切可以团结的力量。人民群众是社会主义建设的主体，人民依照法律规定，通过各种途径和形式，管理国家事务，管理经济和文化事业，管理社会事务。这样，就为在国家治理中贯彻和落实党的群众路线提供了宪法依据和保障。

在国家治理中，我们党始终坚持党的领导、人民当家作主、依法治国有机统一，通过各种途径努力促进人民群众管理国家事务，努力实现民主的制度化和法治化，形成了中国特色社会主义政治发展道路。从政治制度来看，人民代表大会制度是我国根本的政治制度安排，由民主选举产生，对人民负责，受人民监督；中国共产党领导的多党合作和政治协商制度是协商民主的典范，有利于密切党与人民群众的联系，是实现决策民主化的重要形式；民族区域自治制度是保障民族平等的政治制度，有利于少数民族群众依法参与自治地方的政治事务，发挥其在地方政治事务中的主体作用；基层群众自治制度是实现基层民主的政治制度安排，居委会、村委会、职代会是将党的群众路线贯彻在政治治理中的重要形式，是基层民主管理的重要制度形式。截至2017年，全国农村普遍开展了9轮以上村委会换届选举，98%以上的村委会依法实行直接选举，村民参选率达95%。在总体上，我们既积极扩大人民有序参与政治，保证人民依法实行民主选举、民主协商、民主决策、民主管理、民主监督，又努力完善基层民主制度，切实保障人民群众的知情权、参与权、表达权、监督权。社会主义民主实质上就是群众路线的政治运用和政治建制。这样，就形成了政治治理的中国之道。

群众路线在经济治理中的创新实践

1978年之后，人民群众通过"联产承包"和"乡镇企业"等自发行动撬动了僵化的计划经济体制。邓小平强调，改革开放中许许多多的东西，都是群众在实践中提出来的。因此，经济建设和经济管理必须依靠群众，走群众路线。在市场经济条件下，推动企业改革、进行经济管理，同样必须全心全意依靠工人阶级，充分发挥职代会和工会的作用。事实证明，只有坚持群众路线，国有企业改革才能顺利进行；反之，举步维艰、代价沉重。习近平总书记指出，坚持全心全意依靠工人阶级的方针，是坚持党对国有企业领导的内在要求。为此，要健全以职工代表大会为基本形式的民主管理制度，鼓励职工代表有序参与公司治理。对于非公企业来说，同样如此。这在于市场存在着失灵，企业家和职业经理并不是万能的，充分发挥职工群众的积极性、能动性、创造性可以弥补上述不足。现在，我们已经形成了完整的贯彻群众路线的经济治理思路：谋划发展思路向人民群众问计，查找发展问题向人民群众讨教，改进发展措施向人民群众问策，落实发展任务由人民群众发力，衡量发展成效由人民群众评判。这样，随着群众路线介入经济管理，就形成了经济治理的中国之道。

群众路线在文化治理中的创新实践

随着社会主义经济建设高潮的到来，我们迎来了社会主义文化建设的高潮。这时候，就突出了文化治理的必要性和重要性。社会主义先进文化是面向人民群众的文化，具有鲜明的"大众的"性质。大众的文化是为了大众、依靠大众、造福大众的文化。因此，我们党始终强调，发展社会主义先进文化，必须扎根人民，坚持以人民为中心的原则，坚持为人民服务的方向，充分发挥人民群众在文化建设中的主体作用，努力培养德智体美劳全面发展的社会主义新人。

人民群众同样是文化治理的主体。我们党十分重视党的群众路线在文化治理中的贯彻和落实。对于广大文化工作者尤其是宣传工作者和文艺工作者来说，在坚持政治性和专业性的同时，必须虚心向人民群众学习，从人民群众的丰富生活和生动实践中汲取营养和智慧，这样才能创造出更多更好的文化产品。例如，在办报纸的问题上，毛泽东强调,既要坚持无产阶级政治家办报,也要坚持面向群众、依靠群众办报。对于文化管理部门和文化管理工作者来说,在加强专业管理的同时,要加强民主管理,要充分发挥文化专业工作者在管理中的能动性、积极性和创造性,要充分发挥人民群众在文化管理中的作用。在文化单位转制和发展文化产业中,不仅要发挥好广大文化工作者在文化企业管理中的作用,而且要发挥好人民群众的作用,广泛听取人民群众的意见和建议。这样才能真正将社会效益摆在第一位,有效避免和防范文化市场失灵。这样,就形成了文化治理的中国之道。

群众路线在社会治理中的创新实践

新中国成立以来,在加强社会建设以便安排好国计民生的同时,我们党还要求加强社会治理,以便形成一个安全团结的社会秩序。为此,我们将广泛动员人民群众确立为社会治理的重要方法。"枫桥经验"就是这方面的典范。20世纪60年代初,在怎样妥善处理社会治安综合治理的问题上,浙江省诸暨市枫桥镇干部群众创造了这样一套经验,"发动和依靠群众,坚持矛盾不上交,就地解决;实现捕人少,治安好"。1963年11月20日,毛泽东亲笔作出批示,"要各地仿效,经过试点,推广去做"。随后,中央又两次批转"枫桥经验"。进入改革开放的新时期之后,其进一步发展成为"党政动手,依靠群众,预防纠纷,化解矛盾,维护稳定,促进发展"的枫桥新经验。2003年11月,时任浙江省委书记的习近平在浙江省纪念毛泽东"枫桥经验"批示40周年大会上明确提出,必须充分珍惜、大力推广、不断创新"枫桥经验"。2013年10月,习近平总书记要求各级党委和政府要充分认识"依靠群众就地化解矛盾"的"枫桥经验"的重大意义,善于运用法治思维和法治方式解决涉及群众切身利益的矛盾和问题,紧紧扭住做好群众工作这条主线,创新群众工作方法,把党的群众路线坚持好、贯彻好，为经济社会发展提供重要保障。

随着社会主义市场经济的发展和社会主义精神文明建设的深入，以北京市承办 2008 年奥运会为契机，我国开始注重发挥志愿服务和民间组织在社会治理中的作用。志愿活动和民间组织，是新时期在社会治理领域中贯彻和落实党的群众路线的重要方式。在科学总结社会治理经验的基础上，党的十七大报告提出，要健全党委领导、政府负责、社会协同、公众参与的社会管理格局，健全基层社会管理体制。重视社会组织建设和管理。此时，公众参与成为贯彻和落实党的群众路线的新方式。

党的十八大报告进一步提出，要引导社会组织健康有序发展，充分发挥群众参与社会管理的基础作用。2015 年 1 月，《中共中央关于加强和改进党的群团工作的意见》提出，支持群团组织参与创新社会治理和维护社会稳定。在实现国家治理现代化的过程中，党的十九大报告明确提出，要完善党委领导、政府负责、社会协同、公众参与、法治保障的社会治理体制。这样，就逐步形成了社会治理的中国之道。

群众路线在生态治理中的创新实践

新中国成立之后，我们党要求在生态治理中大力贯彻和落实党的群众路线。1952 年 12 月中央人民政府就提出，水土保持是群众性的工作，必须发动群众组织起来长期进行。1957 年 10 月，毛泽东提出，为了搞好环境卫生，保障人民群众健康，必须开展群众性的爱国卫生运动。水土保持和爱国卫生运动都具有生态文明建设的意义。

随着现代化建设的发展，由于经验不足，我国于 20 世纪 70 年代也开始面临环境问题。为了避免重蹈西方国家先污染后治理的覆辙，我国积极参与全球环境事务。1972 年，我国派出代表团出席了联合国人类环境会议，并提出了中国环境保护工作的 32 字方针："全面规划、合理布局、综合利用、化害为利、依靠群众、大家动手、保护环境、造福人民。"1973年8月，全国第一次环境保护会议通过了上述方针。1979年颁布的《中华人民共和国环境保护法（试行）》也写入了上述方针。这一方针将"依靠群众"作为环境保护的力量，将"造福人民"作为环境保护的目标，是党的群众路线在环境保护工作中的创造性运用和发展。环境保护是生态文明建设基础工程和重要领域，因此，上述方针开启了中国特色的生态治理之道。

进入改革开放新时期后，为了阻止我国生态环境的恶化，邓小平发起了全民义务植树运动。根据这一倡议，1981年12月，第五届全国人民代表大会第四次会议作出了《关于开展全民义务植树运动的决议》。自此以后，邓小平、江泽民、胡锦涛、习近平等党和国家领导人先后连续多年与首都人民一道参加全民义务植树活动，对这一运动的深入开展起到了巨大的示范和带动作用。2019年2月12日，美国航天局（NASA）发文写道，过去20年中，世界变得越来越绿了。来自"NASA地球"的卫星资料显示，是中国等国的行动主导了地球变绿。研究数据显示，中国新增绿化面积的42%来自植树造林。在此基础上，党的十九大报告提出，要大力"构建政府为主导、企业为主体、社会组织和公众共同参与的环境治理体系"，建设美丽中国。这样，就形成了生态治理的中国之道。

群众路线在党的建设中的创新实践

密切联系群众是党的三大优良作风之一。我们党一贯自觉地将群众路线贯彻和运用在党的建设中。1956年4月，毛泽东指出："我们需要建立一定的制度来保证群众路线和集体领导的贯彻实施，而避免脱离群众的个人突出和个人英雄主义，减少我们工作中的脱离客观实际情况的主观主义和片面性。"进入改革开放的新时期之后，在总结历史经验的基础上，邓小平反复强调，"党的组织、党员和党的干部，必须同群众打成一片，绝对不能同群众相对立"。同样，以江泽民、胡锦涛、习近平等为主要代表的中国共产党人都要求按照党的群众路线推进党的建设，要始终坚持党的密切联系群众的优良传统。

在此基础上，我们党力求在党内制度的层面上确立群众路线。在我国进入全面建设小康社会的发展新阶段之后，2001年9月出台的《中共中央关于加强和改进党的作风建设的决定》提出，必须坚持群众路线这一根本工作路线，健全联系群众的制度。为了保持党的先进性和纯洁性，坚持党要管党、从严治党的原则要求，2013年5月推出的《中共中央关于在全党深入开展党的群众路线教育实践活动的意见》提出，在全党深入开展以为民务实清廉为主要内容的党的群众路线教育实践活动，对于夯实党的执政基础和巩固党的执政地位具有十分重大而深远的意义。为了推进社会主义协商民主的发展，2015年2月印发的《中共中央关于加强社会主义协商民主建设的意见》提出，除了要进一步加强政党协商、人大协商、政府协商、政协协商、人民团体协商之外，必须稳步推进基层协商，探索开展社会组织协商。上述制度建设，为将党的群众路线贯彻和落实在党的建设中提供了制度保障。这样，就形成了政党治理尤其是执政党治理的中国之道。

综上，新中国成立70年以来，我们在将党的群众路线作为政治治理的基本原则和方式的政治前提下，创造性地将群众路线运用在了经济、文化、社会、生态等国家治理的具体领域中。群众路线成为执政党建设的重要原则和方法，成为国家治理其他领域的政治保障，为构建和形成完整的国家治理框架提供了一个重要切入点。

群众路线在国家治理中的宝贵经验

尽管我们可以粗略地用"管制—管理—治理"来描述将新中国70年国家治理的演变轨迹,但是,群众路线是贯穿其始终的灵魂和实质。这是与西方的多元(多中心)治理模式有着原则性的区别。

为了人民群众加强国家治理。"一切为了群众"是党的群众路线的首要要求,因此,我们在加强国家治理中始终坚持一切为了人民群众的价值取向。坚持这一价值取向,就是要坚持从人民群众的需要出发,将满足人民群众的需要作为加强国家治理的出发点和落脚点。习近平总书记指出:"推进任何一项重大改革,都要站在人民立场上把握和处理好涉及改革的重大问题,都要从人民利益出发谋划改革思路、制定改革举措。"例如,西方国家的生态治理始终围绕着实现剩余价值这一物本逻辑展开,充其量只是达到了"绿色资本主义"的水平,而我国始终将满足人民群众对优美生态环境的需要这一民本逻辑作为生态治理的出发点和落脚点。党的十九大报告明确指出,必须提供更多优质生态产品以满足人民日益增长的优美生态环境需要。在总体上,新中国的国家治理就是要为满足人民群众的需要提供制度保障和支撑。这样,才能坚持国家治理的社会主义性质和方向。

依靠人民群众加强国家治理。"一切依靠群众"是党的群众路线的基本要求,因此,我们在加强国家治理中始终坚持依靠人民群众,充分调动人民群众的能动性、积极性和创造性。习近平总书记指出,要把全面深化改革各项举措落到实处,攻克体制机制的痼疾,突破利益固化的藩篱,必须紧紧依靠广大人民,从群众实践中汲取无穷的智慧和力量。从实体内容来看,我们不仅通过依法选举让人民代表来参与国家治理,还通过选举以外的制度和方式让人民参与国家治理。例如，我们把推进协商民主广泛多层制度化发展作为政治体制改革的重要内容。从程序规范来看，我们把群众路线贯彻和落实到了整个决策过程中。在决策出台前，我们始终坚持问计于民，集中民情、民意和民智推出各方面的路线、方针和政策。例如，2008—2018年，国家立法机关共有139件法律草案向社会公开征求意见，收到59万余人次提出的246万余条意见。在决策执行中，我们始终坚持聚力于民，深信人民群众是我们力量的源泉，在广泛群众动员的基础上推进了各项工作。在决策反馈中，我们始终坚持自组织原则，根据人民群众的实践经验来不断调整工作思路和举措。正是由于在国家治理中坚持了党的群众路线，我们才凝聚起了中国力量，创造了中国奇迹。

国家治理现代化成果由人民群众共享。谋利于民、造福于民是党的群众路线的内在要求。按照党的群众路线，加强国家治理就是要通过实现国家治理的制度化、规范化和程序化，提高党科学执政、民主执政、依法执政的能力和水平，以保障人民群众的各项权利和权益，让人民群众共享制度建设和制度创新的成果，共享国家治理现代化的成果。习近平总书记指出："共享发展就要共享国家经济、政治、文化、社会、生态各方面建设成果，全面保障人民在各方面的合法权益。"在国家治理的实践中，我们始终坚持权为民所用，坚持"赋权"于民，切实依法保障全体人民享有广泛的权利，尤其是保障人民群众的基本政治权利。例如，根据第六次全国人口普查，我国少数民族人口占总人口的比例为8.49%，而少数民族代表在十三届全国人大代表中的比例为14.7%；我国55个少数民族均有本民族的全国人大代表和全国政协委员。在此基础上，我国宪法确认了人权和公民人格权，党的十九大再次强调保护人民的人身权、财产权、人格权。这样，就保证了全体公民的经济、政治、文化、社会、环境等权利得到落实，权益得到保障，维护了最广大人民的根本利益，保障了人民群众对美好生活的向往和追求。

国家治理现代化绩效由人民群众评价。按照党的群众路线，必须将人民群众作为国家治理现代化绩效的最终评价者。在加强国家治理中，我们不仅不断强化民生指标、幸福指数在整个社会经济发展指标体系中的比重，而且不断强化人民群众在评价社会经济发展和国家治理成效中的作用。从对党政干部个体工作评价的角度来看，区别其是否有错误、工作业绩大小，主要看他在实际工作中是否联系了群众、是否依靠了群众、是否造福了群众。从对国家治理总体工作评价的角度来看，人民，只有人民，才是治国理政成效的最高裁决者。习近平总书记指出："坚持群众路线，就要真正让人民来评判我们的工作。"国家治理的能力、水平和成效都不是由执政党和政府说了算，必须而且只能由人民来评判。人民群众是党和政府工作的最高裁决者和最终评判者。从评价标准和尺度来看，我们始终以人民拥护不拥护、人民赞成不赞成、人民高兴不高兴、人民答应不答应为最高标准。这样，就发扬光大了我们党密切联系群众的优良作风，提高了党和政府的群众工作的本领。

当然，在将党的群众路线贯彻和落实在国家治理的全部实践之中的同时，要高度警惕和科学防范将群众路线蜕变成为民粹主义甚至是街头政治。为此，我们始终坚持将党的领导、人民当家作主、依法治国有机统一起来，始终坚持将群众路线与系统治理、依法治理、综合治理、源头治理有效结合起来，形成国家治理的中国之道。

中国决策机制能够集中力量办大事

对外经济贸易大学国际关系学院副院长、教授
—— 熊光清

党的十九届四中全会审议通过的《决定》指出,"坚持全国一盘棋,调动各方面积极性,集中力量办大事的显著优势"。这实际上揭示了在中国共产党领导下,新中国治理取得巨大成就的一大秘诀。

中国决策机制能够做到全国一盘棋,具有集中力量办大事的优势

新中国成立后,中国借鉴了苏联模式,举全国之力,重点在科技领域和基础设施建设领域推进一些重要工程和项目,从而迅速增强了国家的工业化基础和国家实力。决策机制就是在这一背景下形成的,并确实通过运用国家力量迅速整合全社会的经济资源和社会资源,有力推进了工业化建设进程,取得了明显成效。

邓小平指出:"社会主义同资本主义比较,它的优越性就在于能做到全国一盘棋,集中力量,保证重点。"这样的例子有很多,如中国的原子弹研制工程,就是中央在极端困难的情况下集中力量办大事取得

成功的典型例子。又如，在三线建设中，国家以集中投资为主要方式，运用指令性计划和行政手段，为三线建设所需的庞大人力、物力、财力提供了强有力的支撑，从而使三线工程建设取得了重大成就。这些项目的成功实施，为中国经济发展、社会进步以及国际地位的提升奠定了坚实基础，充分显示了中国决策机制能够集中力量办大事的优势。

集中力量办大事，不仅在高度集中的计划经济体制下能够发挥作用，也适用于社会主义市场经济体制。习近平总书记指出："我们最大的优势是我国社会主义制度能够集中力量办大事，要形成社会主义市场经济条件下集中力量办大事的新机制。"随着中华民族复兴大业的不断推进，中国决策机制中集中力量办大事的优势仍然可以发挥更大作用。在一些关系国计民生的重要领域和关键行业，以及需要非常大量投资的工程和项目上，仅仅依靠某一地区或部门的力量是难以办到的，必须举全国之力才能推进。当然，要发挥社会主义制度集中力量办大事的优势，必须认识到，"集中力量"可能办好事，也可能办错事、办坏事。因此，在重大事项的决策过程中，必须推进民主决策、科学决策和依法决策，避免出现决策失误，特别是不能在重大事项上出现决策失误。

中国决策机制能够融合精英决策与民主决策的优点，从而保证决策的高效率与代表性

中国共产党作为执政党，在中国特色社会主义事业中发挥领导核心作用。在整体决策系统中，各级党委能够通过严密的领导体制机制，实现对人大、政府、政协、监察机关、审判机关、检察机关、武装力量、人民团体、企事业单位、基层群众自治组织以及社会组织的领导，从而保证决策能够推进，并在决策通过后，能够得到有效执行。

党对国家事务实行政治领导的过程，实际上就是党的主张首先通过党内决策转化成党的路线方针政策，然后再通过严格的法定程序，上升为符合人民群众根本利益的国家意志，并得到执行的过程。党的政策转变成国家意志的过程，主要通过三种途径来实现：其一，党的中央机关与国家机关联合发布政策，要求各级党组织和国家机关执行；其二，中共中央单独提出政策倡议，国家有关机构据此制定具体的政策方案，并依照法定程序加以通过；其三，各级国家机关以党的路线方针政策为依据颁布相关政策方案。

党和国家机关领导干部在决策过程中，必须坚持群众路线、倾听群众呼声、反映群众意愿、体现群众心愿。党必须始终坚持全心全意为人民服务的宗旨，与人民群众同呼吸共命运，始终把体现人民群众的意志和实现人民群众的利益作为自己一切工作的出发点和归宿。在决策过程中，坚持群众路线，就能保证决策的民主性和代表性。宪法第二十七条第二款明确规定："一切国家机关和国家工作人员必须依靠人民的支持，经常保持同人民的密切联系，倾听人民的意见和建议，接受人民的监督，努力为人民服务。"中国已经形成了比较完善的决策咨询机构和决策监督机构，它们在决策过程中能够发挥较好的作用，从而保证决策的民主性。

同时，党还通过建立严格的重大决策终身责任追究制度及责任倒查机制，以确保决策的正确性和决策执行的准确性。这对于领导干部依法决策、民主决策和科学决策，具有重要的促进作用。

中国决策机制能够贯彻民主集中制原则，从而保证决策程序的科学性

党的十九大党章明确规定："党是根据自己的纲领和章程，按照

民主集中制组织起来的统一整体。"同时，党章对民主集中制决策原则进行了具体规定："党的各级委员会实行集体领导和个人分工负责相结合的制度。凡属重大问题都要按照集体领导、民主集中、个别酝酿、会议决定的原则，由党的委员会集体讨论，作出决定；委员会成员要根据集体的决定和分工，切实履行自己的职责。""集体领导，民主集中，个别酝酿，会议决定"这"十六字"原则互相联系，构成一个完整严密的科学体系。它深刻揭示了党的领导工作的客观规律，为实现决策程序的科学化指明了方向。

宪法第三条明确规定："国家机构实行民主集中制的原则。"具体地说，民主集中制的决策运行程序，要求有六个必不可少的环节：一是抓住大事定议题；二是调查研究拿预案；三是个别酝酿求共识；四是民主集中做决断；五是分工负责抓落实；六是监督执行重检查。这和党章中关于民主集中制决策程序的四个环节，具有相当程度的吻合性。

应当说明的是，中国的首长负责制与民主集中制并不相悖，首长负责制正是建立在民主集中制基础之上的。目前，中国大多数行政机关实行首长负责制。但在民主集中制的组织原则中，重大问题必须由行政首长与副职领导等其他领导共同讨论决定。以民主集中制为基础的集体领导分工负责制，已成为中国各级国家机关的议事原则和工作决策程序。在这种制度框架下，既有集中又有民主，既有集体领导又有个人分工负责，从而能够扬长避短、优势互补，确保决策与执行保持较强的科学性。

从决策效率谈中国的制度自信

北京外国语大学国际关系学院副院长、
教授
——— 王明进

党的十九届四中全会审议通过的《决定》,系统全面地回答了在我国国家制度和国家治理上的显著优势以及13个"坚持和完善"的战略部署,既彰显了成就,又展示了自信,同时为推动中国特色社会主义制度更加成熟更加定型、把我国制度优势更好转化为国家治理优势,指明了方向。

制度自信是一个国家的民众对自身制度的认可,是对制度绩效的一种积极评价,这种积极评价是建立在客观的制度绩效基础之上的。决策效率、执行效率和最终成效都是制度绩效的有机构成部分,决策效率的高低影响着制度绩效。在当前的语境下,"制度自信"中的"制度"指的是中国特色社会主义制度。中国特色社会主义制度是一整套相互衔接的制度体系,不仅包括作为根本政治制度的人民代表大会制度,还包括作为基本政治制度的中国共产党领导的多党合作和政治协商制度、民族区域自治制度和基层群众自治制度,以及建立在上述制度基础上的经济体制、政治体制、文化体制、社会体制等各项具体制度。人们常说我国能够集中力量办大事,这突出说明了我国的制度优势，尤其是我国政治制度在决策效率上的优势。中国特色社会主义制度的独特设计，决定了就决策效率而言，我国的政治制度和社会制度，比以三权分立、多党竞争为主要特征的西方国家政治制度和社会制度，具有非常突出的优势。

根本政治制度：决定一国决策效率的基础

一个国家决策效率的高低，首先取决于该国的根本政治制度。西方国家采取以三权分立即分权制衡为基本原则的政治制度，而中国则采取了"议行合一"为基础的根本政治制度，两相比较，议行合一的人民代表大会制度在决策效率上具有明显的制度优势。

《决定》将"坚持和完善人民代表大会制度这一根本政治制度"放在"坚持和完善人民当家作主制度体系，发展社会主义民主政治"战略部署之首，充分彰显了人民代表大会制度作为保证人民当家作主制度的根本属性。

三权分立原则在西方国家政治制度中有不同的表现形式。其中，美国的政治制度最为典型地体现了这一原则，即行政、立法、司法三权各自独立，三权的法律地位完全平等，在实践中相互监督、相互牵制。三权分立原则最初是资产阶级要求与封建贵族分权，是适应资产阶级革命的需要，向封建阶级争夺政权的产物。但随着资本主义制度的确立和发展，封建阶级和资产阶级之间的分权逐步让位于资产阶级内部的分权。三权分立原则在西方国家资产阶级反对封建专制的斗争中作出了历史性的贡献，是资产阶级夺取政权的指南，同时为资产阶级夺取政权之后平衡各种政治力量搭建了妥协、合作的平台。因此，三权分立相对于封建专制和个人独裁是一种历史的进步，它有利于调整资产阶级内部不同利益集团之间的矛盾和冲突。但这种权力制衡往往导致国家不同机构之间的相互扯皮，使国家的权力不能完全集中，导致议而不决、决而不行，决策效率和执行效率低下。鉴于此，列宁对未来无产阶级政权组织形式的期望是，"摆脱议会制的出路，当然不在于取消代表机构和选举制，而在于把代表机构由清谈馆变为'工作'机构"。中国共产党总结了资产阶级分权制衡原则和议会制的弊端及其在中国不成功的实践，创造性地提出了"议行合一"的人民代表大会制度。

"议行合一"的人民代表大会制度是一种根据民主集中制建立起来的权力结构。其中，立法权高于行政权和司法权，表达国家意志的立法权和执行国家意志的行政权是一致的，行政权和司法权必须服从立法权，不能与立法权相抗衡。毛泽东早在抗日战争行将结束之际，就提出了对未来政权组织形式的设想："新民主主义的政权组织，应该采取民主集中制，由各级人民代表大会决定大政方针，选举政府。它是民主的，又是集中的，就是说，是民主基础上的集中，在集中指导下的民主。只有这个制度，才既能表现广泛的民主，使各级人民代表大会有高度的权力；又能集中处理国事，使各级政府能集中处理被各级人民代表大会所委托的一切事务，并保障人民的一切必要的民主活动。"邓小平用简明的语言指出了人民代表大会制的优点："我们实行的就是全国人民代表大会一院制，这最符合中国实际。如果政策正确，方向正确，这种体制益处很大，很有助于国家的兴旺发达，避免很多牵扯。"

人民代表大会制度并不是对西方议会制或三权分立制等政体的完全否定，而是吸收了西方代议制的精髓，并借鉴了苏联的苏维埃制度，根据自己的国情建立起来的。首先，它创造性地解决了执政党与代议机构的关系，确立了中国共产党的领导地位，确立了党在国家权力结构中的权威地位，有助于党对国家政权的领导，有利于全民意志的统一。这是保证决策效率的领导基础。其次，民主集中制原则保证了我国决策效率的组织基础。建立在民主集中制原则基础上的人民代表大会制度，一方面体现了广泛的人民民主，另一方面，又保证了人民意志的统一和国家权力的统一，保证了决策的效率。邓小平指出："我们的制度是人民代表大会制度……社会主义国家有个最大的优越性，就是干一件事情，一下决心，一做出决议，就立即执行，不受牵扯……没有那么多相互牵扯，议而不决，决而不行。就这个范围来说，我们的效率是高的。"最后，人民代表大会制度有利于中央政令统一，把各种政治经济和社会资源迅速组织调动起来，保证了高效的决策能够产生高效的执行效果。

政党制度：为决策效率提供保证

《决定》提出，"坚持和完善中国共产党领导的多党合作和政治协商制度"。我国是工人阶级领导的、以工农联盟为基础的人民民主专政的社会主义国家，国家的一切权力属于人民。与这种国体相适应的政权组织形式是人民代表大会制度；与这种国体相适应的政党制度是中国共产党领导的多党合作和政治协商制度。前者是我国根本政治制度；后者是我国的基本政治制度之一。

中国的多党合作制度致力于避免一党制的专断，规避了一党制可能引起的体制危机。一党制即只存在一个合法政党的政党制度，在这种政党制度下，决策效率表面上是最高的，但是党往往控制社会生活的方方面面，引起政党功能的畸变，从而引发体制危机，使政党制度的效能降低甚至丧失；一党独大往往缺乏不同声音，导致决策失误，最终造成低效率。

中国共产党领导的多党合作和政治协商制度，也能避免多党制下政党之间相互攻击、相互扯皮而导致的决策低效。西方三权分立的政治制度离不开多党竞争制度，西方政党政治背景下决策效率低下，主要表现在以下几个方面：首先，政党轮替造成有关政策或立法上的反复和国家资源上的浪费。一党上台执政往往会改变上届政党政府所制定的政策，终止此前的决策，从而使决策失效。政党轮替也往往会导致执政党不再关注国家的长远大计，而仅仅局限于执政期间的事务；不关注民众的长远利益，只关注眼前的政党利益，使政府政策缺乏战略眼光。其次，对选票的追求使政党缺乏勇气决策。例如，西方政党在社会福利制度改革的问题上，总是畏首畏尾、难以施展手脚，在坚持政党传统价值和迎合选民获得选票的两难之间，一般最终都会向选票低头。最后，在西方比例代表制选举制度下，往往形成多党联合政府，这样的多党联合政府往往执政基础脆弱，小党政治立场的变化也能够颠覆整个政府。多党联合政府往往因追求稳定而失去效率。

对于多党制存在的种种弊端，人们已经存在广泛的共识。邓小平指出，资本主义国家的"多党制是资产阶级相互倾轧和竞争状态所决定的，他们谁也代表不了广大劳动人民的利益。在资本主义国家，人们没有也不可能有共同的理想，许多人就没有理想。这种状况是他们的弱点而不是强点，这使他们每个国家的力量不可能完全集中起来，很大一部分力量相互牵制和抵消"。

中国共产党领导的多党合作和政治协商制度，是中国人民在充分认识到一党制和多党制的危害和缺陷，经过艰难探索之后创立的符合中国国情的政党制度。我国的多党合作制度是社会主义政党制度，民主党派和执政的共产党在根本利益上的一致性，决定了我国多党合作制度的长久根基，避免了多党制下的恶性竞争；多党合作中的多党并存，又避免了一党制下执政党缺乏监督和政党功能消融的危险。相对于竞争性的多党制，我国的多党合作制度以合作与协商代替了对立与争斗，能够有效避免政党相互倾轧造成的政局不稳和政权频繁更迭，避免恶性政治竞争，最大限度地减少社会内耗，实现了制度效能的优化，具有突出的制度效能优势。这种政党制度保证了社会不同阶层最广泛的政治参与，能够保证人民利益的充分表达，能够有效调和不同的利益诉求，在中国共产党的统一领导下，形成统一的国家意志，从而达到了高效率的决策。

文化因素：影响决策效率的内在因素

制度是深深嵌入一个国家的历史、文化和现实之中的。一种制度只有与自身的历史、文化高度融合，才能最好地发挥其效能。而分析一种制度的效能，也应该考虑到其历史文化因素。中国特色社会主义是马克思主义普遍原理与中国具体国情相结合的产物，中国特色社会主义制度的形成，也是马克思主义与中国历史文化因素相结合的结果。在决策效率上，中国与西方存在的制度差异，也有文化因素的影子。

东西方文化差异迥然，就对政治制度的影响而言，最突出的可能有以下几点。一是西方文化的外向性和东方文化的内敛性。西方文化发源于古希腊沿海岛屿地区，贫瘠的土地使当地人民不得不向海洋寻求满足生活的资源，从而造就了西方文化中冒险进取的外向型品格；中国文化则起源于非常适于耕种的黄河流域，形成于自给自足的农耕经济，导致了这种文化的内敛性以及和平温顺的性格。二是西方文化的竞争性和东方文化的中庸性。西方文明最早起源于古希腊一些互不隶属的小城邦，这些小城邦在相互竞争中求得生存，从而形成了西方文化中影响深远的独立意识和个人主义，个人是中心、是目的、是最高价值，为了实现个人的价值，必须与他人进行竞争；中国文化诞生于农耕文化，更强调合作精神和集体主义，在处理人与人之间关系时，更推崇一种中庸精神，倡导"不争之德"。三是西方文化的排他性与中国文化的包容性。西方文化更注重人内心的阴暗面和罪恶本性，亚里士多德就指出人类具有罪恶本性，失德之人会贪得无厌，成为危害城邦的最肮脏、最残暴的野兽，而基督教也认为人生而有罪。而中国文化更看重人的可塑性，主张"人之初，性本善"，强调合作共事的可能；在处理事物个体之间的关系时，则采取一种关系性思维，认为事物是相互关联的，体现的是一种互容性辩证法，主张对立物之间以一种非冲突方式互动。陈独秀在比较中国文明与西方文明的时候指出："西洋民族以个人为本位，东洋民族以家族为本位。西洋民族，自古迄今，彻头彻尾，个人主义之民族也。宗法社会以家为本，而个人无权力，一家之人听家长。"

正是基于外向型文化性格和个人主义，西方文化特别强调人与人之间、党派与党派之间的竞争；对人性的怀疑，使西方国家在建立起政治制度的时候，以防备心理为逻辑起点，设计出了相互牵制、相互防备的政治制度。这种政治制度能够防止公共权力落入个别人手中，防止个人独裁和专断的出现，但也容易造成政党之间、政府部门之间的冲突与摩擦、相互拆台从而无谓的消耗。而中国文化的内敛与中庸性格，产生的是一种和合文化，强调集体主义和对权威的服从，这种文化更容易形成有效率的决策体制。明白中国文化与西方文化的差异，对于我们理解中国当代制度对效率的选择有非常重要的意义。

中国特色社会主义制度是马克思主义普遍原理与包括中国传统文化在内的中国国情相结合的产物。马克思主义唯物史观实现了对西方文化中个人主义的超越。马克思认为，个人行为所能实现的利益是由整体社会结构决定的，"私人利益本身已经是社会所决定的利益，而且只有在社会所创造的条件下并使用社会所提供的手段，才能达到；

也就是说，私人利益是与这些条件和手段的再生产相联系的。这是私人利益，但它的内容以及实现的形式和手段是不由任何人为转移的社会条件决定的"。马克思跳出了个人主义的分析框架，从人与社会之间的关系来分析制度，是一种科学的整体主义制度观。马克思主义制度观与中国文化的结合，是中国特色"议行合一"的根本政治制度，以及中国共产党领导的多党合作和政治协商制度得以确立并不断发展的深刻的文化原因。

转换话语：确立制度自信的现实路径

美国第44任总统奥巴马在2008年上台的时候曾经许诺，要在美国修高铁以改变美国老旧的基础设施，但遇到重重阻力，直到其卸任也没有建成一条高铁；中国高铁里程已经超过2万公里，占世界总里程的65%以上。然而，尽管中国在经济社会发展方面取得了巨大的成就，中国的社会制度仍然得不到西方国家的普遍认可，"中国威胁论"与"中国崩溃论"的同时出现并长盛不衰，说明了西方在评价中国制度时的矛盾。

冷战结束后，西方的话语和经验知识主导着对中国的评价，但他们所关心的核心议题并不是制度绩效，而是所谓的"民主转型"。在西方学者眼里，西方式"自由民主"是世界各国的归属，于是才有了弗朗西斯·福山的"历史终结论"。发展中国家"民主转型"的快慢及是否成功，成了衡量发展中国家制度成功与否的标准。这里暗含的西方中心主义和霸权思维昭然若揭。"民主转型论"先验地假定西方民主是世界上最好的制度，世界上其他国家都要向西方学习才能修成正果。中国改革开放后，西方国家对中国发生这种"民主转型"一直满怀期望，美国在冷战后针对中国的"接触与遏制"政策是最好的说明。

中国是社会主义国家，实行的是人民民主制度，这种制度在根本政治制度和基本政治制度的设计上，汲取了人类历史上一切优秀文明的成果，其在民主程度和决策效率上都优越于西方资本主义民主制度，因此"民主转型的概念起点（威权体制）和终点（西方式的自由民主体制）在中国案例中都不能适用"。这种情况说明，对中国制度的评价，不能再沿用西方的话语体系和经验知识，而应该确立中国的标准和话语体系，根据中国的经验、中国的语境来评价中国的制度。

新中国成立标志着我国适应生产力发展的根本政治制度和基本政治制度的确立，而党的十一届三中全会以来的改革，则是在不改变原有社会基本制度的前提下，对不适应生产力发展的生产关系，以及上层建筑领域具体的政治、经济、社会、文化、科技等体制方面进行不断创新、改良和变革。新中国成立后，中国社会主义建设虽然经历了多次曲折，但取得的成就是巨大的。新中国在很短的时间里就建立了完整的工业体系，取得了"两弹一星"的巨大科技进步。改革开放后，更是实现了经济建设方面的腾飞。正如复旦大学特聘教授张维为所指出的："改革开放以来长达40年的高速增长，是迄今为止世界上持续时间最长的高速增长，从2000年到2010年，中国超过了西方7国中的6个国家，经济总量跃居世界第二。"就中国目前的发展阶段而言，发展是第一要务，国家治理能力建设是迫切的需求，这与西方国家对中国的现实关切存在明显差别。因此，评价中国的制度，不能沿用西方的话语体系和经验知识，而应该注重中国社会发展的实际，应该注重国家能力、制度绩效方面的评估。决策效率是国家能力的重要构成部分，而恰恰在这方面，显示出了中国制度的优势。

我们在当前情况下讨论"制度自信"，一方面，充分说明中国在过去70年里所取得的伟大成就，已经彰显了中国特色社会主义制度的制度绩效，说明我们的"制度自信"有了坚实的基础；另一方面，也说明长期以来国际话语体系对中国制度评价的忽视和成见，使我们有必要确立学术研究中的中国话语。在中国迈向国家治理现代化的进程中，充分认识中国的制度效能，认识西方以三权分立和多党竞争为主要内容的政治制度决策效率低下的弊端，对我们坚定对中国特色社会主义的制度自信，具有重大帮助。

人民代表大会制度的创新发展

全国人大常委会法制工作委员会主任

沈春耀

人民代表大会制度是我国的根本政治制度。党的十九届四中全会通过的《决定》指出,"坚持和完善人民当家作主制度体系,发展社会主义民主政治"。其重要途径之一,就是要"坚持和完善人民代表大会制度这一根本政治制度"。党的十八大以来,在习近平新时代中国特色社会主义思想指引下,人民代表大会制度理论和实践实现了创新发展,展现出新的生机活力,有力地推动了我国社会主义民主法治建设。

根本政治制度的新定位

《决定》指出,"坚持和完善人民当家作主制度这一根本政治制度"。我国是工人阶级领导的、以工农联盟为基础的人民民主专政的社会主义国家,国家的一切权力属于人民。人民代表大会制度作为体现和保证人民当家作主的新型政治制度,从1954年召开第一届全国人民代表大会开始,已经走过60多年的光辉历程,在当代中国政治发展中发挥了巨大功效、取得了巨大成功。在新的奋斗征程上,必须充分发挥人民代表大会制度的根本政治制度作用。

人民代表大会制度是坚持党的领导、人民当家作主、依法治国有机统一的根本政治制度安排。习近平总书记在党的十九大报告中关于人民代表大会制度是坚持党的领导、人民当家作主、依法治国有机统一的根本政治制度安排的重要论述，进一步阐明了人民代表大会制度的性质、地位、特征和作用，拓展了人民代表大会制度的深刻内涵，提升了人民代表大会制度的核心理念。

我国社会主义民主政治的突出特点和优势，就是能够把党的领导、人民当家作主、依法治国有机统一起来，在根本政治制度安排上，集中表现和体现为实行人民代表大会制度。一是党的领导、人民当家作主和依法治国，都构成人民代表大会制度的内在属性，都属于根本政治制度的题中应有之义。二是坚持党的领导、人民当家作主、依法治国有机统一，是实行人民代表大会制度的本质要求。把党的领导、人民当家作主、依法治国割裂开来、对立起来或者相互替代，都不符合人民代表大会制度的宗旨和原则，应力戒"要么这样，要么那样"。三是人民代表大会制度为坚持党的领导、人民当家作主、依法治国有机统一，提供根本制度保障；坚持党的领导、人民当家作主、依法治国有机统一，为推动人民代表大会制度与时俱进、完善发展，确立根本政治方向和政治遵循。

人民代表大会制度是支撑国家治理体系和治理能力的根本政治制度。习近平总书记指出："人民代表大会制度是中国特色社会主义制度的重要组成部分，也是支撑中国国家治理体系和治理能力的根本政治制度。"这就从实现国家治理现代化的时代新高度，赋予坚持和完善人民代表大会制度、推动人民代表大会制度与时俱进的新使命，开辟了制度发展新境界。

人民代表大会制度在国家政治制度中具有根本性质，在国家政权组织体系中具有根本地位。这就决定了推进国家治理体系和治理能力现代化，必须发挥好人民代表大会制度的重要支撑作用。一是通过人民代表大会制度，推动国家制度和法治体系更加成熟、更加定型，推动中国特色社会主义法治体系加快形成，奠定和发展国家实现良法善治、保证长治久安的制度基础。二是在这一根本政治制度体系下，使执行和实施更加有效、更加透明、更加公平。三是实现制度功效最大化、最优化，即不断提高国家和社会治理绩效，实现国家发展、社会发展和人的全面发展的目标，创造幸福美好的未来。

推进人民代表大会制度理论和实践创新。人民代表大会制度包含着一系列紧密联系、相互贯通的重要政治思想和理论原则，包含着一整套构建科学、运转协调的重要政治制度和行为规范。习近平总书记指出，"新形势下，我们要毫不动摇坚持人民代表大会制度，也要与时俱进完善人民代表大会制度""新的形势和任务对各级人大及其常委会工作提出了更高要求。要按照总结、继承、完善、提高的原则，推进人民代表大会制度理论和实践创新，推动人大工作提高水平"。

这些重要思想对人民代表大会制度提出了时代新要求、确定了时代新风貌。一是相对于一直以来所讲的"坚持和完善"，新的要求更为积极，注重与时俱进，首次提出"创新"等要求。二是更为全面、系统、深刻，包括人大立法、监督、决定、任免、选举、代表、对外交往、新闻舆论、理论研究等各方面工作，并首次从理论和实践两个层面对人民代表大会制度提出创新要求。三是确定了"总结、继承、完善、提高"的八字原则，体现了坚持和发展、继承和创新、一以贯之和与时俱进相统一。

人民代表大会制度的重要原则和制度设计的基本要求，就是任何国家机关及其工作人员的权力都要受到制约和监督。正确认识、把握和加强监督职能。在我们的政治体制中，人大就是要对"一府一委两院"起监督作用,在制度设置上起一种制衡作用。人大要把宪法法律赋予的监督权用起来,依法用好执法检查、听取审议报告、专题询问、跟踪监督、质询等多种监督方式方法,实行正确监督、有效监督。人大要把监督"一府一委两院"工作同支持它们依法履行职责结合起来。监督和支持是结合在一起的,都在党的领导下进行,目的是形成推动工作的合力,形成正能量。

拓宽人民监督权力的渠道。公民对于任何国家机关和国家工作人员有提出批评和建议的权利,对于任何国家机关和国家工作人员的违法失职行为有向有关国家机关提出申诉、控告或者检举的权利。

依法治国的新布局

"奉法者强则国强,奉法者弱则国弱。"解决党和国家事业发展面临的一系列重大问题,不断开辟更加广阔的发展前景,必须全面依法治国。依法治国同人民代表大会制度、人大工作具有密切关系。

《决定》是建设法治中国的重要纲领性文献。依法治国是坚持和发展中国特色社会主义的本质要求和重要保障,是实现国家治理体系和治理能力现代化的必然要求。党的十八届四中全会提出了全面依法治国的指导思想、总体部署、重要举措和任务要求,开启了依法治国新征程。中央全会专题研究法治并作出决定,这在我们党的历史上还是第一次,具有重大创新意义。《决定》对"坚持和完善中国特色社会主义法治体系,提高党依法治国、依法执政能力"作了专门论述。

《决定》强调要不断拓展中国特色社会主义法治道路。必须坚定不移走中国特色社会主义法治道路,全面推进依法治国,坚持依法治国、依法执政、依法行政共同推进,坚持法治国家、法治政府、法治社会一体建设,加快形成完备的法律规范体系、高效的法治实施体系、严密的法治监督体系、有力的法治保障体系，加快形成完善的党内法规体系，全面推进科学立法、严格执法、公正司法、全民守法，推进法治中国建设。坚持中国特色社会主义法治道路，最根本的是坚持中国共产党的领导，这是我们的法治同西方资本主义国家的法治最大的区别。

走中国特色社会主义法治道路，总抓手是建设中国特色社会主义法治体系，形成完备的法律规范体系、高效的法治实施体系、严密的法治监督体系、有力的法治保障体系，形成完善的党内法规体系。

要在法治下推进改革和在改革中完善法治，着力处理好改革和法治的关系。习近平总书记指出，"改革和法治相辅相成、相伴而生""改革和法治如鸟之两翼、车之两轮""在法治下推进改革，在改革中完善法治，这就是我们说的改革和法治是两个轮子的含义"。党的十八届三中全会和四中全会分别就全面深化改革和全面依法治国作出战略部署，构成了相得益彰的姊妹篇，体现了"破"和"立"的辩证统一。十九届四中全会决定，健全保证宪法全面实施的体制机制，完善立法体制机制，健全社会公平正义法治保障制度，加强对法律实施的监督。

全国人大及其常委会坚持立法决策和改革决策相衔接、相统一，通过制定新法律、修改相关法律、作出授权决定等方式，积极发挥立法引导、推动、规范、保障改革的作用，在确保重大改革于法有据、有序进行方面做了大量工作。

人大制度和人大工作的新发展

完善中国特色社会主义法律体系。法律是治国之重器，良法是善治之前提。党的十八大以来，全国人大及其常委会加强重点领域立法，积极发挥立法的引领、推动和保障作用，立法工作呈现出数量多、分量重、节奏快的特点，取得了一批新的重要成果。

充分发挥人大在立法中的主导作用，加强立法工作组织协调。人大工作事关我国人民代表大会制度的运行，坚持人民代表大会制度必须加强和改进人大工作。《决定》重申，"健全人大组织制度、选举制度和议事规则，完善论证、评估、评议、听证制度。适当增加基层人大代表数量。加强地方人大及其常委会建设"。这一主导作用不仅体现在人大依法审议通过法律案，还包括制定立法规划计划，加强组织协调，推动解决立法难点问题，也包括由人大有关委员会牵头起草法律草案等。2016年以来，出台《关于建立健全全国人大专门委员会、常委会工作机构组织起草重要法律草案制度的实施意见》等，完善了立法工作机制和方式方法。

以良法促进发展、保障善治。提高立法质量，很重要的一点就是遵循和把握立法规律。全国人大常委会自觉增强科学立法观念，努力使制定出来的法律法规能够反映和体现规律的要求。积极推进民主立法、科学立法、依法立法。一是实行立法精细化，增强法律的可执行性和可操作性。二是进行法律出台前评估。邀请专家学者、基层代表、相关领域人士等对法律的出台时机、实施后的社会效果等进行综合评估。三是完善公布法律草案征求意见机制，法律草案一审和二审、三审后原则上都向社会公布征求意见。四是建立基层立法联系点制度，通过联系点直接听取基层干部群众的意见，发挥其接地气的"直通车"作用。

加强宪法实施和监督。全国人大常委会始终恪守宪法原则，履行宪法监督职责，大力弘扬宪法精神，坚决维护宪法权威，保证宪法全面有效实施。

第一，大力弘扬宪法精神。2012年12月4日，习近平总书记在首都各界纪念现行宪法公布施行 30 周年大会上发表重要讲话。以立法形式设立国家宪法日，将 12 月 4 日确定为国家宪法日。2014 年 12 月 4 日，在第一个国家宪法日来临之际，习近平总书记作出重要指示。2018 年 12 月，在第五个国家宪法日到来之际，习近平作出重要指示强调，坚持依法治国首先要坚持依宪治国，坚持依法执政首先要坚持依宪执政。

第二，建立宪法宣誓制度。全国人大常委会通过了关于实行宪法宣誓制度的决定，各级人大及其常委会选举或者决定任命的国家工作人员，以及各级人民政府、监察委员会、人民法院、人民检察院任命的国家工作人员，在就职时应当公开进行宪法宣誓。

第三，实施宪法规定的特赦制度。全国人大常委会分别于中国人民抗日战争胜利 70 周年、新中国成立 70 周年两次通过了对部分服刑罪犯实行特赦的决定。

第四，根据宪法第六十七条第十七项的规定，全国人大常委会制定了国家勋章和国家荣誉称号法，为推动建立健全党和国家功勋荣誉表彰制度奠定了重要法治基础。

第五，根据宪法有关规定，制定国歌法、国旗法、国徽法，健全国家象征和标志法律制度，弘扬爱国主义精神。

第六，健全规范性文件备案审查制度。经过各方面多年努力，我国各类法规、规章、司法解释和规范性文件都已纳入备案审查范围；经审查，发现有违反宪法法律的，依法依规予以撤销和纠正，实行有件必备、有备必审、有错必纠。

我们讲依宪治国、依宪执政，同西方所谓"宪政"有着本质区别，不能把二者混为一谈。总体上说，在当代中国，"宪政"这个概念是不适用的。我们是中国共产党执政并长期执政，不能用所谓"宪政"架空中国共产党的领导；不能渲染西方法治理念和法治模式，进而否定中国共产党的领导。

除此之外，全国人大常委会坚持从政治上把握，在大局下行动，大事要事敢于担当、善于作为，确保党的主张通过法定程序成为国家意志；加强对法律实施情况的监督检查，改进完善专题询问工作；注重加强联系指导地方人大工作，重点抓了两件大事——赋予设区的市地方立法权和加强县乡人大工作和建设；健全全国人大讨论决定重大事项制度，切实加强党的领导，支持和保证全国人大及其常委会依法行使职权，形成加强改进工作、推动事业发展的合力。

坚持党中央集中统一领导

党的十八大以来，以习近平同志为核心的党中央高度重视人大制度和人大工作，有力地推动了人大制度和人大工作与时俱进、完善发展。习近平总书记多次就做好人大工作发表重要讲话，提出明确要求，党中央连续发出有关人大工作的重要文件。

习近平总书记连续多年主持中央政治局常委会会议，听取包括全国人大常委会党组在内的五大党组汇报。这些会议均强调：坚持党的领导，首先是要坚持党中央的集中统一领导。中央政治局常委会听取全国人大常委会、国务院、全国政协、最高人民法院、最高人民检察院党组汇报工作，是保证党中央集中统一领导的制度性安排，意义十分重大，对全党也具有十分重要的示范意义。党的十八届六中全会通过的《关于新形势下党内政治生活的若干准则》就此作出明确规定，使之成为制度性安排。十九届四中全会通过的决定，强调要完善坚定维护党中央权威和集中统一领导的各项制度。

全国人大常委会始终坚持党中央的集中统一领导，旗帜鲜明讲政治，自觉增强政治意识、大局意识、核心意识、看齐意识。牢牢把握人大工作正确政治方向，保证党的路线方针政策和党中央决策部署在人大工作中得到全面贯彻落实。严格执行请示报告制度，对人大工作中的重大问题，全国人大常委会党组都及时向党中央请示报告并依法按程序做好相关工作。

加强制度建设　改进人大工作

中国政法大学法学院教授
—— 王成栋

党的十九届四中全会通过的《决定》将"坚持和完善人民代表大会制度这一根本政治制度"置于"坚持和完善人民当家作主制度体系，发展社会主义民主政治"战略部署之首，充分说明了人民代表大会制度作为我国根本政治制度的重要属性。《决定》指出，"人民行使国家权力的机关是全国人民代表大会和地方各级人民代表大会。支持和保证人民通过人民代表大会行使国家权力，保证各级人大都由民主选举产生、对人民负责、受人民监督，保证各级国家机关都由人大产生、对人大负责、受人大监督。支持和保证人大及其常委会依法行使职权，健全人大对'一府一委两院'监督制度。密切人大代表同人民群众的联系，健全代表联络机制，更好发挥人大代表作用。健全人大组织制度、选举制度和议事规则，完善论证、评估、评议、听证制度。适当增加基层人大代表数量。加强地方人大及其常委会建设"。

改进人大代表选举程序

应当完善人民的选举权和被选举权实现形式，增强选民对候选人以问询为核心的知情权、选择权；候选人的推荐，要有候选人所在单位对其的讨论、辩论、投票等过程，以及对于这些过程的记录评估。候选人与选民的互动与沟通也是一个重要环节，应有相应的制度安排，不仅要有不同场合的见面交流，举办各种会议来反映候选人的政见，还要设计候选人之间的竞争程序和制度，将静态的推荐和选举变成动态的、具有群众性的广泛参与的法律行为，真正让具有治事理政能力和热情奉献精神的候选人脱颖而出。另外，候选人的言行及其互相的交流甚至一贯表现，能够让选民知晓候选人各自的政治意识、理想信念、专业能力。选举程序应力争使候选人成为"众望所归"的人，让选民在公开透明中选择。

建立选民对当选人大代表的监督与考核机制

除完善现有人大代表与选民的联系机制，如加强和完善人大代表工作室制度之外，还应该以选区为单位，设立选民代表大会作为非常设机构，组织当选人大代表定期不定期地与选民沟通、交流、汇报，将党和国家大政方针及当地的政情社情传递给选民，并就选民所反映的各种问题提出自己的意见建议，做好上传下达工作。在人大代表任职期间，建议以年度为考核周期，将联系选民、听取选民意见建议、解决选民提出的相关问题以及其他履职情况作为考核内容，置人大代表于选民的监督之下，实现人大代表向党和国家负责与向选民负责的有机统一，选民在选举人大代表和在对人大代表的监督中，也体现了人民的主人翁地位。

完善人大代表履职机制

除了进一步完善人大代表的出勤制度之外,还要完善包括向选民征集提案、提交提案、说明提案等内容的程序以及提案数量和质量方面的要求。明确人大代表参加各种会议、进行意见表达的要求,强调人大代表本身的平等性,以使每个人大代表享有平等发言和表达意见的机会,对各项事物充分表达意见、提供建议。

完善人民代表大会及其常委会的会议制度

除进一步完善报告制度,人民代表大会及其常委会还应当建立重大事项辩论制度。辩论有一定的对抗性且容易聚焦,虽然对辩论各方提出了更高的要求,但也具有更凸显观点意见、说服认同的功能。对于难以形成共识的立法的重要条款引进辩论制度,意义尤为重大。此外,为培养新时代公务员和职业政治家在国际国内的舞台上阐明自己的观点,增强其自信和说服能力,建立这项制度也很有必要。

将人民代表大会的监督权落到实处

制定落实《中华人民共和国各级人民代表大会常务委员会监督法》(以下简称《监督法》)的细化规则,真正将人民代表大会的监督权落到实处。目前,《监督法》的调整范围较小,行使权力的程序也比较粗疏,因而行使监督法上的权力监督的案例很少,人大"橡皮图章"的现象虽然有所改观,但尚未成为坚硬的"铁印""铜印""钢印"。人大及其常委会的问询权、质询权、罢免权的行使应当成为常态。同时，对中央"一府一委两院"、地方"一府一委两院"以及由人大决定或任命的公务员的监督需要进一步强化。目前，对公务员违纪违法甚至犯罪的监督不够有力，应该通过质询权、罢免权将监督权做实，改变这些情况。

建立和加强内部沟通联系与协调机制

利用信息技术，建立和加强人大及其常委会和工作机构的内部沟通联系与协调机制。现有的联组会议发挥了一定的作用，但应当有更加开阔的视野，着眼于履职能力建设，作出更加深层次的周密制度安排。比如，建立与人民代表的信息平台，各委员会之间、委员会与各工作机构之间的信息平台，利用高科技反映全面系统准确的信息，以信息对称避免信息缺失。在作出重大决策和法律规范的创制当中，这一机制反映和呈现事实真相，有利于快速及时全面发现问题，积极应对，作出立法和科学决策。

除此之外，监察委员会的法律性质以及行使权限的规则和程序，包括对它本身的监督，都要予以明确和细化。人大各专门委员会尤其是宪法与法律委员会对于法律、行政法规、地方性法规、司法解释的审查备案的体制机制建设也刻不容缓。

在坚持和加强党的领导中发挥制度优势

中国纪检监察学院党委副书记兼纪委书记、教授

蔡志强

中国特色社会主义制度优越性的内在逻辑

改革开放尤其是党的十八大以来,中国特色社会主义制度建设驶入了快车道。党领导人民坚持以马克思主义为指导,植根中华文化和中国实践,在推动生产发展、改善人民生活的创造性社会革命中,形成并坚持和完善了中国特色社会主义的根本制度、基本制度、重要制度。

中华民族对国家制度的曲折探索是与摆脱苦难相契合的。党领导人民建立和完善中国特色社会主义制度的过程,也是中国人民从站起来、富起来到强起来的过程。习近平总书记在阐述全面深化改革总目标时,始终将坚持和完善中国特色社会主义制度置于推进国家治理体系和治理能力现代化之前。这一政治逻辑表明,坚持和完善中国特色社会主义制度是与国家治理体系和治理能力现代化一体的制度发展目标。中国特色社会主义是治理现代化的政治方向,是其核心价值,也

是其时代命题。中国特色社会主义制度是党和人民在长期实践探索中形成的科学制度体系，我国国家治理一切工作和活动都依照中国特色社会主义制度展开。中国共产党担负的历史使命决定了国家治理体系和治理能力现代化是发挥制度优越性的必然结果。

推进国家治理体系和治理能力现代化，任何时候都不能离开中国特色社会主义制度这一根本，也不能离开人民幸福美好生活这一基础目标和评价标准。中国共产党全面领导中国特色社会主义制度体系建设，推进国家治理体系和治理能力现代化由此获得了政治逻辑、历史逻辑、实践逻辑、理论逻辑的高度统一。

党的十九届四中全会强调我国国家制度和国家治理体系具有13个显著优势，并以政治上的清醒和冷静提出要使各方面制度更加成熟更加定型。这是我们党在对"三大规律"深刻理解的基础上作出的科学判断，体现了党领导全体中国人民坚定不移建设中国特色社会主义的"四个自信"，也意味着我们党对前进道路上面临的各种风险挑战认识更加深刻。中国共产党不断加强长期执政能力，保持先进性纯洁性，带领近14亿人民坚持和发展中国特色社会主义，信仰坚定、方向明确、路径清晰。

制度更加成熟更加定型首先意味着党的领导更加坚强有力，党的全面领导的体制机制更加健全，治理效能更加优化，中国特色社会主义制度优势进一步凸显。其次，体现了我们党对规律的把握和运用更加成熟有效，我们决不会走封闭僵化的老路，更不会走改旗易帜的邪路。最后，表明了中国共产党带领中华民族对社会主义道路的艰辛探索为人类社会的科学发展、为科学社会主义的伟大实践贡献了智慧，开辟了新路。

必须看到，我们党对"三大规律"的科学理解和准确把握，是建构在党以自我革命推动社会革命的实践创造基础上的，在这一实践基础上，革命性、先进性和开放性相统一的理论创新和制度完善过程，彰显了社会主义的制度优势。

坚持和完善国家制度和治理体系，首要的是坚持和完善党的领导制度体系

党的十九届四中全会关于中国特色社会主义制度和国家治理体系内容和要求的阐述，凸显了党对肩负的历史使命、所走道路、所坚持的理论与制度的科学理解和有效实践。中国特色社会主义制度最本质的特征是中国共产党领导，国家治理体系和治理能力集中体现了中国特色社会主义制度及其执行能力。把我国制度优势更好转化为国家治理效能，首要的是把握国内国际两个大局，深化党的建设制度改革，完善党的领导制度体系。

党的十九届四中全会关于国家制度和国家治理体系显著优势的论述，表明我们党对社会主义的运动形态、制度形态的认识达到了新的高度。全会提出了坚持和完善中国特色社会主义制度、推进国家治理体系和治理能力现代化的总体目标，形成了制度体系建设的13个"坚持和完善"，深刻回答了什么是新时代中国特色社会主义，如何健全和完善新时代中国特色社会主义制度的时代命题，进一步厘清了在党的领导下建设社会主义现代化强国的制度框架和治理形态。这13个"坚持和完善"，既是党的基本方略的创新实践，也是落实"四个全面"战略布局的具体要求。

党的领导制度体系在中国特色社会主义制度中居于核心地位，是发挥领导保障作用的制度。新中国能够从物质匮乏和制度匮乏的艰难环境中建立和完善中国特色社会主义制度，推进国家治理体系和治理能力现代化，靠的是中国共产党坚强有力的领导和全国各族人民在党

的领导下艰苦卓绝的奋斗。这一基本逻辑贯穿事业发展的全过程。为更好实现党的领导，必须改进党的建设，推动全面从严治党向纵深发展，并通过坚持和完善党和国家监督体系，强化对权力运行的制约和监督。其间，党的初心使命、以人民为中心的发展思想、始终坚持实事求是的思想路线、党以自我革命推进社会革命的政治逻辑和与时俱进的理论品质，确保了我们党能够不断完善制度，推进中国特色社会主义制度和国家治理体系更加成熟更加定型。

实践证明，生产发展、人民生活水平提高、更快更好的生产力等都是社会主义制度优越性的表现，是13个显著优势的实践效能。习近平总书记指出，"人民对美好生活的向往，就是我们的奋斗目标"。实践表明，在党的坚强有力领导下，中国逐步摆脱贫困，从追赶型发展逐步迈向跨越式发展，并在迈向繁荣富强的过程中实践新发展理念。党领导推进的政治体制改革和经济体制改革释放出社会生产力发展的极大空间，有效推动了中国特色社会主义制度完善、生产发展、生态和谐、治理现代化。但也必须看到，随着社会主要矛盾的变化和国际局势更趋复杂，人们不仅对物质文化生活提出更高要求，而且对民主、法治、公平、正义、安全、环境等方面的要求也不断提高。提高党的领导水平和长期执政能力，能够更好发挥社会主义制度优越性，加快科技创新和治理完善，进一步解放和发展生产力，为人类社会发展贡献中国智慧和中国方案。

坚持和完善国家制度和治理体系，基础是落实以人民为中心的发展思想

实现国家治理体系和治理能力现代化，必然蕴含着党的领导坚强有力，党的建设科学完善，中国特色社会主义建设的各项制度要素匹

配、制度体系健全、制度运行高效，党和国家监督体系权威运行，权力运行规范等制度建设。党的奋斗实践表明，面对世界百年未有之大变局，我们党总能站在时代潮头，不断增强战略定力，改善民生福祉、维护公平正义，推动党和国家各项制度不断完善。换言之，推进国家治理体系和治理能力现代化，基础在于坚持以人民为中心的发展思想。党员领导干部坚持以人民为中心的发展思想，既要有能力带领人民群众创造幸福生活，也要自觉接受党和人民监督，压缩权力行使的任性空间，始终保持为民情怀和慎权意识。因此，"四个自信"也体现为中国共产党的政党自信，体现为党的领导能力和长期执政能力自信。

中国特色社会主义制度的最大优势是中国共产党领导。中国共产党作为最高政治领导力量，始终坚持以人民为中心的发展思想，始终代表最广大人民群众的根本利益，保持和人民群众的血肉联系。这是国家治理体系和治理能力现代化的基本遵循。坚持以人民为中心，就在于把不断满足人民对美好生活的向往作为制度改革的政治任务和价值目标，在深化改革中创造和积累人的自由全面发展的条件。为此，必须健全为人民执政、靠人民执政各项制度，把党的领导落实到国家治理各领域各方面各环节。

同时，人民当家作主是社会主义民主政治的本质特征，要在充分落实党的十九届四中全会精神的基础上，完善人民创造激情竞相迸发的体制机制，造就高素质的干部队伍和专业人才队伍，这是制度优越性和治理效能的体现。

因此，中国共产党要在深刻变化的社会环境中保持政治定力，把握社会基本矛盾，不断完善科学决策机制，将人民群众在不同历史阶段的需要变成党的路线方针政策，变成国家意志和发展战略，更好地团结带领全国各族人民坚持基本路线这一党和国家的生命线、人民的幸福线。这一治理逻辑，必然要求我们党以自我革命精神不断加强自我监督，自觉接受群众监督。

坚持和完善党和国家监督体系是制度优势有效发挥的重要保障

党的十九大报告指出，"一个政党，一个政权，其前途命运取决于人心向背。人民群众反对什么、痛恨什么，我们就要坚决防范和纠正什么"。这既是党的核心价值观的重要内容，也是党内监督制度安排的价值原则，阐明了制度成熟定型和治理完善一体推进、一以贯之的发展脉络。

坚持和完善党和国家监督体系，是马克思主义执政党建设的核心要素，也是国家制度和治理体系成熟定型的重要内容和标准。党的十九届四中全会强调，"必须健全党统一领导、全面覆盖、权威高效的监督体系"。当前，既要健全党的全面领导体制和工作机制，让权力更好服务党的路线方针政策的落实，更好调动人民积极性，实现发展目标，也要紧紧围绕权力监督和制约要求，聚焦政治监督，将"两个维护"贯穿监督全过程，做到党中央重大决策部署到哪里，监督检查就跟进到哪里。

坚持和完善党和国家监督体系，就是要坚持标本兼治，一体推进不敢腐、不想腐、不能腐的体制机制；一体推进纪律检查体制改革、国家监察体制改革、纪检监察机构改革，一体推进更高水平、更深层次的"三转"（转职能、转方式、转作风），形成决策科学、执行坚决、监督有力的权力运行机制。为此，在监督实践中，一要落实党风廉政建设责任制，党委负主体责任，纪委负监督责任；落实"两个为主"，推动党的纪律检查工作双重领导体制具体化、程序化、制度化，强化上级纪委对下级纪委的领导；实现组织和工作"两个全覆盖"，消除监督的盲区死角，做到没有例外，不留真空地带。二要完善制度法规，坚持纪严于法、纪法贯通、法法衔接，构建成熟完备、运转协调的监督制度体系。三要把党内监督同国家机关监督、民主监督、司法监督、群众监督、舆论监督贯通起来，改革审计管理体制，完善统计体制，形成监督合力。

习近平总书记多次强调，必须不断进行自我革命，同一切影响党的先进性、弱化党的纯洁性的问题作坚决斗争，实现自我净化、自我完善、自我革新、自我提高。当前，要更好把握权责关系和行为边界，科学配置权力并以制度形式加以固化，确保党中央政令畅通，确保党和人民赋予的权力始终用来为人民谋幸福。我们党要在加强反腐败体制机制创新中牢牢把握反腐败工作的领导权，通过监督维护党的先进性、纯洁性，并在全党进一步树牢"四个意识"，坚定"四个自信"，做好"两个维护"，在坚持和完善中国特色社会主义制度、推进国家治理体系和治理能力现代化中赢得胜利。

党的十九届四中全会深刻揭示了我们党对"三大规律"的科学认识和成功实践，展示了中国特色社会主义制度建设的政治逻辑、理论逻辑和实践逻辑。因此，要坚持以习近平新时代中国特色社会主义思想为指导，贯彻落实党的十九届四中全会提出的13个"坚持和完善"，着力加强党的全面领导和党的建设、坚持和完善党和国家监督体系，把党的领导落实到国家治理各领域各方面各环节，使其有效发挥中国特色社会主义的制度优势和发展动力。

完善新时代人民政协推进国家治理体系现代化的现实路径

中国矿业大学马克思主义学院教授,江苏省中国特色社会主义理论体系研究中心特聘研究员

亓 光

协商民主是一种独具中国特色的民主治理模式。党的十九届四中全会通过的《决定》对"坚持和完善中国共产党领导的多党合作和政治协商制度"作出战略部署。《决定》指出,贯彻长期共存、互相监督、肝胆相照、荣辱与共的方针,加强中国特色社会主义政党制度建设,健全相互监督特别是中国共产党自觉接受监督、对重大决策部署贯彻落实情况实施专项监督等机制,完善民主党派中央直接向中共中央提出建议制度,完善支持民主党派和无党派人士履行职能方法,展现我国新型政党制度优势。发挥人民政协作为政治组织和民主形式的效能,提高政治协商、民主监督、参政议政水平,更好凝聚共识。完善人民政协专门协商机构制度,丰富协商形式,健全协商规则,优化界别设置,健全发扬民主和增进团结相互贯通、建言资政和凝聚共识双向发力的程序机制。《决定》还指出,坚持社会主义协商民主的独特优势,统筹推进政党协商、人大协商、政府协商、政协协商、人民

团体协商、基层协商以及社会组织协商，构建程序合理、环节完整的协商民主体系，完善协商于决策之前和决策实施之中的落实机制，丰富有事好商量、众人的事情由众人商量的制度化实践。

党的十八大以来，国家治理体系现代化的总体推进呈现全要素、多方位、新内涵的积极态势。在推进国家治理体系和治理能力现代化的过程中，人民政协与中国共产党领导的多党合作和政治协商制度，都将发挥至关重要的作用。因此，人民政协与国家治理体系现代化成为本文重点思考与关注的问题。全面理解人民政协与国家治理现代化的关系，就必须客观分析总结新时代人民政协推进国家治理体系现代化的最新理论成果，明确新时代"人民政协"和"国家治理体系现代化"理论命题的来龙去脉，科学把握二者之间的内在逻辑，建构新时代人民政协理论体系；必须全面准确地梳理人民政协的发展历程，从理论层面上总结人民政协发展的基本经验，进而准确地揭示出新时代人民政协推进国家治理体系现代化的运行保障机制，为新时代充分发挥人民政协的功能和价值提供学理支撑；必须充分明晰人民政协在国家治理体系现代化整体布局中的地位与作用，对于深刻认识和理解新时代中国新型政党制度的特点和优势，丰富与发展中国特色社会主义理论研究具有重要作用。

科学认识新时代人民政协，推进国家治理体系现代化的角色定位

党的十八大以来，习近平总书记对人民政协提出了一系列重要论述和工作要求。这为深刻阐明人民政协在国家治理体系现代化中的角色地位、目标任务、职责使命、实践要求指明了方向，成为指引新时代人民政协推进国家治理体系现代化的强大思想武器。结合人民政协的重要职能，新时代人民政协推进国家治理体系现代化的角色定位

主要体现在五个方面：人民政协是我国统一战线组织；人民政协是中国多党合作和政治协商的重要机构和平台；人民政协是人民民主的重要实现形式；人民政协是社会主义协商民主的重要渠道和专门协商机构；人民政协是国家治理体系的重要组成部分。

不断健全人民政协，推进国家治理体系现代化的功能及运行机制

人民政协是国家治理体系的重要组成部分，是具有中国特色的制度安排。特别是作为中国新型政党制度的重要政治形式和组织形式，人民政协发挥了中国共产党领导的政治优势、新型政党制度的合作优势、政协组织与国家组织同构的体系优势，以及代表性强、包容性大、联系面广等优势。要实现人民政协推进国家治理体系现代化功能和优势，必须积极探索人民政协在国家治理体系中发挥作用的体制机制。为此，必须从当前和今后人民政协工作的实际需要着手，首先要建立推动人民政协组织机构改革，优化政协工作机制，其次要健全人民政协内部各党派、各界别之间的协商沟通机制，要完善人民政协功能发挥的程序和保障机制。

充分解决人民政协，推进国家治理体系现代化的现实问题

经过几十年的发展，人民政协发展逐渐趋于制度化、规范化、科学化，对于推进社会主义民主政治发展，提升执政党科学执政、民主执政、依法执政的能力，实现国家有效治理等方面发挥着不可替代的重要作用。但从新时代国家治理体系现代化的要求来看，人民政协仍然面临着在推进国家治理体系现代化进程中发展不均衡，运行机制不健全，协商治理中具体制度的科学性和操作性仍需进一步完善，政协协商与其他协商形式尚未实现良性互动等一系列现实问题。尤其是民主党派履职能力相对薄弱，协商治理生态氛围尚未形成等因素的制约，人民政协在推进国家治理现代化方面的作用有待进一步发挥和加强。

进一步优化人民政协，推进国家治理体系现代化的实践方式

针对新时代人民政协面临的系列问题，为了更好推进国家治理体系现代化，优化人民政协发展，一要加强思想政治引领，完善建言资政和凝聚共识"双向发力"的制度、程序和机制，把思想政治引领落实到履职工作各方面和全过程。二要聚焦中心任务履职尽责，更好地服从服务于党和国家工作大局，提高建言资政质量，增强履职实效。三要加强人民政协自身建设，抓好委员和干部教育培训，发挥专委会基础性作用，夯实政协履职基础。四要加强对地方政协工作的指导，把方向、做示范、解难题，提升政协工作整体水平。

历史已经证明，作为具有中国特色的制度安排，充分发挥人民政协功能优势有益于新时代执政党在执政和决策过程中加强同各民主党派和社会各界别的协商，提高决策的科学性与有效性，提升党的执政能力，推进国家治理现代化。作为实行中国新型政党制度的重要政治形式和组织形式，人民政协以其在长期实践发展中所形成的重要原则、价值理念、基本方式、制度机制为中国民主政治体制改革积累了宝贵的政治经验。面向未来，作为实现国家治理体系现代化的重要组成部分，健全的人民政协制度对推进各民主党派、社会各界有序政治参与，畅通意见表达渠道、整合社会力量，激发人民政协制度治理效能具有重要价值。

深化铸牢中华民族共同体意识实践

中央民族大学副校长、教授、博士生导师

石亚洲

党的十八大以来,习近平总书记洞察中国与世界利益和命运深度交融交汇的大势,创造性地提出铸牢中华民族共同体意识。党的十九大把铸牢中华民族共同体意识写入党章,成为全党全国各族人民的根本遵循。2019年10月23日,中共中央办公厅、国务院办公厅印发的《关于全面深入持久开展民族团结进步创建工作铸牢中华民族共同体意识的意见》指出,中华民族共同体意识是国家统一之基、民族团结之本、精神力量之魂。党的十九届四中全会通过的《决定》明确将"坚持各民族一律平等,铸牢中华民族共同体意识,实现共同团结奋斗、共同繁荣发展的显著优势"作为我国国家制度和国家治理体系13个显著优势之一。这一显著优势,把握的是几千年历史演进的客观规律,揭示的是新时代民族工作的主题主线,彰显的是团结凝聚各族人民、共同实现伟大梦想的信心决心。

铸牢中华民族共同体意识的现实基础和制度保障

"中华民族"入宪为铸牢中华民族共同体意识提供了宪法保证。2018

年宪法第一次将"中华民族"入宪,在"平等团结互助"基础上将"和谐"作为社会主义民族关系特征首次写入宪法,从根本法高度肯认了中华民族多元一体格局,确立了56个民族的宪法地位,反映了各族人民和睦相处、和衷共济、和谐发展、守望相助的共同心愿,体现了我国民族工作发展的新成就、新使命和新要求,为国家认同、中华民族认同提供了宪法依据和基础,为处理好新时代的民族关系、做好新时代的民族工作提供了宪法遵循,是全面依法治国方略的重要体现。习近平总书记指出:"宪法的生命在于实施,宪法的权威也在于实施。"以宪法修改为契机,引导各族人民深入学习贯彻宪法,弘扬宪法精神,用法治理念、法治思维和法治方式保障维护国家统一和民族团结,坚决依法打击挑拨民族关系、破坏民族团结的犯罪分子,切实提高民族工作法治化水平,构建中华民族共有精神家园,进一步铸牢中华民族共同体意识的法治基础。

《决定》指出,"坚持和完善民族区域自治制度"。民族区域自治制度是我国的一项基本政治制度,是中国特色解决民族问题正确道路的重要内容和制度保障,为铸牢中华民族共同体意识提供了坚实政治保障。70多年的充分实践证明,民族区域自治制度是适合中国民情的根本民族制度。新时代,民族区域自治制度与社会主义民主政治高度契合,各族群众之间的政治交流和政治联系更加通畅、便捷。在民族事务治理过程中引入协商民主机制,通过平等的对话与协商,扩大共识,各族群众之间的政治互信得到加强,产生一些新的适合我国国情的族际政治整合模式,坚持统一和自治相结合、民族因素和区域因素相结合,促进了民族区域自治制度程序、议程的完善和创新,为铸牢中华民族共同体意识提供了制度保障。

民族地区经济社会快速发展为铸牢中华民族共同体意识夯实了物质基础。习近平总书记一再强调,"全面实现小康,少数民族一个都不能少,一个都不能掉队"。党的十八大以来,中央高度关心民族地区发展，为新时代民族地区发展提供了空前机遇，党和国家密集出台多项政策措施，如《"十三五"促进民族地区和人口较少民族发展规划》列出了财政、投资、金融、产业等9大支持政策，提出了综合扶贫、重大基础设施建设、产业振兴、文化繁荣发展等37个工程项目。民族地区发展取得历史性成就，实现了民族地区全面快速发展，不断满足了各族群众日益增长的对美好生活的需求，共享改革发展成果，夯实了铸牢中华民族共同体意识的物质基础。

新时代仍需不断深化铸牢中华民族共同体意识的新实践

中国特色社会主义进入新时代，必须把握党和国家事业发展新的历史方位，积极谋篇布局，适应新形势新要求，深化铸牢中华民族共同体意识新实践。

第一，在宏观视野中铸牢中华民族共同体意识。新时代的历史条件需要主动把握时代的主题，从宏观视野审视，才能铸牢中华民族共同体意识。

首先，要有政治视野。做好民族工作关键在党、关键在人。要坚持从政治上把握民族关系、看待民族问题，确保中国共产党始终成为中国人民和中华民族的主心骨。面对难得的机遇和严峻的挑战，更加需要通过加强党的领导、巩固党的执政地位，铸牢中华民族共同体意识，推动新时代民族工作迈上更高水平。

其次，要有发展视野。进入新时代，我们比历史上任何时期都更接近、更有信心和能力实现中华民族伟大复兴的目标。然而，中华民族伟大复兴绝不是轻轻松松、敲锣打鼓就能实现的。要着眼于铸牢中华民族共同体意识的这个总要求，贯彻新发展理念，采取新发展措施，取得新发展实效，不断夯实中华民族共同体的物质、精神、社会、文化、法治基础，不断壮大中华民族共同体实力。

最后，要有世界视野。中国日益走近世界舞台的中央，中国的发展与世界的发展密切相关，中国梦与世界梦紧密相连。建设中华民族共同体是构建人类命运共同体的重要组成部分，构建人类命运共同体能够促进中华民族共同体的凝聚和铸牢，两者相辅相成，相互促进。要把握国内国际两个大局，在中华文明与西方文明交融互鉴中铸牢中华民族共同体意识，唯其如此，才能在大变局时代继续开拓发展新空间，实现中华民族伟大复兴，构建人类命运共同体。

第二，在统筹兼顾中铸牢中华民族共同体意识。不谋全局者，不足谋一域。统筹兼顾是我们党在革命、建设、改革的历史过程中形成的宝贵经验和科学方法。铸牢中华民族共同体意识是一个长期而复杂的过程，需要我们坚持统筹兼顾，正确认识和妥善处理其中的重大关系。

一要总揽全局，统筹规划，自觉将铸牢中华民族共同体意识置于实现"两个一百年"奋斗目标和实现中华民族伟大复兴的大局来审视和谋划，注重发展目标长期性和阶段性统一，让各族群众在共享小康社会建设成果、增强"五个认同"的基础上，培养和提升中华民族一家亲感情，铸牢中华民族共同体意识。

二要统筹全面推进与重点突破的关系，关键是统筹好"一"和"多"的关系。习近平总书记指出，中华民族多元一体格局中"一体包含多元，多元组成一体，一体离不开多元，多元也离不开一体，一体是主线和方向，多元是要素和动力，两者辩证统一"。正是统筹解决好了"一"和"多"的关系，才使我国民族关系得以健康发展，为解决民族问题这一世界性难题提供了中国智慧和中国方案。

三要统筹兼顾各方，综合平衡。民族工作千头万绪、纷繁复杂，要统筹兼顾好物质方面和精神方面的关系。习近平总书记强调："解决好民族问题，物质方面的问题要解决好，精神方面的问题也要解决好。"既要把发展当成解决民族地区各种问题的总钥匙，发挥好中央、发达地区、民族地区三个积极性，确保民族地区如期全面建成小康社会，又要以培育和弘扬社会主义核心价值观为引领，争取人心、增进团结，建设和维护好各族群众共有的精神家园。

第三，在创新发展中铸牢中华民族共同体意识。"惟进取也，故日新。"中华民族在中国共产党的领导下，实现了由"站起来"到"富起来"，在"强起来"的伟大复兴路上更要统一思想、凝聚共识，在理论、制度、实践方面创新发展中铸牢中华民族共同体意识。坚持理论创新，不仅要坚定走中国特色解决民族问题的正确道路，还要积极回应新时代民族工作、民族问题、民族事务等议题的理论需求，进一步丰富马克思主义民族理论中国化的理论逻辑，更好地完善中国特色民族事务治理现代化的话语体系。坚持制度创新，在坚定政治制度自信的同时，不断发展和完善民族区域自治制度，完善多民族国家建设制度，完善民族地区经济社会发展制度设计，使中国民族事务治理制度更加定型、完整。坚持实践创新，新时代我国民族工作"五个并存"，维护国家统一、民族团结的任务依然繁重，要创新工作思路，推动民族地区经济社会新发展，实现区域基本公共服务均等化。深化民族团结进步教育，推进民族团结宣传教育人文化、大众化、实体化，加强各民族交往交流交融，推动各民族混居，增强"五个认同"，促进各民族像石榴籽一样紧紧抱在一起，确保中华民族在团结奋进中凝聚起磅礴力量，铸牢中华民族共同体意识，为实现中华民族伟大复兴砥砺前行。

筑牢国家治理现代化的民主基础

中国社会科学院政治学研究所"政治发展
与国家治理"项目首席研究员、博士生导师
———— 周少来

党的十九届四中全会审议通过了《决定》,对未来国家治理的民主基础作出了全面部署,涉及执政党、国家、政府、社会和基层的各个方面。从目前党政权力的"纵向到底、横向到边"来考察,国家治理现代化的民主基础,也应该贯彻"纵向到底、横向到边"的全面原则。应该按照习近平总书记"人民民主是一种全过程的民主"的要求,在各级党政部门和公权力领域,坚持执行民主参与和民主监督的"全过程民主"。"有权力的地方,必有对权力的民主监督",应从国家权力和社会权力的各个领域和各个层面,对民主基础"加厚拓宽",筑牢和巩固国家治理现代化的民主根基。

从党的领导执政层面,筑牢党科学执政、依法执政的民主基础

如何把我们党领导和执政的制度优势,转化为治国理政的治理优势和效能?最为关键是"提高党科学执政、民主执政、依法执政水

平"，我们党的各级党组织具有"纵览全局、协调各方"的强大组织优势，具有"牵一发而动全身"的潜力功能。因此，"哪里有党的权力，哪里就应有民主基础"，民主执政应是党的科学执政、依法执政的坚实支柱。因此，一要健全党的集体领导制度，落实党的民主集中制原则，以党内民主遏制党内官僚化趋向，以党内民主保证党的生命和活力。二要保障普通党员的民主权利，拓宽和完善党员参与组织决策和民主监督的途径和机制，以地方和基层党组织的党员民主参与，保证地方和基层党组织的先锋模范作用。三要畅通人民群众参与和监督基层党组织的渠道和路径，让群众评议机制真正落地（如探索实施基层民众考评乡镇、县市主要领导群众考评机制），以人民民主激励党内民主，以党内民主带动人民民主。

从国家治理层面，筑牢人民当家作主的民主基础

"立党为公、执政为民"，是中国共产党的一贯宗旨，体现在国家治理层面，就是"健全为人民执政、靠人民执政"的制度体系。所以，人民当家作主是国家治理的根本原则和民意基础，它的制度路径是人民代表大会制度。坚持和完善这一根本政治制度，就要加强和提高各级人民代表的专业化水平，加强人民代表监督和质询各级政府的民主力度，加强各级人民代表与人民群众密切联系的制度化建设。同时，总结推广各地人民代表大会制度民主创新的先进经验和办法。例如，浙江省乐清市人民代表大会创新的"人民听证制度"在加强人民民主监督政府及其职能部门，推动基层治理现代化方面作出了创新探索。

社会主义协商民主，是中国特色社会主义民主的内在组成，也体现在国家治理的各个层面。应继续坚持推进协商民主"多层、广泛、

制度化"的发展原则,在各个领域和层级完善协商民主的制度和机制。如浙江省温岭市在全市范围内坚持多年的"民主恳谈和参与式预算",就是基层协商民主的制度创新,在推动基层乡镇、街道公共财政的公开化、民主化方面,作出了有益的制度探索。

从政府治理层面,筑牢行政服务的民主基础

政府治理是国家治理的执行层面,是国家与社会接触互动的"中介",也是党和国家治理能否落实到位的关键。《决定》提出,"必须坚持一切行政机关为人民服务、对人民负责、受人民监督"政府治理原则,是对"人民政府为人民"宗旨的坚持和提升,是民主行政原则的最新要求,也必须以民主行政的制度化和法治化加以落实。

民主行政必须体现在各级政府行政行为的全过程中,在政府决策中,坚持和拓宽民主决策的制度和机制,倾听广大人民的意见和呼声,注重社会各界和专家学者的专业建议,以民主决策保证各级政府的科学决策,如全国各地创新的"开门决策""民主参与决策"的创新探索。在政府治理中,扩大和吸收企业事业单位、社会组织和广大公民的参与合作,以党政统合,统领各方力量共同参与政府和基层治理,推动基层治理多元共治的治理体系的建构。在政府监督中,继续开放并完善新闻媒体、社会组织和广大公民参与监督的渠道,减少体制内繁多的、资源空耗的"打分考评",加大社会和公众对政府"民主评议"的力度,真正落实"人民政府人民监督"的制度机制。

从社会治理的层面,筑牢共建共治共享的民主基础

完善的社会治理体系是国家治理体系现代化的基础,也是经济结

构转型和社会多元化的必然要求。《决定》明确提出了坚持和完善共建共治共享的社会管理制度,"完善党委领导、政府负责、民主协商、社会协同、公众参与、法治保障、科技支撑的社会治理体系"。相对于党的十八大、十九大报告中社会治理方面的相关论述,《决定》增加了"民主协商、科技支撑"两条原则要求。这是对新时期社会治理实践探索和制度创新的经验总结,也是加强国家治理现代化民主基础的重要体现。

治理开放多元的社会,必然是一个错综复杂的系统工程,需要在党政统合下,吸纳社会各界多元力量协同参与治理。这便是《决定》中要求的"建设人人有责、人人尽责、人人享有的社会治理共同体",也是《决定》中增加和强调"民主协商"的根本原因。

此外,因为社会治理与广大人民群众切身利益息息相关,因此在社会治理的公共决策、公共管理、公共监督方面,只有加强民主决策、民主管理和民主监督,打造共建共治共享的社会治理新格局,才能构建更加牢固的民意支持和社会认同。这就需要在社会治理的多元民主参与方面,切实畅通制度渠道,克服和抑制政府"大包大揽"的治理惯性和治理方式,尽快形成"党政统合、多方参与、协同治理"的社会治理格局。

从基层治理层面,筑牢基层群众自治的民主基础

基层群众自治制度,是广大人民群众在基层实践中的民主创造,是中国特色社会主义民主最广大、最丰富、最活跃的基层实践,也是国家治理现代化民主基础的底层根基,已被提升为"中国民主四大基本政治制度"之一,在基层治理实践中发挥着基础性的广泛作用。

基层治理实践是党和国家政策落实的最前线,是国家与社会互动

的接触面。广大人民群众应是基层治理实践的能动者和创造者,因此,要发挥更多人民群众的自主性、积极性和创造性,就必须让广大人民群众真正能够参与治理实践,并以法治化保障落实基层人民的民主权利。

基层民主自治的实践推进:一要巩固和完善基层群众自治的制度体系和制度实效,落实基层民主体系各个组织和成员的民主权利,如保障村民(居民)代表大会、村务(居务)监督委员会、村民(居民)议事会等的民主权利,真正把民主选举、民主决策、民主管理、民主监督落实到位。二要遏制基层治理行政化不断蔓延,明确县、乡、村三级组织的权力责任清单,减少行政化命令和指令,让基层民主自治恢复本体地位和功能活力。三要构建城乡一体的基层治理体系,破除城乡二元体制的制度阻隔,健全城乡要素双向自由流动的体制机制。关键的制度改革在于落实2亿多农民工参与城市治理的各项权利,减少农民市民化的门槛和成本,开放城镇居民下乡投资兴业、观光养老的制度通道,革除土地制度和户籍制度的各种制度束缚,真正构建城乡一体、双向流动、融合发展的基层治理格局,让每一位公民,在中国的任何一处城市和乡村,都能够平等地享受各项民主权利和发展福利。

健全我国合宪性审查机制的若干问题

中国人民大学法学院教授、博士生导师

胡锦光

党的十九届四中全会要求，健全保证宪法全面实施的体制机制。其中，合宪性审查机制是保证宪法全面实施最重要的制度。在我国，合宪性审查机制是指全国人大及其常委会依据宪法对法规及司法解释等是否符合宪法而进行审查的制度。在现行宪法颁行以来，特别是在党的十九大以后，我国合宪性审查机制有了很大推进。例如，立法法、法规备案审查工作程序规定、司法解释备案审查工作程序规定等法律文件依据宪法对我国合宪性审查制度作出了进一步具体化的规定；为推进合宪性审查工作，2018年宪法修正案将全国人大的"法律委员会"更名为"宪法和法律委员会"；全国人大常委会法工委报告了2018年备案审查工作情况；等等。为了保证宪法的全面实施，使合宪性审查机制实现其特有的功能，该机制需要在以下几个方面进一步健全。

理顺不同审查主体之间的职能分工关系

根据宪法、立法法，以及全国人大常委会法工委制定的《全国人大常委会法制工作委员会法规、司法解释备案审查工作规程（试行）》的规定：第一，由全国人大常委会作出最终合宪性审查决定，即如果法律文件违宪而制定机关又不予以自我纠正的情况下，作出撤销决定。第二，全国人大常委会法工委内设的法规备案审查室负责法规、司法解释备案的接收，公民、组织提出的审查建议的接收、登记，以及对法规、司法解释的审查研究工作。第三，全国人大宪法和法律委员会在三种情况下进行合宪性审查并有权作出是否合宪的决定：一是对报送备案的法规、司法解释进行主动审查；二是对国务院、中央军事委员会、最高人民法院、最高人民检察院和省级人大常委会"五大主体"提出要求的审查；三是对公民、组织提出建议而全国人大常委会法工委认为必要时的审查。第四，全国人大常委会法工委在以下情况下进行合宪性审查并有权作出是否合宪的决定：一是对报送备案的法规、司法解释进行主动审查；二是对公民、组织提出建议的审查。

不同审查主体之间在合宪性审查职能之间需要理顺的关系是：首先，全国人大宪法和法律委员会的性质是全国人大的专门委员会，专门负责协助全国人大和全国人大常委会工作。因此，由其统一协助全国人大特别是全国人大常委会行使合宪性审查权是最为恰当的。尤其是，2018年全国人大常委会关于其职责的规定，实际上已经明确了这一点。其次，全国人大常委会法工委是全国人大常委会的工作机构，受其性质所决定，由其独立行使合宪性审查权，与其性质、地位是不相称的。《立法法》规定由法工委进行合宪性审查，是在未设立全国人大宪法和法律委员会的背景下作出的。最后，全国人大常委会法工委负责接收法规、司法解释备案、"五大主体"提出要求以及公民和组织提出的建议，并进行初步审查，认为可能违反宪法的，应当移送全国人大宪法和法律委员会进行正式的合宪性审查。

不同法律文件备案审查体系中的合宪性审查应当统一。按照党的十八届四中全会和十九届四中全会关于将所有规范性文件纳入备案审查范围的要求，目前，我国针对不同法律文件的备案审查建立了五套独立的体系，即全国人大常委会、国务院、省级人大常委会、中共中央办公厅和中央军委对不同的法律文件的审查。对法律文件的审查内容包括合宪性审查、合法性审查、适当性审查。合宪性审查的基本条件是对宪法具有解释权，在五套独立体系中，只有全国人大常委会具有宪法解释权，其他主体并不具有宪法解释权。因此，另外四个主体只能进行合法性审查和适当性审查。那么，这些主体在审查过程中如果认为法律文件违反宪法，如何移送全国人大常委会进行合宪性审查，目前此类程序并不明确。

理顺合宪性审查与合法性审查的关系

合宪性审查与合法性审查是树立宪法法律至上、实现良法善治以及实现法律体系统一性的两个主要机制。两者在审查基准上存在差异，合宪性审查的基准是宪法，合法性审查的基准是法律。在实行宪法法院审查制的国家，两者在审查主体上是分离的：宪法法院进行合宪性审查，普通法院进行合法性审查；在实行司法审查制的国家，法院通常只进行合法性审查，只有在合宪性审查作为案件审理的"先决问题"时，才进行合宪性审查。

同时，合宪性审查与合法性审查又存在着密切的衔接关系。法律是依据宪法制定的，根据公权力的公定力原理，法律在制定以后、被有权机关撤销之前，被假定为符合宪法，是具有法律效力的，所有国家机关都必须服从。因此，当某个法律文件存在争议时，必须先进行合法性审查，只有在穷尽合法性审查仍无法解决争议时，即在法律范畴内无法解决的，才必须进行合宪性审查。所谓"在法律范畴内无法解决"，主要指两种情况：一是作为审查基准的法律文件的合宪性存在争议，如果依据存在争议的法律文件作出判断，则并未能从根本上解决争议；二是缺乏法律上的判断依据，只能直接从宪法上寻找判断的依据。

按照我国目前的制度设计，合宪性审查与合法性审查的主体上是同一的，即全国人大常委会既进行合宪性审查，也进行合法性审查。作为协助审查的机构也同样如此。这样，实际上难以区分哪个审查属于合宪性审查，哪个审查属于合法性审查。在全国人大常委会法工委已经公布的典型审查案例中，绝大多数实际上属于合法性审查。

在中国特色社会主义法律体系已经形成的背景下，宪法规定基本上被法律具体化。因此，绝大多数法律文件的争议可以通过合法性审查在法律范畴内予以解决，并不需要进行合宪性审查。根据这一实际情况，目前有必要首先完善全国人大常委会的合法性审查机制。

在设立全国人大宪法和法律委员会以后，已经有条件将合宪性审查与合法性审查在协助审查的主体上进行分离。即全国人大宪法和法律委员会进行合宪性审查，全国人大常委会法工委进行合法性审查。全国人大常委会法工委先对某个法律文件进行合法性审查，在合法性审查无法解决争议时，再移送全国人大宪法和法律委员会进行合宪性审查。

有权提出审查"要求"的主体需要积极启动审查

根据《中华人民共和国立法法》第九十九条第一款的规定，国务院、中央军事委员会、最高人民法院、最高人民检察院、省级人大常委会有权向全国人大常委会提出合宪性审查"要求"。上述五大主体分别是不同性质的国家机关系统中的最高机关，立法法赋予它们启动合宪性审查的主体资格，目的在于保证它们能够依据宪法行使权力。因为它们在行使权力过程中，可能遇到所适用的法律文件是否与宪法相抵触的问题。

全国人大常委会法工委2017年和2018年关于备案审查工作报告显示，上述五大主体自十二届全国人大会议以来，从来没有向全国人大常委会提出过合宪性审查要求。这些国家机关在行使权力过程中，也许从未遇到过所适用的法律文件是否符合宪法的问题，也可能是这些国家机关还没有及时向全国人大常委会提出审查要求。

其中，最有可能遇到法律文件是否符合宪法而又必须及时作出判断的是最高人民法院和最高人民检察院。

法院的全部职能是审理案件，将案件中双方当事人之间的纠纷彻底解决，以完成司法功能。法院审理案件的一项重要环节就是在查明案件事实的基础上，选择适用一个恰当的法律规范作出判决。在选择适用法律规范时，完全有可能遇到该法律规范是否与宪法相抵触的问题。在法院无权审查该法律规范合宪性的情况下，如果适用了存在合宪性争议的法律规范作出判决，则该判决并无价值。例如，在男女退休不同龄案中，某妇女向法院起诉的对象是某单位的退休决定，但实质上是挑战某单位作出退休决定所依据的国务院关于男女退休不同龄的规定，认为该规定违反宪法上的"男女平等原则"。该规定是否符合宪法已经构成了该案件审理的"先决问题"，如果不对该规定进行合宪性审查，而直接承认其效力，并依据其作出判决，则该判决毫无意义。

同理，最高人民检察院在行使检察权过程中，也会遇到此类问题，包括最高人民检察院认为最高人民法院的司法解释可能与宪法相抵触，需要由全国人大常委会进行合宪性审查。

上述主体如果在遇到法律文件可能与宪法相抵触，仍径行依据存在合宪性争议的法律文件行使权力，实际上是对宪法的不尊重，是对宪法所赋予的权力的不尊重。

将合宪性审查决定特别是理由向社会公开

合宪性审查机制的一项重要基本功能就是捍卫核心价值观。合宪性审查就是通过纠正实施宪法过程中偏离宪法的行为，向社会传达宪法价值。要达到这一目标，必须将合宪性审查决定特别是理由向社会公开。合宪性审查的过程就是将宪法理念、基本原则和宪法原理公开向社会展示的过程。公开不仅可以警示制定法律文件的国家机关及其他国家机关，更可以起到向社会成员传达宪法理念、基本原则和宪法原理的效果。

从 2017 年和 2018 年全国人大常委会法工委的备案审查工作报告公布的数起典型案件可以看出，目前的做法只是说"有公民建议""有组织建议""有全国人大代表议案""有全国政协委员提案"，但没有公开提出建议的公民或者组织、提出建议的理由、制定机关反馈理由以及要求纠正的理由等。例如，2018 年备案审查工作情况的报告透露，全国政协十三届一次会议期间，有全国政协委员提出提案，建议对收容教育制度进行合宪性审查。报告认为，通过调研论证，各有关方面对废止收容教育制度已经形成共识，启动废止工作的时机已经成熟。但报告没有回应收容教育制度是否违反宪法，如果违反宪法，违反了宪法的什么精神、规定。

全国人大宪法和法律委员会可通过制作书面的《关于某项法律文件的合宪性审查决定》，决定中应当包括四大部分：提出建议人的基本情况，被建议的国家机关，被建议的法律文件名称，被建议的条款，建议的理由及根据，被建议国家机关的答辩；责令修改或者撤销的事实；责令修改或者撤销的理由；审查机关，日期。同时，该书面决定不仅要向制定机关、提出建议人公开，还需要向社会公开。

明确合宪性审查决定是否具有溯及力

全国人大宪法和法律委员会的合宪性审查决定是代表全国人大常委会作出的，特别是全国人大常委会自己作出的合宪性审查决定，具有一般的法律效力，对所有国家机关都具有效力。某个法律文件被认为违反宪法，则该法律文件整体失去效力；法律文件的某个条款被认为违反宪法，则该条款失去效力，其他部分仍然有效。责令制定机关限期修改的，必须在规定的期限内进行修改。

从各国的制度看，合宪性审查决定一般并不具有溯及力，即其效力只是撤销违反宪法的法律文件，使其失去法律效力。合宪性审查决定不具有溯及力的基本理由：一是为了维持社会秩序的安定性。秩序因规则而形成并维持，规则的确定性保障了秩序的稳定性、安定性。秩序本质上是一种利益关系的制度安排。二是信赖利益保护。如果合宪性审查决定具有溯及力，依据法律文件获得了某项利益，当该法律文件因违反宪法而被撤销，该利益即不受到保护，则利益总是处于不确定的状态。三是利益衡量原则。如果不具有溯及力，某个"不法利益"可能受到保护，或者某个合法利益受到侵害；如果具有溯及力，社会秩序的稳定性、安定性可能受到影响。两者比较，后者的利益大于前者的利益。四是国家赔偿范围的限制。世界各国的国家赔偿法中关于国家赔偿的范围均不包括立法行为，我国也如此。

合宪性审查决定是否具有溯及力，我国目前的法律并未作出规定。这一问题不解决，合宪性审查机关在具体工作中就会谨小慎微。总体而言，一般不应当具有溯及力。是否存在例外情况，值得进一步研究。

全面依法治国的理论与实践

司法部社区矫正管理局副巡视员

陈培勇

法治体系是国家治理体系的骨干工程,是我们党治国理政的基本方式。党的十九届四中全会通过的《决定》指出,坚持和完善中国特色社会主义法治体系,提高党依法治国、依法执政能力。《决定》强调,必须坚定不移走中国特色社会主义法治道路,加快形成完备的法律规范体系、高效的法治实施体系、严密的法治监督体系、有力的法治保障体系,加快形成完善的党内法规体系。这为进一步推进全面依法治国、建设法治中国,在法治轨道上坚持和完善中国特色社会主义制度、推进国家治理体系和治理能力现代化指明了方向和路径。

全面依法治国理论的提出与发展

中国共产党高度重视依法治国。1949年9月29日《中国人民政治协商会议共同纲领》诞生,1954年第一部宪法诞生,党的十一届三中全会明确提出"有法可依,有法必依,执法必严,违法必究"的思路。邓小平指出:"为了保障人民民主,必须加强法制。必须使民主制度化、法律化,使这种制度和法律不因领导人的改变而改变,不因领导人的看法和注意力的改变而改变。"党的十五大确立依法治国基本方略，党的十八大报告明确提出"全面推进依法治国"，十八届四中全会审议通过《中共中央关于全面推进依法治国若干重大问题的决定》，在中国共产党的历史上第一次对全面依法治国作出决定。习近平总书记把全面深化改革和全面依法治国比喻为中国特色社会主义建设的"鸟之两翼，车之两轮"。全面依法治国进入"科学立法，严格执法，公正司法，全民守法"的新思路。党的十九大报告对"深化依法治国实践"作了进一步阐述，提出成立中央全面依法治国领导小组。

2018年3月，中共中央《深化党和国家机构改革方案》规定组建中央全面依法治国委员会。中央全面依法治国委员会分别于2018年8月和2019年2月召开了两次会议，用一系列重大举措深化了党的全面依法治国理论和实践。"理国要道，在于公平正直。"习近平总书记郑重承诺："全面深化改革必须以促进社会公平正义、增进人民福祉为出发点和落脚点""努力让人民群众在每一个司法案件中感受到公平正义"。全面依法治国，就是依照宪法治理国家，坚持党的领导、人民当家作主、依法治国有机统一。全面依法治国，最终要落实到国家治理体系和治理能力现代化上，体现为不断提高党的领导水平和执政水平。全面依法治国，具体到每一名党员领导干部身上，就是要坚持用法治思维和法治方式做人做事，增强法治意识，提高法治自觉，让法治成为工作实践和日常生活的习惯。

全面依法治国实践的路径与挑战

《决定》提出："加快形成完善的党内法规体系，全面推进科学立法、严格执法、公正司法、全民守法，推进法治中国建设。"因此，全面依法治国，推进法治中国建设，重点应当放在科学立法、严格执法、公正司法和全民守法上。这四个方面既是实现全面依法治国的路径，又包含着对全面依法治国的挑战。

科学立法，进一步完善中国特色社会主义法律体系。据新华社消息，截至2018年8月底，我国现行有效法律267件，行政法规756件，地方性法规12000多件，以宪法为核心的中国特色社会主义法律体系形成并不断完善。"大智立法，中智治人，小智治事。""立善法于天下，则天下治；立善法于一国，则一国治。"科学立法，具体包括立、改、废、释四个方面，也指上述四个方面程序科学，如科学立法应当经过调查研究、部门协调、专家论证、公开征求意见、权力机关审议等程序，立法工作要尊重客观规律、反映人民意愿、坚持实事求是。目前，立法工作仍然存在着针对性、可操作性不强的问题，立法工作中部门化倾向、争权诿责现象较为突出，有的法律规定还比较模棱两可，有的法律规定自由裁量权过大，不同的法律规定有时还存在着不协调、不一致的问题。

严格执法，确保法律法规的每一具体规定都能落到实处。改革开放40多年来，我国的行政执法工作有了长足进步，执法标准和执法程序日益完善，执法力度得到保障，执法效率和规范化水平得到了提高。但是有法不依、执法不严、违法不究现象还比较严重，执法体制权责脱节、选择性执法现象仍然存在。比如，从人民来信来访中，发现比较突出的主要有征地拆迁补偿纠纷、工伤事故赔偿纠纷、医疗事故纠纷等，上访人的主要诉求就是认为有的行政机关执法存在瑕疵，激化了社会矛盾，请求上级机关予以纠正。当然，对信访事项也要辩证地看，有的诉求是合理的，有的诉求是得寸进尺的，有的诉求是无理取闹的，应当区别对待。

公正司法，努力让人民群众在每一个司法案件中感受到公平正义。英国哲学家培根曾说:"一次不公正的审判,其恶果甚至超过十次犯罪。因为犯罪虽是无视法律——好比污染了水流,而不公正的审判则毁坏法律——好比污染了水源。"司法是维护社会公平正义的最后一道防线。聂树斌案、呼格吉勒图案、陈满案等,这些重大冤错案件的被告人或不幸被错杀或身陷囹圄。党的十八大以来,司法机关用实际行动自我纠错、敢于担当,这些当事人的沉冤得以昭雪,充分显现出司法体制改革给司法公正带来的正向效应。但是司法不公、司法腐败还没有完全杜绝,一些案件的判决让双方当事人都有意见,有的引起了一方当事人的不满,司法的公信力还有很大的提升空间。从国家信访渠道可以发现来信来访中存在对一些案件处理的不同意见。

全民守法,逐步形成全社会尊法信法用法的良好氛围。近些年来,人民群众的法律意识明显提高,办事依法、遇事找法、解决问题用法、化解矛盾靠法已经形成较好的趋势。但是,部分社会成员尊法信法用法、依法维权意识不浓,动不动托关系、找门路,甚至"信访不信法"的现象都还存在。一些国家工作人员特别是领导干部依法办事观念不强、能力不足,知法犯法、以言代法、以权压法、徇私枉法现象依然存在。2018年以来,媒体披露的霸座男、霸座女、城市道路"勇闯"红灯等事件都是目无法治、行无规矩、私心太重的表现!更多的类似事件,大家在日常生活中比较常见。这些事件之所以发生,一是法治意识不强、守法水平有待提高;二是有些立法规定的违法成本不高、对违法者缺乏震慑力;三是执法面对一些违法行为往往处理得不够坚决果断、不能严格依法处理,更没有完全做到"法律面前人人平等"。

因此,《决定》提出了坚持和完善中国特色社会主义法治体系,提高党依法治国、依法执政能力的明确要求。这为进一步推进全面依法治国、建设法治中国,在法治轨道上坚持和完善中国特色社会主制度、推进国家治理体系和治理能力现代化指明了方向和路径。如何遵照十九届四中全会精神，提高制度执行力，把我国制度优势更好转化为治理效能，是摆在我们面前的主要任务。

全面依法治国的思考与建议

全面依法治国，是一个重大的理论课题，也是一个重大的实践课题。如何研究好这一重大课题，是摆在法律工作者面前的时代任务。《决定》提出，"必须坚定不移走中国特色社会主义法治道路，全面推进依法治国，坚持依法治国、依法执政、依法行政共同推进，坚持法治国家、法治政府、法治社会一体建设"。笔者认为，在坚持这些部署的同时，应当处理好以下几个关系。

一是正确看待历史经验与当代实践的关系。中国 5000 多年的文明史，法律始自夏代的"禹刑"，秦朝的《秦律》开启了封建王朝的法律制度，直到清朝的《大清律》。中国共产党成立后，革命根据地的法律以及北洋政府、国民政府的法律组成了中国近现代法律。中国历史上的法律，既有精华又有糟粕，当前的全面依法治国仍然可以从我国法制史传统中汲取营养。例如，商鞅变法时通过"徙木立信"树立法律权威的做法，对法律的生命力在于实施仍具有现实意义；狄仁杰、包公、于成龙等官员的断案智慧和公正，对当今公正司法仍具有借鉴意义等。当然，我国法制史中也存在着不少弊端，如秦朝的"炮烙之刑""车裂之刑"，唐朝的"亲亲相隐"即亲属之间有罪应当互相隐瞒以及亲人之间同罪异罚等，我们务必引以为戒，不能盲目延续传统的法律制度。

二是正确处理中国实际与国际经验的关系。现代法治理论和实践发端于欧美发达国家。经过数百年的发展，欧美发达国家的法律制度、执法经验、司法惯例已经较为成型；发展中国家的法治建设也有值得我们学习借鉴的地方。正确对待国外的法治思维和法治成果，必须采取一分为二的办法，辩证地分析，辩证地运用。一要借鉴国际上法治中好的经验和做法，行之有效、符合中国实际的可以运用，如美国法律规定的"律师辩护权"，当事人没有经济条件请律师的，政府应该帮助其免费提供律师。二要避免简单地照抄照搬、生搬硬套，面对国外先进法治经验必须考虑是不是适合我国的实际情况，不能随便拿来，以免水土不服。

三是正确认识立足当前与着眼长远的关系。目前，中国特色社会主义法律体系已经形成。法律既要管好当前的事务，也要着眼于长远发展，以便保持法治的稳定性和权威性。当然，强调法治的稳定性，并不是拒绝变化，而是指的一些基本法治规律如坚持中国共产党的领导、法律的中国特色社会主义属性、科学立法、严格执法、公正司法、全民守法等法治的本质属性必须长期坚持，不能有丝毫的含糊。至于法治的具体情景、具体内容等则应当与时俱进，以便适应形势的变化而作相应的变化，特别是应当逐步适应将来基本实现现代化的要求、建设社会主义强国的要求。我国从2020年到2035年，在全面建成小康社会的基础上，再奋斗十五年，基本实现社会主义现代化；从2035年到本世纪中叶，在基本实现现代化的基础上，再奋斗十五年，把我国建设成富强民主文明和谐美丽的社会主义现代化强国。正如德国一位法律专家的说法，世界上没有十全十美的法治，只有不断完善的法治。因此，在保持基本法治规律的前提下，应当逐步完善法治，提高法律的针对性和可操作性，全面保障执法司法的严格公正，不断推进全民守法迈上新台阶。

新时代国家行政管理改革的方向与路径

中国人民大学公共管理学院教授

许光建

中国共产党第十九届中央委员会第四次全体会议审议通过了《决定》。全会重点强调推进国家治理体系和治理能力现代化的若干重大举措，为新时代国家行政管理改革奠定总体基调；全会关于行政体制改革、民生保障制度改革和社会治理制度改革的论述为新时代国家行政管理改革指明了具体方向，昭示着国家行政管理改革理论与实践将大有作为。

三个基调关键词：治理现代化、治理效能和党的领导

党的十九届四中全会的第一个核心关键词是"治理现代化"。《决定》提出要"推进国家治理体系和治理能力现代化"，并提出了实现这一目标的"三步走"战略，分别是："到我们党成立一百年时，在各方面制度更加成熟更加定型上取得明显成效；到二〇三五年，各方面制度更加完善，基本实现国家治理体系和治理能力现代化；到新中国成立一百年时，全面实现国家治理体系和治理能力现代化，使中国特色社会主义制度更加巩固、优越性充分展现。"这一新的"三步

走"战略与党的十九大报告提出的建设社会主义现代化强国的"三阶段"战略是一致的,体现了党中央把国家治理体系和治理能力现代化上升到建设社会主义现代化强国的至关重要的组成部分。可以说,治理现代化将成为国家行政管理改革等各项制度改革的核心基调与关键目标。

党的十九届四中全会的第二个核心关键词是"治理效能"。《决定》提出,要"加强系统治理、依法治理、综合治理、源头治理,把我国制度优势更好转化为国家治理效能"。如果说"现代化"是实现国家治理体系和治理能力的核心战略,那么,"效能"的提升与优化就是实现"现代化"的关键战略和必由之路。在国家行政管理改革中,必须注重行政管理效能的系统性提升,必须注重行政管理效能的依法提升,必须强调行政管理效能的综合性提升,必须强调行政管理效能的源头性提升。

党的十九届四中全会的第三个核心关键词是"党的领导"。《决定》指出,"我国国家治理体系和治理能力是中国特色社会主义制度及其执行能力的集中体现""必须坚持党政军民学、东西南北中,党是领导一切的,坚决维护党中央权威,健全总揽全局、协调各方的党的领导制度体系,把党的领导落实到国家治理各领域各方面各环节"。国家行政管理作为国家治理的重要领域,作为保持国家机器良好运转的重要驱动力,必须坚决贯彻党的领导,完善党对行政管理改革的领导,健全党在行政管理改革中总揽全局、协调各方的作用。

坚持和完善中国特色社会主义行政体制

党的十九届四中全会提出,"坚持和完善中国特色社会主义行政体制,构建职责明确、依法行政的政府治理体系",这是国家行政管理改革的重要任务。全会强调了国家行政管理在国家制度中的重要地位在于"承担着按照党和国家决策部署推动经济社会发展、管理社会事务、服务人民群众的重大职责",因此,行政体制改革应将创新行政方式作为迈向"治理现代化"的路径,将提高行政效能作为优化"治理效能"的措施,将建设人民满意的服务型政府作为党"全心全意为人民服务"宗旨的体现,将"优化政府组织结构,健全充分发挥中央和地方两个积极性体制机制"作为坚持和完善党的领导制度体系的任务。

坚持和完善统筹城乡的民生保障制度

党的十九届四中全会提出,"坚持和完善统筹城乡的民生保障制度,满足人民日益增长的美好生活需要",这是国家行政管理改革的本质需要。行政管理的服务对象,归根结底是广大人民群众;国家治理体系和治理能力现代化的受益对象,归根结底也是广大人民群众。因此,国家行政管理改革必须健全完善国家基本公共服务制度体系。对此,党的十九届四中全会除了强调健全基本公共服务制度体系外,还重点提出"注重加强普惠性、基础性、兜底性民生建设";在基本劳动就业创业方面,提出"健全有利于更充分更高质量就业的促进机制";在基本公共文化体育方面,提出"构建服务全民终身学习的教育体系";在基本社会保险方面,提出"完善覆盖全民的社会保障体系";在基本医疗卫生方面,提出"强化提高人民健康水平的制度保障",为不同领域不同部门的行政管理改革的服务对象指明了方向。

坚持和完善共建共治共享的社会治理制度

党的十九届四中全会提出,"坚持和完善共建共治共享的社会治理制度,保持社会稳定、维护国家安全",这是国家行政管理改革的重要方面。要实现社会治理现代化,不应仅是简单地强化治理力度,更应创新治理手段。《决定》指出,社会治理体系各大参与主体的任务分别是"党委领导、政府负责、民主协商、社会协同、公众参与、法治保障、科技支撑"。同时,《决定》提出,要"建设人人有责、人人尽责、人人享有的社会治理共同体",这是"人类文明共同体"在社会治理的相对微观的领域的创新性运用,体现了党对理论的不断创新。此外,对于当前具有高度复杂性和高度风险性的内外环境,全会提出,要完善正确处理新形势下人民内部矛盾有效机制,完善社会治安防控体系,健全公共安全体制机制,构建基层社会治理新格局,完善国家安全体系,为国家行政管理改革中社会治安领域改革指明了方向。

习近平总书记在2019年9月25日党外人士座谈会上强调,"在新中国成立70周年的重要历史时刻,要把新中国成立以来我们国家在社会主义制度建设、国家治理体系和治理能力建设方面的经验好好总结一下,进而在运用历史经验的基础上,明确未来一个时期制度建设、治理体系和治理能力建设的着力点和目标任务"。公共管理领域的研究人员和实践部门管理人员更应深入学习和研究习近平新时代中国特色社会主义思想,在党的最新理论成果的指引下,不断开拓、不断创新、不断奋进,为实现国家治理体系和治理能力现代化贡献力量。

深刻理解社会主义基本经济制度的新内涵

北京师范大学经济与工商管理学院院长、
教授、博士生导师
——— **戚聿东**

党的十九届四中全会通过了《决定》，从十三个方面指出了我国国家制度和国家治理体系的显著优势，其中就包括"坚持公有制为主体、多种所有制经济共同发展和按劳分配为主体、多种分配方式并存，把社会主义制度和市场经济有机结合起来，不断解放和发展社会生产力的显著优势"。既然是被长期实践证明行之有效的"显著优势"，那就必须在实践中坚持和完善。为此，《决定》提出了13个"坚持和完善"，其中之一就是"坚持和完善社会主义基本经济制度，推动经济高质量发展"。《决定》认为，"公有制为主体、多种所有制经济共同发展，按劳分配为主体、多种分配方式并存，社会主义市场经济体制等社会主义基本经济制度，既体现了社会主义制度优越性，又同我国社会主义初级阶段社会生产力发展水平相适应"。可以看出，社会主义基本经济制度的基本内涵至少包括三个方面，即所有制、分配方式和经济体制。在所有制上，基本经济制度是指以公有制为主体、多种所有制经济共同发展；在分配上，基本经济制度是指按劳分配为主体、多种分配方式并存；在经济体制上，基本经济制度是指社会主义市场经济体制。这一迄今为止对社会主义基本经济制度最全面、最准确的界定和概括，是对社会主义基本经济制度内涵理解的重大突破和重大创新，不仅在理论上符合马克思主义政治经济学的基本原理，而且在实践上符合中国特色社会主义经济发展道路的历史和现实。

长期以来，中国在理论和政策上对基本经济制度的理解仅局限于所有制方面，即"公有制为主体、多种所有制经济共同发展"。现实中虽然对分配和经济运行体制非常重视，但一直没有将这两个方面上升到基本经济制度的层面进行理解。经过长期探索，《决定》将三者并行融入基本经济制度中，进行了"三位一体"的概括，使社会主义基本经济制度的内涵得到更为全面准确的阐释，必将有利于社会主义基本经济制度的显著优势在实践中不断发扬光大。

坚持公有制为主体、多种所有制经济共同发展

坚持公有制经济为主体。新中国成立后，面临着一穷二白、百废待兴的严峻经济形势，加快经济建设和社会发展势必成为历史的选择。从当时的情况来看，只有汇聚全国优势资源，集中力量办大事，才能够在较短时期内建立起比较完整的国民经济体系。按照历史唯物主义的基本观点，生产关系一定要适应生产力发展。然而，资本主义的生产关系无法实现生产社会化，因此必须对生产关系进行变革。在中国共产党领导下，经过新民主主义革命和社会主义改造，我国建立了以公有制为主体的经济结构。公有制经济的本质在于生产资料由劳动者共同占有，进而促进社会生产快速、协调、可持续发展。从历史和现实经验来看，充分发挥公有制经济的主体作用，需要在"量"和"质"两个方面下功夫。

在"量"上，要保持公有资产占优势。公有制企业资产规模显著，有利于缓解经济危机对宏观经济的冲击，熨平宏观经济波动对国民经济发展的影响。在不同的经济周期，公有制经济能够借助自身的规模优势通过在行业之间的进退流转，实现对国民经济的调控：在经济下行时期，公有制经济可以依据具体情况实施并购和接管，维持社会就业水平的稳定，避免因企业"扎堆"破产而引起社会性恐慌，并延缓经济快速下滑的趋势；在经济萧条时期，国家可以通过引导公有制经济在各个行业的布局保持经济的低速增长，在优化行业结构的同时，为经济的全面复苏做好准备；在经济上行时期，公有制经济则可以向重点领域倾斜，促进相关行业优先发展。公有制资产持续积累，推动了国民经济的稳定发展。1987 年，全国工业资产中公有制资产占比为 98.86%；到 2016 年，该指标已经降低为 58.34%。但与其他经济所有制资产相比，公有制资产仍然占有绝对优势。

在"质"上，要不断强化公有制经济特别是国有经济对公共产品、基础设施以及关乎国家安全、经济命脉等领域的控制力。在经济学中，公共产品、基础设施具有非竞争性与非排他性的特点，使得投资人难以享有独占的权利并且无法准确地计算投资收益而缺乏投资的经济激励。对公共产品和基础设施进行投资，占领经济领域的制高点，成为国有经济义不容辞的使命和责任。国有经济向关键领域集中，有助于强化行业之间、企业之间的协同效应，通过加强上下游之间的合作，发挥各自的专业化优势，促进创新资源互融互通。另外，国有经济实现平稳较快发展而产生的溢出效应，可以带动周边地区的经济增长，促进社会劳动人口就业，并以廉价供应居民日常消费的能源基础设施、公共服务设施以及组织各类公益活动等方式进行转移支付，一定程度上弥补了地方政府在分配工作中的不足。要发挥国有经济主导作用，还需要注重从整体上而非个体上搞好搞活国有经济，注重国有资本而非国有资产做强做优做大，加快国有经济布局优化和结构调整，而这也恰恰是当前深化经济体制改革的重要环节。

促进和引导非公有制经济的健康发展。在社会主义初级阶段，公有制经济发展离不开非公有制经济的支持作用，二者各有所长，互为补充。党的十一届三中全会后，我国开始调整所有制结构，逐渐恢复发展非公有制经济。党的十二大进而明确"关于坚持国营经济的主导地位和发展多种经济形式的问题"，非公有制经济迎来发展契机。五届全国人大五次会议通过的《中华人民共和国宪法》，规定"在法律规定范围内的城乡劳动者个体经济，是社会主义公有制经济的补充"。党的十三大提出"在公有制为主体的前提下继续发展多种所有制经济"。党的十五大提出"非公有制经济是我国社会主义市场经济的重要组成部分"。九届全国人大二次会议将"国家在社会主义初级阶段，坚持公有制为主体、多种所有制经济共同发展的基本经济制度"写入宪法修正案。2005年2月，国务院印发《关于鼓励支持和引导个体私营等非公有制经济发展的若干意见》，为非公有制经济营造有利的制度环境，并于2010年5月再次发布"非公经济新36条"。经过40多年的发展，非公有制经济活力显著增强，并成为社会主义经济建设的重要组成部分。因此，《决定》明确提出，"毫不动摇巩固和发展公有制经济，毫不动摇鼓励、支持、引导非公有制经济发展"。国家统计局的数据显示，2001年，规模以上私营工业企业3.2万家，占全部规模以上工业企业的比重为18.9%，资产总计、主营业务收入和利润总额占规模以上工业企业的比重分别为3.9%、7.7%和6.0%。2018年，私营企业在规模以上工业企业中，数量已超过50%，资产总计、主营业务收入和利润总额占比均超过20%。长期以来，流行一种"56789"的说法，即民营经济贡献了中国经济50%以上的税收、60%以上的GDP、70%以上的技术创新成果、80%以上的城镇劳动就业、

90%以上的企业数量。这些数据充分说明民营经济已经成为我国经济和社会发展的重要推动力量。

对于非公有制经济的认识,不仅要肯定对生产力发展有利的一面,还要正视潜在的不稳定因素。非公有制经济的生产资料归个人所有,以追求个人利益最大化为主要目标,这决定了其在生产活动中具有一定的盲目性、随意性,更加侧重于短期回报,缺少对社会结构性利益的考量,有时甚至会出现与社会发展相背离的行为。即使国际著名跨国公司,"质量门""贿赂门""作弊门"等丑闻不断,体现了企业商业道德伦理和社会责任的缺失。因此,政府一方面要持续优化非公有制经济的发展环境和服务体系,破除制约发展的体制机制障碍;另一方面也要通过完善相关的法律法规和政策促进和引导非公有制经济健康发展,强化行业自律,使公有制经济与非公有制经济协同配合,更好地服务于国民经济和社会发展大局。

大力发展混合所有制经济。既然是多种所有制形式并存,不同经济成分就应该自愿实行多种形式的联合。党的十五大首次提出"混合所有制"概念,不仅是社会范围内多种所有制形式共存意义上的混合所有制,还是企业层面上不同所有制资本共同持股同一个企业的情形。混合所有制是公有制乃至基本经济制度的重要实现形式,有助于从整体上增强国有经济的活力、控制力、影响力和抗风险能力。在形式上,混合所有制不仅是股权结构的多元化,还要不断完善公司治理机制,建立"产权清晰、权责明确、政企分开、管理科学"的现代企业制度以及"归属清晰、权责明确、保护严格、流转顺畅"的现代产权制度,切实激发企业的自生能力和动态能力。国有企业作为公有制经济的主要形式,一直处于混合所有制改革的最前沿。党的十八届三中全会提出,"国有资本、集体资本、非公有资本等交叉持股、相互融合的混合所有制经济,是基本经济制度的重要实现形式,有利于国有资本放大功能、保值增值、提高竞争力，有利于各种所有制资本取长补短、相互促进、共同发展"。党的十九大提出，"深化国有企业改革，发展混合所有制经济，培育具有全球竞争力的世界一流企业"。按照党的十八届三中全会的改革部署，2014年，国务院国资委开展"混改"试点，2016年至2019年11月约有210家国有企业进入试点范围。总体看，"混改"取得了积极进展和显著成效。

坚持按劳分配为主体、多种分配方式并存

马克思指出："所谓的分配关系，是同生产过程的历史规定的特殊社会形式，以及人们在他们生活的再生产过程中互相所处的关系相适应的，并且是由这些形式和关系产生的……分配关系不过表示生产关系的一个方面。"实际上，任何分配关系只能与一定的生产方式和生产关系相适应，这就要求实行与社会主义初级阶段相适应的分配制度。分配制度的核心命题是公平分配，包括权利公平、规则公平和机会公平。按劳分配为主体、多种分配方式并存的基本经济制度，对不断增加居民收入、不断缩小收入差距、避免两极分化等起到了积极的促进作用。

新中国成立70年来，居民收入保持了快速增长，人民生活实现从温饱不足到迈向全面小康的历史性跨越。1949年我国居民人均可支配收入仅为49.7元，2018年居民人均可支配收入达到28228元，名义增长566.6倍，扣除物价因素实际增长59.2倍，年均实际增长6.1%。在城乡居民收入大幅增长的同时，城乡居民的收入来源也从单一走向多元，收入分配格局明显改善。城镇居民工资性收入不再占据绝对主体，经营、财产和转移收入比重增加。国家统计局的资料显示，2018年城镇居民人均工资性收入占人均可支配收入的比重为

60.6%，比 1964 年下降 30.3 个百分点；2018 年城镇居民人均经营净收入的占比为 11.3%，比 1964 年提高 8.4 个百分点；2018 年城镇居民人均财产净收入的占比为 10.3%，比 1985 年提高 9.8 个百分点；2018 年城镇居民人均转移净收入的占比为 17.8%，比 1964 年提高 13.3 个百分点。与此同时，居民收入在城乡、地区之间的差距明显缩小，特别是党的十八大以来实施精准扶贫，农村贫困发生率从 2012 年底的 10.2% 下降到 2018 年底的 1.7%，有效避免了分配上的两极分化现象，千百年来的绝对贫困问题有望得到历史性解决，为世界减贫作出了卓绝贡献。相比之下，无论是收入不平等还是财富分配不平等，在资本主义按资分配为主的分配制度下，都没有得到很好的解决，结果经济危机这一顽症始终没法避免。按照法国著名经济学家皮凯蒂的实证研究后的结论，欧美等资本主义国家的分配不平等不仅体现在欧美各国劳动收入不平等的差异上，还体现在各国财富分配和资本收入的高度不平等方面，并且财富和资本收入的不平等程度远远高于劳动收入的不平等程度。

不断完善社会主义市场经济体制

在经济运行机制上，社会主义基本经济制度的体现就是实现社会主义市场经济体制。经济体制改革的核心问题就是处理好政府与市场的关系。首先发挥市场在资源配置中的决定性作用，更好发挥政府作用。因为，市场决定资源配置是市场经济的一般规律，市场的基本要素就是供求、价格和竞争"三位一体"的作用机制，竞争机制调节了供求均衡和均衡价格的形成。马克思认为，部门内竞争可以实现优胜劣汰，部门间竞争可以促进行业利润平均化和下降化趋势。按照结果公正定理所揭示的，在人们思想境界有限、个体逐利的情况下，只要每个人的初始禀赋的价值相等，通过竞争市场的运作，可以导致既有效率也是公平的资源配置结果。正因为竞争是获致繁荣的必由之路，中国在确立市场决定性作用之后，提出了发挥竞争基础性作用。为此，必须积极稳妥地从广度和深度上推进市场化改革，大幅度减少政府对资源的直接配置，推动资源配置依据市场规则、市场价格、市场竞争实现效益最大化和效率最优化。市场的决定性作用和竞争的基础性作用，并不排斥有为政府的积极作用，为此需要更好发挥政府作用。政府的职责和作用主要是保持宏观经济稳定，加强和优化公共服务，保障公平竞争，加强市场监管，维护市场秩序，推动可持续发展，促进共同富裕，弥补市场失灵。

完善社会主义市场经济体制，就是要构建"市场机制有效、微观主体有活力、宏观调控有度"的经济体制，为此需要全面深化改革，加快完善现代市场体系，建立公平开放透明的市场规则，完善主要由市场决定价格的机制，建立城乡统一的建设用地市场，完善金融市场体系，深化科技体制改革。同时，必须切实转变政府职能，深化行政体制改革，创新行政管理方式，增强政府公信力和执行力，建设法治政府和服务型政府。

在全面开放中体现社会主义基本经济制度的优势

任何一种经济制度的优势都不是故步自封的，而是凭借动态核心能力优势得以体现出来的。在2008年以来的国际金融危机中，私有制大规模企业往往是不堪一击的，即使通用汽车公司也遭遇了"大而不能倒"的尴尬局面，最后还是借助于美国联邦政府的临时国有化措施才免于破产。中国经济在这次金融危机中则经受住了巨大考验而赢得国际上的普遍盛誉。所以，无论是何种所有制企业，都必须在"走出去"和"请进来"中打造自身的竞争优势。改革开放以来特别是2001年中国加入WTO以后,中国经济进入了"黄金增长期",2010年开始成为世界第二大经济体,这其中对外开放的贡献功不可没。为此,《决定》提出"建设更高水平开放型经济新体制",这给我国基本经济制度在实现机制上提出了更高要求。因此,一方面需要扩大对外开放,实行高水平的贸易和投资自由化便利化政策,全面实行准入前国民待遇加负面清单管理制度,大幅度放宽市场准入,扩大服务业对外开放。2018年6月,国家发改委、商务部发布了《外商投资准入特别管理措施(负面清单)(2018年版)》,在22个领域推出开放措施,限制措施减至48条,减少近1/4;2019年6月,《外商投资准入特别管理措施(负面清单)(2019年版)》发布,在保持原有框架不变的基础上,进一步缩短了清单长度、减少了管理措施、优化了清单结构,基本形成全行业开放格局。另一方面,需要持续对内开放,特别是在传统垄断行业,国有独资和绝对控股现象比较普遍,非公有制经济在市场进入方面存在着较大的制度壁垒和隐性障碍,在市场竞争中难以真正实现权利平等、机会平等和规则平等。这就需要"将改革开放进行到底",继续深化国有企业改革特别是垄断行业国有企业改革,争取在国有企业去行政化、去垄断化、去独资化、去刚性化等重要方面有所突破。

总之,正是社会主义基本经济制度的显著优势,总体上支撑并促进了中国经济70年的持续快速增长。特别是改革开放以来,中国经济一路赶超,被国际誉为"中国奇迹""中国速度"。2018年中国国内生产总值比1952年增长174倍,年均增长8.1%;其中,1979—2018年年均增长9.4%,远高于同期世界经济2.9%左右的年均增速。2018年我国人均国民总收入达到9732美元,高于中等收入国家平均水平。可以预见,在世界经济普遍低迷徘徊的背景下,随着社会主义基本经济制度的不断完善，乐观估计到 2025 年，保守估计到 2030 年，中国经济总量将会超过美国而稳居世界第一，同时有望实现大多数国家历时漫长而难以实现的重大结构性变革，也有望顺利跨越长期困扰大多数国家的"中等收入陷阱"。

以文化自信塑民族之魂

中国社会科学院近代史研究所副所长、教授、博士生导师

金民卿

文化是一个国家、一个民族的灵魂，文化兴国运兴，文化强民族强。新中国成立70年来，中国特色社会主义文化在我国国家制度和国家治理体系中的优势不断彰显。党的十八大以来，以习近平同志为核心的党中央从中国特色社会主义发展全局出发，站在中华民族伟大复兴的战略高度，重视社会主义文化建设，形成了以中国特色社会主义文化自信为精神指引，以加强党对意识形态工作的领导为政治保障，以培育和践行社会主义核心价值观为主要内容，以推动中华优秀传统文化创造性转化、创新性发展，进行无愧于时代的文艺创造为重要举措，以提高国家文化软实力为具体目标，以建设社会主义文化强国为根本任务的新时代中国特色社会主义文化建设理论。

《决定》明确指出，要"坚持共同的理想信念、价值理念、道德观念，弘扬中华优秀传统文化、革命文化、社会主义先进文化，促进全体人民在思想上精神上紧紧团结在一起"，并明确将"坚持和完善繁荣发展社会主义先进文化的制度，巩固全体人民团结奋斗的共同思想基础"作为推进国家治理体系和治理能力现代化的一项重大任务。

这对于坚定文化自信,巩固马克思主义指导地位,加快建设社会主义文化强国,实现"两个一百年"奋斗目标以及中华民族伟大复兴的中国梦,具有十分重要的指导意义和实践价值。

坚定文化自信,不仅是文化建设的核心要义,更是实现中华民族伟大复兴的精神动力和内在要求

思想文化是社会存在的反映。中国特色社会主义是物质文明和精神文明全面发展的社会主义。增强文化自觉,坚定文化自信,是坚定道路自信、理论自信、制度自信的题中应有之义。在推进新时代中国特色社会主义伟大事业的进程中,党中央高度重视文化建设和发展,作出了一系列重要论述和重大部署。比如,《决定》指出,"必须坚定文化自信,牢牢把握社会主义先进文化前进方向",高度重视和突出强调了文化自信的重要地位和重要作用。

习近平总书记强调:"文化是一个国家、一个民族的灵魂。历史和现实都表明,一个抛弃了或者背叛了自己历史文化的民族,不仅不可能发展起来,而且很可能上演一幕幕历史悲剧。文化自信,是更基础、更广泛、更深厚的自信,是更基本、更深沉、更持久的力量。坚定文化自信,是事关国运兴衰、事关文化安全、事关民族精神独立性的大问题。"当代中国的文化自信,就是对中国特色社会主义文化的自信。中国特色社会主义文化源自于中华民族五千多年文明历史所孕育的中华优秀传统文化,熔铸于党领导人民在革命、建设、改革过程中创造的革命文化和社会主义先进文化,植根于中国特色社会主义伟大实践。它积淀着中华民族最深沉的精神追求,代表着中华民族独特的精神标识,为当代中国文化自信奠定了坚实的思想基石和深厚的历史底蕴。

精神文明建设是新时代中国特色社会主义总体布局的重要组成部分，只有一以贯之抓好精神文明建设，推动精神文明和物质文明均衡发展、相互促进，才能更好地把中国特色社会主义伟大事业向前推进，才能为中华民族伟大复兴提供理论支撑和思想保证。正如习近平总书记强调的，"只有物质文明建设和精神文明建设都搞好，国家物质力量和精神力量都增强，全国各族人民物质生活和精神生活都改善，中国特色社会主义事业才能顺利向前推进"。

中国特色社会主义进入新时代，我们肩负着新的历史使命和任务，即实现中华民族伟大复兴。中华民族伟大复兴绝不是轻轻松松、敲锣打鼓就能够实现的，需要全体中华儿女付出更为艰巨、更为艰苦的努力。因此，必须要坚定文化自信，坚持走中国特色社会主义发展道路，以强大的精神力量将全体中华儿女凝聚起来，激发全民族的创新创造活力，建设社会主义文化强国。

推动中华优秀传统文化创造性转化、创新性发展，推进中华优秀传统文化传承发展工程

中国优秀传统文化是中华民族长期社会实践的精神凝结，蕴含着中华民族最深的精神追求，是中华民族生生不息的文化血脉。《决定》提出，要"推进中华优秀传统文化传承发展工程"。中国特色社会主义进入新时代，要想在世界文化的激荡中站稳脚跟，就要结合新的时代条件传承和弘扬中华优秀传统文化。

习近平总书记高度重视中华优秀传统文化的传承和弘扬，将其作为治国理政的重要思想文化资源，提出要坚持创造性转化、创新性发展。第一，强调要认真汲取中华优秀传统文化的思想精华。他表示，"要讲清楚中华优秀传统文化的历史渊源、发展脉络、基本走向，讲

清楚中华文化的独特创造、价值理念、鲜明特色，增强文化自信和价值观自信"。第二，明确中华优秀传统文化创造性转化、创新性发展的基本内涵，使之与现代文化相互融通。习近平总书记强调，"创造性转化，就是要按照时代特点和要求，对那些至今仍有借鉴价值的内涵和陈旧的表现形式加以改造，赋予其新的时代内涵和现代表达形式，激活其生命力。创新性发展，就是要按照时代的新进步新进展，对中华优秀传统文化的内涵加以补充、拓展、完善，增强其影响力和感召力"。第三，阐明中华优秀传统文化传承与弘扬的基本原则。他指出："要坚持古为今用、推陈出新，有鉴别地加以对待，有扬弃地予以继承，努力用中华民族创造的一切精神财富来以文化人、以文育人。"第四，要学习借鉴各国人民创造的优秀文化成果，在不断汲取中丰富和发展中华文化。

加强党对意识形态工作的领导，坚持马克思主义在意识形态领域指导地位的根本制度

意识形态工作是党的一项极端重要的工作，事关党的前途命运，事关国家长治久安，事关民族凝聚力和向心力。当今世界正经历百年未有之大变局，我国正处于实现中华民族伟大复兴的关键时期。特别是进入新时代，我国意识形态形势日益错综复杂，意识形态安全面临严峻挑战。党的十八大以来，习近平总书记主持召开了一系列有关意识形态工作的重要会议并发表了重要讲话，从党的宣传工作、新闻舆论工作、互联网意识形态工作、哲学社会科学工作等方面对意识形态工作作出了方向性、全局性、根本性的指导和部署，提出了许多重要的理论观点。在此基础上，党的十九届四中全会作出了进一步的规定和完善。《决定》强调，要"坚持马克思主义在意识形态领域指导地

位的根本制度""落实意识形态工作责任制,注意区分政治原则问题、思想认识问题、学术观点问题,旗帜鲜明反对和抵制各种错误观点"。我们必须把意识形态工作的领导权、管理权、话语权牢牢掌握在手中,任何时候都不能旁落,否则就要犯无可挽回的历史性错误;意识形态工作一定要把围绕中心、服务大局作为基本职责,要胸怀大局、把握大势、着眼大事,找准工作切入点和着力点,做到因势而谋、应势而动、顺势而为;要做好宣传思想工作,增强阵地意识,巩固马克思主义在意识形态领域的指导地位,巩固全党全国人民团结奋斗的共同思想基础;要正确处理好党性和人民性的关系,坚持党性和人民性相统一;要加强理想信念教育,增强理论武装,建设具有强大凝聚力和引领力的社会主义意识形态。

同时,《决定》指出:"把坚持以马克思主义为指导全面落实到思想理论建设、哲学社会科学研究、教育教学各方面。"哲学社会科学是人们认识世界、改造世界的重要工具,是推动历史发展进步的重要力量。正如习近平总书记指出的:"人类社会每一次重大跃进,人类文明每一次重大发展,都离不开哲学社会科学的知识变革和思想先导。"新时代坚持和发展中国特色社会主义,需要不断进行实践探索和理论创新,用发展着的理论指导发展着的实践。在这个过程中,哲学社会科学具有不可替代的重要地位,在理论建设中具有基础性的作用。哲学社会科学的多数学科都具有鲜明的意识形态属性,坚持以马克思主义为指导,是当代中国哲学社会科学区别于其他哲学社会科学的根本标志,必须旗帜鲜明加以坚持。因此,要切实解决好真学真懂真信真用马克思主义的问题,坚持理论自主性,创造主体性、原创性的理论观点,形成自己的特色和优势,扭转我国哲学社会科学领域存在的马克思主义边缘化、空泛化、标签化倾向,加快构建继承性与民族性、原创性与时代性、系统性与专业性相统一的中国哲学社会科学体系。

不断完善舆论引导工作机制，加强舆论阵地建设

《决定》强调，要"完善坚持正确导向的舆论引导工作机制"。作为意识形态斗争的最前沿，新闻舆论工作尤为重要。党的新闻舆论工作是党的一项重要工作，是治国理政、定国安邦的大事。党性原则是党的新闻舆论工作的根本原则，因此，必须"坚持党管媒体原则"，坚持政治家办报、办刊、办台、办新闻网站。党和政府主办的媒体是党和政府的宣传阵地，必须姓党，必须抓在党的手里，必须成为党和人民的喉舌，要牢牢坚持正确的舆论导向，坚持团结稳定鼓劲、正面宣传为主的基本方针，做大做强主流思想舆论，切实提高党的新闻舆论传播力、引导力、影响力、公信力；牢牢坚持马克思主义新闻观，引导广大新闻舆论工作者做党的政策主张的传播者、时代风云的记录者、社会进步的推动者、公平正义的守望者。

要掌握互联网战场的主动权，营造风清气正的网络空间。当前，互联网已经成为意识形态斗争的主战场，习近平总书记强调，"在互联网这个战场上，我们能否顶得住、打得赢，直接关系我国意识形态安全和政权安全""过不了互联网这一关，就过不了长期执政这一关"。因此，必须深入开展网上舆论斗争，严密防范和抑制网上攻击渗透行为，依法加强网络空间治理，加强网络内容建设，扎实推进网络安全和信息化工作，为广大网民营造一个风清气正的网络空间。目前，我国已经出台了《中华人民共和国网络安全法》《互联网新闻信息服务管理规定》《互联网群组信息服务管理规定》《互联网用户公众账号信息服务管理规定》等法律法规。党的十九届四中全会又对"构建网上网下一体、内宣外宣联动的主流舆论格局""改进和创新正面宣传，完善舆论监督制度，健全重大舆情和突发事件舆论引导机

制""建立健全网络综合治理体"等提出了明确要求,这对加强网络舆论监管和网络阵地建设、开展网上意识形态斗争、净化网络生态空间等具有极为重要的意义。

坚持以社会主义核心价值观引领文化建设制度,巩固全党全国人民团结奋斗的共同思想基础

每个时代都有每个时代的精神,每个时代都有每个时代的价值观念。培育和践行社会主义核心价值观是整合社会共识、使社会系统正常运转的重要途径,是一个民族、一个国家赖以存在的共同思想基础,是推进中国特色社会主义伟大事业、实现中华民族伟大复兴中国梦的战略任务。正如习近平总书记强调的,"核心价值观是一个国家的重要稳定器,能否构建具有强大感召力的核心价值观,关系社会和谐稳定,关系国家长治久安"。

社会主义核心价值观体现了社会主义本质要求,同当代中国需要解决的时代问题相适应,是当代中国精神的集中体现,凝结着全体人民共同的价值追求。社会主义核心价值观的形成与建构不是一蹴而就的,而是中国共产党在总结历史经验教训、结合时代特征和实践要求的基础上提出来的。党的十八大报告提出了以"三个倡导"为基本内容的社会主义核心价值观,即要倡导富强、民主、文明、和谐,倡导自由、平等、公正、法治,倡导爱国、敬业、诚信、友善。党的十九大报告把社会主义核心价值体系纳入新时代中国特色社会主义基本方略之中,提出了培养担当民族复兴大任的时代新人的目标要求。以此为基础,《决定》进一步强调,要"坚持以社会主义核心价值观引领文化建设制度。推动理想信念教育常态化、制度化",并指出要"完善弘扬社会主义核心价值观的法律政策体系,把社会主义核心价值观

要求融入法治建设和社会治理"。

在当代中国，弘扬中国精神、培育和践行社会主义核心价值观，要立足于中华优秀传统文化，通过宣传教育、示范引领、实践养成、制度保障，把社会主义核心价值观贯彻到社会生活的方方面面，使其成为全体人民的共同价值追求，成为我们生而为中国人的独特精神支柱。要加强党史、新中国史、改革开放史教育，加强爱国主义、集体主义、社会主义教育，实施公民道德建设工程；要树立价值标杆，用先进典型引领社会道德风尚；要重视家庭教育，注重家庭、家教和家风，推动形成社会主义家庭文明新风尚；要加强爱国主义教育，弘扬爱国主义精神，把爱国主义和社会主义相统一，爱国、爱党、爱社会相统一。

坚持以人民为中心的工作导向，不断激发文化创新创造活力

人民群众是文化强国建设的主体。在这一方面，《决定》反复强调了人民在文化建设中的重要性，提出了"坚持以人民为中心的工作导向""健全支持开展群众性文化活动机制""推动基层文化惠民工程扩大覆盖面、增强实效性"等明确要求。

坚持以人民为中心的工作导向，就是要把满足人民精神文化需求作为完善和发展社会主义先进文化制度的出发点和落脚点，把为人民服务作为重点，推出更多群众喜爱的文化精品。为此，要不断激发全社会文化创新创造活力，完善城乡公共文化服务体系，优化城乡文化资源配置，鼓励社会力量参与公共文化服务体系建设，特别是要"建立健全把社会效益放在首位、社会效益和经济效益相统一的文化创作生产体制机制"。同时，要加强文艺创作引导，完善倡导讲品位讲格调讲责任、抵制低俗庸俗媚俗的工作机制。

坚持以人民为中心的工作导向，就是要积极推进社会文化活动，培养人民群众的文化自信。文化的发展是为了人民群众的精神富有，人民群众的精神富有，又推动着文化的发展。因此，要健全支持开展群众性文化活动机制，激发人民群众的文化创造活力。要积极推进文化艺术作品创作和生产，讴歌人民群众中间的先进事迹，让人民群众经常感触到身边的先进典型、文化积淀，从中受到启发和教育。

坚持以人民为中心的工作导向，就是要不断加强文化队伍建设。文化是为经济社会发展凝神聚气、凝心聚力的。因此，文化部门应把加强自身建设和打造业务过硬的文化队伍结合起来，培养发展文化的骨干力量，带动人民群众努力开创文化工作的新局面。

提高国家文化软实力，讲好中国故事，增强国际话语权

"文化软实力集中体现了一个国家基于文化而具有的凝聚力和生命力，以及由此产生的吸引力和影响力。""提高国家文化软实力，不仅关系我国在世界文化格局中的定位，而且关系我国国际地位和国际影响力，关系'两个一百年'奋斗目标和中华民族伟大复兴中国梦的实现。"随着我国经济社会的发展和国际地位的提高，国际社会对中国发展道路、发展模式的认识逐渐深入，但仍然存在着对我们的误解，"中国崩溃论""中国威胁论"等错误言论不绝于耳。在西方文化霸权的"唱衰"以及"打压"下，当代中国价值观念被扭曲解释，甚至一度使我们陷入有理说不出或者说了传不开的尴尬境地。对此，习近平总书记提出，"要着力推进国际传播能力建设，创新对外宣传方式，加强话语体系建设，着力打造融通中外的新概念新范畴新表达，讲好中国故事，传播好中国声音，增强在国际上的话语权"。

推进国际传播能力建设，要树立以理服人、以文服人、以德服人

的传播理念，讲好中国特色社会主义故事，讲好中国梦故事，讲好中国共产党治国理政故事，讲好中华优秀传统文化故事，讲好中国坚持和平发展、合作共赢故事，向世界展示一个真实、立体、全面的中国；要拓展对外传播平台和载体，通过新闻发布机制、高端智库交流渠道、重大活动和重要节展赛事平台、中华传统节日载体、海外文化阵地等，把当代中国价值观念贯穿于国际交流和传播的方方面面；要创新对外话语表达方式，构建对外传播话语体系，发挥好新兴媒体的作用，增强对外话语的创造力、感召力、公信力。

党的十八大以来，以习近平同志为核心的党中央，积极讲好中国故事，传播好中国声音，在世界的舞台上讲中国道路的历史渊源和现实基础，讲中国和平发展的理念和主张，讲"一带一路"倡议等。可以说，随着中国日益走向世界舞台中央，我国的文化软实力得到大幅提升，中华文化的国际影响力显著增强。

如何更好构筑中国精神、中国价值、中国力量

中国人民大学习近平新时代中国特色社会主义思想研究院研究员、21世纪中国马克思主义研究协同创新中心特约研究员、中国人民大学马克思主义学院教授、博士生导师，北京高校思想政治理论课高精尖创新中心研究员

——王海军

党的十九届四中全会通过的《决定》作出"坚持和完善繁荣发展社会主义先进文化的制度，巩固全体人民团结奋斗的共同思想基础"战略部署，并将"发展社会主义先进文化、广泛凝聚人民精神力量"，作为国家治理体系和治理能力现代化的深厚支撑。《决定》指出，"必须坚定文化自信，牢牢把握社会主义先进文化前进方向，围绕举旗帜、聚民心、育新人、兴文化、展形象的使命任务，坚持为人民服务、为社会主义服务，坚持百花齐放、百家争鸣，坚持创造性转化、创新性发展，激发全民族文化创造活力，更好构筑中国精神、中国价值、中国力量"。

马克思指出："'价值'这个普遍的概念是从人们对待满足他们需要的外界物的关系中产生的。"社会主义核心价值体系是社会主义价值理论的重要体现，是基于我们党建党近百年尤其是新中国成立70

年以来我国社会价值观念变迁基础上形成的重要理论成果。作为新中国成立以来国家文化软实力的核心内容,我们党对社会主义核心价值体系的提出和凝练经历了一个不断认识和逐步深化的发展过程。

社会主义核心价值体系的初步探索(1949—1978)

社会主义核心价值体系是中国共产党意识形态建设的一项重要工程,在改革开放前30年,我们党虽未明确提出"社会主义核心价值体系"这一重大命题,但在其意识形态建设的价值目标和价值理念中已蕴含着丰富的社会主义核心价值思想。

学习、宣传马克思主义和毛泽东思想。1951年2月,中央发出《中央关于加强理论教育的决定的通知》,规定"各级党委宣传部的首要职能是领导或推广马克思列宁主义、毛泽东思想的宣传"。中国共产党打造多元化学习平台,充分利用广播电台讲座等方式。通过对马克思主义和毛泽东思想的学习,帮助人民群众树立起马克思主义科学世界观及爱国主义、社会主义、集体主义、为人民服务的正确价值观,为社会主义核心价值体系建设奠定了重要思想基础。

初步开拓与探索中国特色社会主义。中国共产党自成立之日始,就以社会主义、共产主义为奋斗目标。早在新民主主义革命时期,毛泽东就指出:"我们的将来纲领或最高纲领,是要将中国推进到社会主义社会和共产主义社会去的。"新中国成立后,我们党用社会主义和共产主义思想道德教育党员干部,强调"社会主义是中国的唯一的出路"。我们党从实际出发,提出一系列具有中国特色的社会主义建设理论,毛泽东的《论十大关系》《关于正确处理人民内部矛盾的问题》等丰富发展了科学社会主义理论,成为中国特色社会主义理论体系的重要思想来源。

培育伟大民族精神和时代精神。该时期我们党注重体现社会主义思想道德准则"时代精神"和"民族精神"的培育。"五反"运动就是"在资本家中进行爱国主义教育",传递社会主义价值理念。抗美援朝使爱国主义精神空前高涨。1952年12月,《人民日报》报道黄继光英雄事迹,"他已经成为志愿军爱国主义、国际主义和革命英雄主义的一面新的旗帜"。当时,涌现出邱少云、雷锋、黄继光、王进喜、焦裕禄、陈永贵等英雄模范和"南京路上好八连"等英雄群体,展现出爱国主义、集体主义、社会主义和为人民服务的核心价值观,有保家卫国的"抗美援朝精神"、不怕困难的"铁人精神"、勇于攀登的"两弹一星"精神、全心全意为人民服务的"雷锋精神"等。

社会主义核心价值体系的推进与确立(1978—2012)

改革开放新时期,社会主义核心价值体系建设得到进一步推进与发展,为社会主义核心价值体系的最终形成和完善奠定了基础。

坚持马克思主义指导思想。马克思主义指导思想是我们立党立国的根本指针,是社会主义核心价值体系的灵魂。马克思主义是具有普遍指导意义的科学理论体系,其世界观和方法论始终是我们认识世界和改造世界的重要理论指南。改革开放以来,我们党对"什么是马克思主义、怎样坚持和发展马克思主义"进行了不懈探索。邓小平宣称"世界上赞成马克思主义的人会多起来的,因为马克思主义是科学"。江泽民提出加强思想政治工作,最根本的是坚持马克思主义在意识形态领域的指导地位。胡锦涛强调用科学马克思主义理论武装全党、教育人民。我们党在开创中国特色社会主义道路实践中,形成了指导中国特色社会主义建设的行动指南——中国特色社会主义理论体系,丰富和发展了马克思主义理论宝库。在当代中国,坚持和发展马克思主义，科学对待马克思主义是社会主义核心价值体系建设的根本前提。

坚持培育民族精神和时代精神。以爱国主义为核心的民族精神和以改革创新为核心的时代精神是社会主义核心价值体系的精髓。改革开放以来，加强爱国主义教育，弘扬和培育民族精神，是文化建设的一项重要任务。1981年通过的《关于建国以来党的若干历史问题的决议》指出，要"发扬祖国利益高于一切的爱国主义精神"。1994年8月，中央发出《关于印发〈爱国主义教育实施纲要〉的通知》，要求大力加强爱国主义教育和培育民族精神。2002年江泽民在党的十六大报告中对民族精神内涵作了全面概括，"在五千多年的发展中，中华民族形成了以爱国主义为核心的团结统一、爱好和平、勤劳勇敢、自强不息的伟大民族精神"，成为全国人民共同价值取向。

坚持以荣辱观为核心的社会主义道德建设。改革开放初期，我们党确立了精神文明建设的根本任务，为社会主义荣辱观的形成奠定了基础。1981年2月，中共中央发出《关于开展文明礼貌月活动的通知》，肯定了"五讲四美"活动是我国发展社会主义精神文明的重要形式。1996年10月，《关于加强社会主义精神文明建设若干重要问题的决议》指出为人民服务是社会主义道德建设的核心，集体主义是社会主义道德建设的原则，"爱祖国、爱人民、爱劳动、爱科学、爱社会主义"是社会主义道德建设的基本要求。中共中央明确"爱国守法、明礼诚信、团结友善、勤俭自强、敬业奉献"为公民基本道德规范。2006年，胡锦涛提出"八荣八耻"，要求在全社会大力弘扬爱国主义、集体主义、社会主义思想，引导广大干部群众特别是青少年树立社会主义荣辱观，进一步丰富和发展了社会主义道德建设内容。

新时代以来社会主义核心价值体系建设的深化与发展

建设社会主义核心价值体系是一项长期历史任务，党的十八大以来，习近平总书记多次就社会主义核心价值体系进行深刻阐释，推动了全社会对社会主义核心价值体系认识的不断深化。

深刻阐释社会主义核心价值观建设的重要价值。核心价值观承载着一个民族、一个国家的精神追求，体现着一个社会评判是非曲直的价值标准。在党的十九大报告中，习近平总书记对社会主义核心价值观的概括作了新的提升，指出"社会主义核心价值观是当代中国精神的集中体现，凝结着全体人民共同的价值追求"。习近平总书记多次阐述了社会主义核心价值观对我们国家、民族发展进步的重要性，指出"核心价值观是一个民族赖以维系的精神纽带"，是"一个国家的重要稳定器"，要"确立反映全国各族人民共同认同的价值观'最大公约数'，使全体人民同心同德、团结奋进，关乎国家前途命运，关乎人民幸福安康"。

重视学校传播社会主义核心价值观的重要引导作用。培育和弘扬社会主义核心价值观须融入国民教育全过程。在大中小学思想政治理论教育中，推动社会主义核心价值观进教材、进课堂、进学生头脑。习近平总书记重视高校传播社会主义核心价值观的重要作用，要求人民教师"教书育人、立德树人"。2016年12月，习近平总书记在全国高校思想政治工作会议上指出，"要坚持不懈培育和弘扬社会主义核心价值观，引导广大师生做社会主义核心价值观的坚定信仰者、积极传播者、模范践行者"，强调"广大教师要用好课堂讲坛，用好校园阵地，用自己的行动倡导社会主义核心价值观，用自己的学识、阅历、经验点燃学生对真善美的向往，使社会主义核心价值观润物细无声地浸润学生们的心田"。

将社会主义核心价值观融入党内法规和国家法治建设。培育和践行社会主义核心价值观，要发挥好体制机制的规范约束作用，用制度推动核心价值观建设。习近平总书记强调，"培育和弘扬社会主义核心价值观，不仅要靠思想教育、实践养成，而且要用体制机制来保障"。2016年12月，中央印发《关于进一步把社会主义核心价值观融入法治建设的指导意见》，强调把社会主义核心价值观上升到法律制度层面。党的十九大通过的党章将"发扬社会主义新风尚，带头实践社会主义核心价值观和社会主义荣辱观"作为党员权利加以强调。2018年3月，十三届全国人大一次会议将社会主义核心价值观写入宪法总纲，规定"国家倡导社会主义核心价值观"，将其上升到国家层面的价值追求。5月，中共中央印发《社会主义核心价值观融入法治建设立法修法规划》，充分体现了社会主义核心价值观由"软性要求"转化为"刚性规范"的法治导向。

培育和弘扬社会主义核心价值观是推进国家治理体系和治理能力现代化的重要支撑

首先，推进国家治理体系和治理能力现代化，必须培育和弘扬社会主义核心价值体系和核心价值观。培育和弘扬核心价值体系和核心价值观，是治国理政的内在要求。党的十八届三中全会提出全面深化改革的总目标是完善和发展中国特色社会主义制度，推进国家治理体系和治理能力现代化。习近平总书记在全面深化改革专题研讨班上强调，"要大力培育和弘扬社会主义核心价值体系和核心价值观，努力抢占价值体系的制高点""如果我们的人民不能坚持在我国大地上形成和发展起来的道德价值，而不加区分、盲目地成为西方道德价值的应声虫，那就真正要提出我们的国家和民族会不会失去自己的精神独立性的问题了"。构建充分反映中国特色、民族特性、时代特征的核心价值体系和核心价值观，有效整合社会意识，是社会系统得以正常运转、社会秩序得以有效维护的重要途径，是国家治理体系和治理能力的重要方面。

其次，培育和践行社会主义核心价值观，必须立足中华优秀传统文化和革命文化。中华优秀传统文化和革命文化是社会主义核心价值观的思想源泉，要利用好中华优秀传统文化蕴含的丰富思想道德资源，推动中华传统文化创造性转化、创新性发展。革命文化是中国革命和建设光荣历史的见证，包含了体现社会主义、共产主义价值目标的精神形态，应大力传承和弘扬。中华优秀传统文化和革命文化有其独特价值体系，蕴含着关于国家、社会和个人层面丰富价值观念。习近平总书记非常重视对中华优秀传统文化和革命文化有益成果的吸收，强调要"深入挖掘和阐发中华优秀传统文化讲仁爱、重民本、守诚信、崇正义、尚和合、求大同的时代价值，使中华优秀传统文化成为涵养社会主义核心价值观的重要源泉"。

最后，加强国家文化软实力建设，创新对外话语表达方式和传播渠道，增强国际话语权。核心价值观是文化软实力的灵魂，当前我国正处在大发展大变革大调整时期，国际国内形势的深刻变化使我国意识形态领域面临着空前复杂的情况，各种思想文化相互激荡，不同文明交流交融交锋更加频繁，国际敌对势力正在加紧对我国实施西化分化战略图谋。长期以来西方国家掌握着"文化霸权"，当代中国价值观念国际认同度不高。要加强国家文化软实力建设，加强当代中国价值观念的提炼与阐释，拓展对外传播平台和载体，努力提高国际话语权，精心构建对外话语体系，增强对外话语的创造力、感召力、公信力，使当代中国价值观念走向世界，实现文化软实力提升"形于中""发于外"。

国家治理现代化与以德治国
——价值功能定位与有效实现方式

北京师范大学马克思主义学院教授

马振清

党的十九届四中全会审议通过的《决定》提出，坚持和完善繁荣发展社会主义先进文化的制度，巩固全体人民团结奋斗的共同思想基础，并着重在"坚持以社会主义核心价值观引领文化建设制度"一节中强调了要"实施公民道德建设工程""坚持依法治国和以德治国相结合，完善弘扬社会主义核心价值观的法律政策体系，把社会主义核心价值观要求融入法治建设和社会治理，体现到国民教育、精神文明创建、文化产品创作生产全过程"等。这是在继党的十八届四中全会《中共中央关于全面推进依法治国若干重大问题的决定》提出"依法治国和以德治国相结合"之后对社会主义法治国家建设战略构想的极大丰富，赋予了国家治理现代化的新内涵，为国家治理现代化建设指明了具体方向。

道德在国家治理现代化中的价值功能定位

道德的功能是指其作为社会意识的特殊形式对于社会发展所具有

的功效与能力。公共权力自觉发挥道德的导向和规范作用来调节社会群体冲突，维护社会秩序和实现公共利益。道德以其独特的方式规范着人类社会的秩序，为人类社会提供精神理想和情感关切的信念力量。在国家治理活动中，道德对于社会治理的作用是一直存在着的，只有恰当地发挥其作用，才能够完成公共权力所担负的维护社会秩序、推动人类发展的历史使命。

道德对政治生活和经济生活具有能动作用。公共权力在进行治理的过程中，自觉发挥道德对于缓和社会冲突、维护社会秩序、实现特定阶级利益和社会利益的作用。道德不仅是国家的治理工具，而且以价值理性和社会信仰的方式广泛而深刻地影响人们精神世界和生存方式国家权力在治理社会的过程当中，发挥道德自律作用的活动并非专属于某个特定历史阶段，相反，只要国家权力存在，那么，道德就有社会治理的工具作用。

道德活动和政治活动反映了一定的物质生活条件和变化的社会意识形态，道德水平高低可以反映社会现实，特别是反映社会经济关系的功效与能力，是影响社会生产力发展的一种重要的精神力量。一个社会道德意识的主流形态就是这个社会占主导地位的道德体系。"一切以往的道德论归根结底都是当时的社会经济状况的产物。"道德治理对于政治和政治生活是必要的，公共权力通过实施道德教育来完善国家治理具有一定的合理性。

道德教育能够提高社会成员对社会秩序认可的自觉性。道德品质的形成，不仅必须具备道德认识、道德情感、道德意志和道德行为方式等心理成分，还要使道德行为方式成为习惯。道德教育的一大功能就是调动社会成员接受政治规则、认可社会秩序的自觉性。其发挥作用的方式是通过它对社会成员的思想道德意识进行塑造而实现的，因为现代意义上的道德教育不只是道德的政治化，而是起到道德的社会化作用。人们需要一种伦理观念，并内化为个人主观世界的道德秩序，使之与现实生活中的社会经济关系、政治活动和文化生活秩序保持高度一致。

通过道德教育活动将道德观念渗透于全体社会成员的思想意识之中，并上升为全社会普遍性的道德意识，从而使这些观念演变为社会成员对于现存社会秩序的认同感。如果法律偏离了道德规范的基本要求，就会影响人们从内心深处真正认可现行法律法规，很难让人们自觉地把法律要我做什么转化为我应该做什么。

道德教育表现为对人们行为柔性的、间接的影响，重在培育社会成员的自觉和自律精神，而不是强制性的规范活动。每一个国家在立法时，都会追溯国家的历史渊源并考虑现实需要，其中必须考虑到国家所制定的法律是否具有正义性。这一问题事关政治的合法性地位问题。如果从这一角度出发考察和分析国家治理问题，我们就不难理解道德教育在国家治理过程中的合法性问题。早在中国古代，许多思想家就对这一问题进行了思考。孔子说："民无信不立。"孟子说："得天下有道，得其民，斯得天下矣。得其民有道，得其心，斯得其民矣。"可见，中国古代思想家早已看出社会成员对政治统治的态度会直接影响到政权的稳定问题。一个人获得道德观念的过程，也就是一个人接受这个社会当中占主导地位的道德观念的过程，从而使其能够适应政治生活的道德规范。道德的基础是人类精神的自律，正是因为人类的思维能力，才使道德教育成为可能。

道德教育通过制度文化使道德的力量得到强化。德治礼序是中华传统文化的重要内容。荀子曰："礼者，政之挽也。为政不以礼，政不行矣。"强调通过制度增强道德力量，把道德寓于礼制中，礼治与德治相结合的思想启示当下治国理政也要法治与德治相结合。

道德底线是每个社会成员必须遵守的不可触碰的底线，它规定的是一个社会最低的道德要求。从人类发展的宏观视域来看，道德教育活动还通过对制度文化的道德化建设和社会成员道德人格的培养来促进人的全面发展。社会制度内在地蕴含着同样的价值精神，这是制度成为道德教育客体的依据，而直接决定制度好坏的就是构建制度过程当中秉承的道德价值。社会制度是道德教育实现公共权力所有者利益和意志的保障，社会制度是对人们交往关系的确定，规定了人们在经济生活、政治生活和社会生活当中的地位和交往准则。如果人们的道德理想与社会主导价值观念不能保持高度的一致，就得不到制度的支持；如果违背了现实生活的社会秩序，甚至出现矛盾和冲突，道德理想就会在利益纷争中消解。

国家治理现代化中德治与法治的关系

作为上层建筑重要组成部分的道德和法律，都是维护社会秩序、规范人们思想和行为的重要手段，德治与法治两者隶属的范畴不同、作用的领域和方式也有所区别。从国家治理方略的角度来看，依法治国与以德治国是一个紧密结合的整体，要使二者紧密结合起来，相互配合，有机统一于国家治理现代化的伟大实践中。因此，提高国家治理能力现代化水平必须正确处理德治与法治之间的相互关系，合理运用道德教育与法治的手段。

道德是法律制定的价值基础。道德是人们心中衡量善恶、是非的准则，内在地制约和自觉地引导人们的行为，是社会稳定有序的第一道屏障。就道德对法律的影响而言，社会需要法律作为利益的调节器、行为的规范和行动的指南，但并不是什么样的法律都能够适用社会的要求，现代社会需要的是符合社会发展规律、体现公平、正义、有道德准则为依托的"良法"，是社会公众能够接受并从内心产生共鸣的法律。在这个意义上，不但立法，而且执法以及守法都要受道德的影响。有法不依、贪赃枉法、司法腐败等都是道德沦丧的必然结果。一个社会如果没有一定的道德基础，制定出的法律不为多数人所认同和信仰，那么，再健全再强有力的法律也只能是一纸空文。因为法律毕竟是一种外在的东西，它不可能是万能的，总需要人们内在自律的道德来配合。因此，法律不可能脱离道德而孤立存在，不难设想，在一个缺少道德基础的社会里，不可能产生公正的法律和严明的法治。

法治的渐进与社会成员道德法律意识的觉醒和成熟是两条并行的曲线。普遍而持久的道德教育，可以提高公民遵纪守法的自觉性，提高其维护法律尊严的积极性。因为法律不能仅仅写在纸上，而是要写在每个公民的心里。"道德不兴，人心浮动，法律的社会根基就不牢靠；反之，法律松弛，奖惩不明，道德就会失去国家保障。"在什么情况下适合运用哪一种治理手段，需要建立一个充分协调机制。各种手段的选择得当，运用准确，就能够充分发挥各种道德规范和法律法规"各就各位"的制度驱动力。在建设法治中国的今天，只有把德治和法治有机结合，才能更好地解决全面深化改革过程中遇到的各种问题。

道德是法律的精神基础，法律是道德的升华。道德教育是逐步积累的过程，需要一系列的宣传、教育、感化和引导，但要使德治富有成效，还必须有章可循、依法进行。道德教育的目的是培养人们高尚的道德品质，但对不道德而未违反法律的行为，只能在道德的范围内加以解决；对不道德的人和不道德的事的惩处，也必须在法律规定的范围内进行。道德教育在于先，而法律的惩治作用在于违法犯罪之后，法律所具有的强制性是用来制止正在发生并造成伤害事实的违法犯罪行为，而道德教育的先见性和预见性能够有效防范尚未发生的违法犯罪行为。法治是调整社会关系的重要方法，但不是唯一的方法。对于法律不能调整，或法律还没有作出规定的问题，就需要用道德教育的手段。

法律必须体现社会道德的内在要求，在根本上具有合法性和正义性，这样的法律才能得到广泛自觉的遵守。法律的实施和实现主要依靠两种基本方式：一般社会成员的自觉遵守和国家机关公职人员的严格执法。从表面上看，守法是一种外在的行为，但实际上是人们内心思想和外在行为的统一。许多外在行为很可能要受到内在的思想、感情等主观因素的影响和制约，其中，道德因素在很大程度上影响到外在行为。一般来说，在社会占主导地位的道德规范的要求和法律规范的要求往往是一致的，一个道德意识很强的人违法的可能性比道德意识淡薄的人要小得多。道德反映了人们对善恶是非的基本态度，相对于法律的调整范围，道德的调整范围则广泛得多，德治对法治的不足部分可以起到弥补的作用。由于德治的外延大于法律治理的范围，它涉及社会的各个方面，对于法律条文暂时未能涉足的部分，道德教育可以弥补并促其更加完善。因为法律的调整领域是有限的，不能也不可能解决所有社会问题，在许多不适于或不完全适于用法律调整的领域，法律的作用是有限的。即使在有许多法律调整的领域，如果没有道德的支持，法律调整的效果也会不尽如人意。道德教育的内容中包含了对社会成员的法律教育和守法要求，道德规范的要求高于法律，如果人们都能够自觉地实践德治的要求，就可以达到法治所期盼的目标。

德治的有效实现需要法治的保障。一个社会基本道德观念的生成和弘扬离不开法律强制力的保障。各种法规本身也内含着道德要求，道德走向法律的过程是把内在的"应当如此"转化为外在的"必须如此"的过程，这是逻辑发展的必然。只有当道德内化成为个人的信念和习惯时，才能成为个人行为的内在控制力。法律是将道德中最基本最普遍的要求转变成刚性规则，并通过强制力确保这些规则的正常运用，即把部分道德规范外在化。现实表明，如果法律离开道德，则无从建立，即便建立也常常脱离实际。

道德通过制度化的途径外化为社会规则，并逐渐形成社会风气。道德中的许多内容和要求需要通过特定程序上升为法律之后，才能获得更大范围的普及，才会具有更强的约束力，只靠道德的力量显然是不行的。所以，必须通过法律惩治严重的不道德行为，弘扬社会道德，引导公民道德生活的健康发展。

法律对道德中重要问题的调整是对道德力量的强化，以强制性来补充和保障道德规范。当然，德治的目的并不是要把全部道德规范上升为法律条文，可以上升为法律的道德规范，需要具备以下特点："性质上它们是有益于人类社会共同的生存与发展的道德；形式上它们只能是社会道德、客观道德，而不是个人道德、主观道德；它们只能是基本的社会道德，而不是理想的社会道德；它们只能是涉及人的行为层面的道德，而不是涉及人的思想层面的道德。"事实证明，道德行为规范离不开良好的法律环境，尤其是在道德约束力无法产生效力的时候，再好的道德规范人们也可以不去遵守。但法律因其具有国家强制力而迫使人们遵守，并通过这种方式将道德准则变为社会共识，使道德准则这种非强制性的规范变为具有强制力的法律规范。

德治在国家治理现代化过程中的实现方式

国家治理现代化建设是一个长期而复杂的过程。在依法治国的前提下，必须拓宽国家治理现代化的途径和方法，通过道德教育引导人们的行为符合社会规范的要求,对于法治强制性所不能达到的目标,就要依靠以软性规范方式的道德教育的转化能力来实现。

以德治补充精神之钙。建立在共同信仰基础上的道德是开展其他方面工作的坚实基础。道德教育首先表现为一种正确思想观念的传递,由于道德体现为一种自我约束力,每个人的道德素质存在差异,思想观念也千差万别,让人们改变固有思想而接受正确思想观念就需要共同的理想信念作为对话基础。加强理想信念教育,最根本、最有效的途径是用正确的理论武装人们的头脑。

德治将关照个体幸福与家国情怀相结合。德治的落脚点是优化公民素质结构,实现人的自由而全面的发展,这也是国家治理现代化所要实现的终极目标。因此,在进行以德治国时要全面了解个体实际需求,关照利益诉求,解决实际困难,而不是空喊口号、空讲道理。"道德教育重要的不是进行特殊的善观念的传输和建立在对这种善观念的影响基础之上的道德引导,而是形成一种对善生活的观念和道德观念的宽容、尊重和理解,形成一种选择自己的道德观念的理性。"每个人都有选择自己喜欢的生活方式的自由,每个人也都有追求个人幸福的权利,德治并非一刀切地规定一种极端高尚的生活方式,而是以实事求是为原则提出道德要求。

在关照个体幸福感受的同时要强调集体主义和奉献精神,其实两者并不矛盾,在本质上具有一致性。集体主义和奉献精神的道德理念是时代发展要求,也是符合个人利益的价值要求,只有当每个人都能去关心人、理解人、尊重人,把个人利益与集体利益相结合,必要时牺牲个人利益,才能把个人理想与共同理想相结合,才能把实现"个人梦"和"中国梦"相结合。通过开展道德教育教会人们如何明辨是非,清除旧思想、旧观念,输入新意识、新观念,塑造高尚的精神面貌,为个人更好的幸福生活创造条件。无论是学校教育,还是社会教育、家庭教育等，凡是对人们思想观念产生影响的各种活动都要关照到受教育者的心理诉求，构建一种彼此理解、相互尊重、关系融洽的教育环境，丰富个体幸福内涵、培养家国情怀，增强民族自尊心和自豪感，使全民族保持昂扬向上的精神状态。

以道德理念涵养法律治理实现彼此良性互动。实现道德理念涵养法律治理，一方面，要弘扬中华民族传统文化，向历史借智慧。《中共中央关于全面推进依法治国若干重大问题的决定》指出，"加强公民道德建设，弘扬中华优秀传统文化，增强法治的道德底蕴"。习近平总书记在参加纪念孔子诞辰2565周年国际学术研讨会时再次强调："中国优秀传统文化中蕴藏着解决当代人类面临的难题的重要启示。"在建设社会主义法治中国的大背景下，我们必须认识到中华民族优秀传统文化为今天的国家治理提供的治理思路。

另一方面，法律要蕴含公平、正义、责任、担当的道德要求。实现法治中国建设，法律的制定首先要合理，法律的精神内核是立法、执法、司法所体现出来的公平、正义精神。法律应当照应人们朴素的真善美的道德情怀，法律不应该是冷冰冰的，法律也可以有温度，只有法律本身蕴含了基本的人文关怀才能使其保持基本温度，从而避免人们在"情"与"法"之间的纠结与失望。属于道德领域的问题要运用道德手段进行教育，不能把属于道德领域的东西不加区分地上升到法律层面，能用教育、引导方式解决的问题就少用法律手段，减少法律运行成本，及时解决问题。属于法律领域的问题就要毫不犹豫使用法律手段，坚持"违法必究""执法必严""严厉惩治"态度，用法律伸张正义，为德治创造条件。

人们的行为受思想观念的支配，持久的守法行为必然是建立在法治思维基础上做出的理性选择。法治思维首先表现为法律至上的观念，遇到事情首先能从法律角度思考问题，而不只是从经济角度的成本与收益、政治角度的利与弊、道德角度的善与恶去考量问题。这就要求我们开展法治教育必须落小、落实、落细，让每个人充分认识到法治国家的优越性从而积极投身于法治中国的建设过程当中。

只有当法治观念深入每个公民的内心时，大家才会依法履行自身的义务并维护自身合法权益，制度化、秩序化的道德教育才能增强其时效性和影响力。在没有法律约束或法律涉及不到的地方人们能否自觉做出正确选择考验着一个国家公民道德水平的高低。当社会的每个成员都能以高尚的道德精神参与社会活动、进行人际交往时，即使没有外在法律约束也能营造一种和谐社会环境。

道德作为调整人与人、人与社会之间关系的行为规范总和，是一定社会经济、政治和文化的客观反映。在社会主义初级阶段、全面深化改革和建设社会主义法治国家的过程中，以德治国要充分反映和体现社会主义市场经济的基本需要，处理好道德价值取向与政治体系的合法性关系，处理好道德教育与法治的关系，既不过度拔高也不忽视道德教育的社会作用，而是将其放于合适的位置，只有这样才能更好地实现建设社会主义法治国家的终极目标。法治中国建设的路途任重而道远，只有每个人都知法懂法守法，才能维护法律的权威和确保法律的正常执行，才能促进良好的社会道德风尚的形成，继而良好的社会道德风尚也能让法律更加严谨、政治更加清明。

推进更加公平、更可持续、更有效率的社会保障

浙江大学民生保障与公共治理研究中心主任、教授,中国社会保障学会副会长

——— 何文炯

社会保障是国家通过立法,实行国民收入再分配,为社会成员基本风险提供基本保障的一系列制度安排,旨在确保全体社会成员基本生存、基本发展和基本尊严之权益。社会保障是国家在风险管理领域的基础性制度安排,是国家治理体系的重要组成部分,被公认为是"国之重器"。新中国成立以来,我国社会保障事业实现了伟大的进步,有力地促进了国家发展、提高了人民福祉,但与国家治理体系和治理能力现代化的要求相比还存在一定差距。为此,需要按照党的十九届四中全会提出的"坚持和完善统筹城乡的民生保障制度"精神,深化社会保障制度改革,按照整体性治理的思路,优化社会保障资源配置,建设更加公平、更可持续、更有效率的社会保障制度。

统筹城乡:权益更加公平

在我国,党和政府一直高度重视社会保障事业发展,通过各种途径组织资源、增加社会保障领域的投入。总体上看,社会保障水平是

大大提高了。但有两个问题依然比较突出：一是部分社会成员的保障项目较少、保障待遇很低，现在的实际保障水平与其基本风险保障需求还有不小的差距；二是社会保障制度对于改善全社会收入分配状况的贡献不足，某些项目甚至在扩大群体间收入分配的差距。这种差距，存在于城乡之间、地区之间、群体之间。从制度安排看，主要是城乡之间的两大群体，即工薪劳动者与农民之间。值得指出的是，这种差距，是国民基本权益的差异，与现代社会国民基本权益平等的追求相悖，与国家治理现代化的要求不相适应，需要引起高度重视。因此，党的十九届四中全会再次强调"统筹城乡"切中时弊。

事实上，由于自然和人文、历史和现实的诸多原因，我国农村的经济发展水平较低，农民收入低、增收难，基本公共服务供给能力弱，因而农民的风险多而自身抵御风险的能力弱，更需要由国家提供基本风险保障。从现行制度安排看，惠及农民的社会保障项目主要有以下几项：最低社会保障制度、特困人员救助制度（原"五保供养制度"）、基本医疗保险制度、基本养老金制度、公共卫生制度，还有灾害救助、医疗救助、住房救助、教育救助等项目，但生育、就业、职业伤害等风险保障项目基本缺失。此外，农民进城打工应该依法参加职工相关的各项社会保险，但由于制度设计缺陷而使农民工的实际参保率很低；社会救助和妇老幼残等特殊群体的福利项目，目前基本上须以户籍为基础，因而农民工也难以享受。另外，涉及面最广、关注度最高的基本养老金和基本医疗保险这两个社会保障项目，农民与工薪劳动者的保障待遇差距很大。农民的基本医疗保障，与过去相比，已经有很大的进步，但与工薪劳动者相比，其差距依然不小，因病致贫、因病返贫的问题还没有从根本上解决。尤其需要指出的是，老年农民的基本养老金很低，2018年全国月人均仅为152.33元。前些年为农民建立基本养老金制度，这是我们国家一个很大的进步，但这样的养老金水平难以担当起保障老年农民基本生活需要之职责。此外，随着城市化进程加快，年轻人大量进城，农村的老龄化程度高于城市，农村失能老人的社会化照护需求直线上升，但照护服务供给严重缺失。

进入新时代，社会保障领域必须尽快改变人群分等、制度分设、待遇悬殊的局面。因此，要按照统筹城乡的思路，朝着国民社会保障权益公平的方向持续努力。一是按照党的十九大"织密网"的要求，逐步增加与农民和新业态从业人员相关的社会保障项目，改进现行制度设计，将职业伤害保障、就业保障等项目扩展到包括农民和新业态从业人员在内的全体劳动者。二是按照"抑峰填谷"的思路，稳步提高以农民为主体的低保障群体的基本保障水平，尽快建立职工和居民基本养老金制度、基本医疗保险制度待遇调整的协调机制，严格控制、逐步缩小群体间基本养老金和基本医疗保险待遇差距。三是配合人口政策调整的思路，将生育保障确认为国民权益，把生育医疗费用纳入基本医疗保险，建立面向全体国民的生育津贴制度，其资金由国家财政承担，同时健全儿童福利制度，加强儿童照顾服务体系建设，建立有效的留守儿童、困境儿童帮扶机制。四是面对失能老人持续增加的趋势，加快发展老年照护服务产业，以农村为重点，积极探索有效的城乡失能老人照护服务供给机制，尽快实施失能老年长期照护服务补助制度，即以需求评估为基础，财政出资为特别困难群体提供帮助，同时审慎探索长期照护保险制度。五是健全社会保障法制。在认真总结经验教训的基础上，让部分社会保障制度逐步定型并以法律的形式固定下来，加快制定社会救助法、修改社会保险法。

权责清晰：制度更可持续

社会保障是惠及全体国民的长期性制度安排，是涉及主体众多、权责关系复杂、技术含量较高的社会政策。如果社会保障制度政策设计得好，则能够长期持续健康运行，有助于经济发展、社会稳定和国家长治久安；如果制度设计不当，则不仅不能有效地为社会成员提供基本风险保障、提供稳定的安全预期，而且可能影响经济发展、社会稳定，甚至成为社会动荡的诱发因素。我国现行社会保障体系中的绝大多数项目，是最近20多年来逐步建立并实施的，其中一部分是全新设计的，一部分是为了适应经济体制改革和社会转型而对原有制度进行改造而来的，还有一部分则是为了应对特殊情况临时提出的，因而制度设计缺陷在所难免，加上制度运行环境不断变化，某些制度在实际运行中出现了一些问题，对社会保障制度的可持续性产生了一定的影响。

造成这种情况的主要因素有：一是宏观经济形势发生变化。过去的40多年，我国经济总量持续高速增长，国家财政收入也是如此，而最近几年经济发展进入新常态，经济总量和财政收入的增长幅度开始趋缓，这给社会保障的筹资带来一定的难度。二是人口结构变化。近年来，我国老龄化速度加快，在这样的背景下，社会保障支出需要增加，而筹资变得更难。三是社会保障相关服务的成本逐步提高。医疗保障、照护保障、生育保障、职业伤害保障等项目都需要通过医疗、药品、照护等服务的有效提供才能实现其政策目标，而提供这些服务的劳动和技术成本都在不断提高。四是社会保障制度设计的技术不够成熟。尤其是技术比较复杂的社会保险制度，需要基于相关风险损失分布的有效把握才能进行科学的设计，如生命规律、疾病规律、失能规律、宏观经济和金融市场等，而我国在这方面的技术力量存在不足。

除了上述因素，还有一点十分重要，那就是社会保障领域的权责关系。社会保障制度与众多主体有关，但我国现行社会保障制度的设计和实际运行中，这些主体的权责关系并不很清晰，直接影响着制度的可持续性。一是政府与市场、社会、个人和家庭的职责不清晰。风险保障可以分为基本保障和补充保障两类，前者由政府主办并承担兜底责任，但并不意味着全部由国家财政承担责任，而是采用国家、用人单位和个人共同筹资的办法来实现；后者则是社会成员及其用人单位的自主自愿行为。但有些人希望政府承担更多的责任，常常通过各种途径施加压力，希望提高基本保障待遇水平，这是影响社会保障制度可持续性的重要因素。二是社会保险筹资结构不合理。某些项目的政府和用人单位的筹资责任过重，而个人筹资责任过轻。例如，城乡居民基本医疗保险，许多地区的个人缴费不足 1/3；城乡居民基本养老保险虽被冠以"保险"之名，但个人账户没有互助共济功能，大多数参保者选择最低档次缴费，有些人认为缴纳此款只是为了得到政府提供的那笔基础养老金。三是政府的某些职责未能有效落实。比较典型的是社会保险转制成本。现行职工社会保险是从劳动保险转型而来，这就使得历史债务显性化，本应在制度转轨时予以明确，但事实上一直没有采取有效的措施，这就使得在职一代劳动者承担了双重缴费责任。

因此，要按照党的十九大"权责清晰"的原则及十九届四中全会精神，改进社会保障制度设计，增强制度设计的科学性，使相关各主体的权益明确、职责清晰，使人民群众对社会保障制度充分信赖。一是明确社会保障各项制度的职责定位，使之切实承担其保障社会成员基本生存、基本发展和基本尊严的职责，控制高保障群体的基本保障待遇，稳步提高低保障群体的基本保障待遇，逐步缩小其差距。二是优化社会保险筹资结构，在保持社会保险待遇适度水平的同时，适度降低职工社会保险的用人单位缴费负担；在保持财政投入继续增长的同时，适度提高城乡居民基本医疗保险个人缴费额，鼓励城乡居民选择基本养老保险较高档次的个人缴费。三是确认并妥善处理社会保险转制成本，兑现对老职工的历史承诺，提出历史债务的计量方法和处理方案。在常年财政预算中落实社会保障资金，并划转部分国有资本进入社会保障基金。四是建立社会保险精算报告制度，使社会保险制度设计基于科学的方法，基金运行处于有效的预警监测之下。五是正确引导舆论。要通过有效的途径向人民群众讲清楚社会保障的基本政策和基本道理，让公众理解政府在社会保障中的职责，增强支持深化改革的自觉性，同时要致力于培育互助共济、共建共享、诚实守信的社会保障文化。

优化配置：运行更有效率

社会保障是政府以国家公权力实施的一类社会政策，是对风险保障市场的一种干预，由此集聚起来的社会保障资源具有公共性。为此，既要考量其对国民基本风险保障职责的履行情况，也要考量其运行的效率，即是否以较少的资源实现既定的社会保障政策目标。我国现行社会保障各项制度及其运行机制，是在经济、社会和行政管理体制不断变革的过程中逐步形成的，缺乏整体性设计。加上制度运行环境和人们认知的变化，表现出一些不适应和低效的情况：

一是补充性保障发展缓慢，部分基本保障承担过重职责。国家于30年前就提出"建立多层次社会保障体系"的目标，但职业年金（含企业年金）、商业保险、互助合作性保险等补充性保障一直未能得到有效发展，远远落后于人们的预期，多层次社会保障体系实际上尚未形成。二是某些项目定位不清晰，导致运行成本虚增。有人把基本医疗保险"保基本"与"保大病"对立起来，因而出现了"大病保险"这一定位不明的医疗保障项目，增加了运行成本；某些地区为提高老年人的福利水平，探索了高龄津贴制度，但与城乡居民基本养老保险制度的职责发生重叠。三是社会保险基金贬值。按照现行制度设计，职工基本养老保险、职工基本医疗保险和城乡居民基本养老保险这些项目都设有个人账户，这里积淀的资金理应参加投资，但由于种种原因，其实际投资回报率很低（年2%—3%），使得这些资金严重贬值，造成浪费，又某些项目的个人账户记账利率很高（近年来职工基本养老保险个人账户的记账利率为年8%左右），形成了严重的利差损。四是某些社会保障项目的精准度较低。由于缺乏有效的家庭收入调查制度，社会救助和社会福利享受对象的认定面临困难，"应保尽保"难，"应退尽退"更难。五是某些社会保障项目的医药服务价格与实际成本严重偏离。由于信息不对称、医药服务价格机制和结算方式缺陷，过度医疗、过度检查、过度用药的现象普遍存在，致使医疗保障、职业伤害保障、生育保障等项目的资源浪费严重。六是机构养老床位空置严重。由于需求把握不准和政策偏差，机构养老床位数量增长过快，与实际需求脱节，致使养老机构床位闲置近50%，形成巨大浪费。

为此，需要按照党的十九大及十九届四中全会精神，建立健全有效的机制，优化社会保障资源配置，提高社会保障制度运行效率。一是优化基本保障项目体系。例如，鉴于老年人面临贫困、疾病、失能、孤独等风险，建立基本养老金、基本医疗保障、照护保障和精神慰藉等制度，明确界定各自职责，加快建立照护保障制度，完善老年医疗费用保障政策，并使基本养老金制度定位于保障老年人的基本生活，不再承担医疗、照护等风险保障职责，为该制度"减负"。二是优化社会保障层次结构。按照"保障适度"的原则，确定基本保障各项目的保障标准，在保持其购买能力不下降的前提下，保持长期稳定，给社会成员稳定预期，从而增强其寻求补充性保障的内在动力。

三是创新社会保障相关服务价格形成机制。深化医疗服务服务付费机制改革，完善总额预付制和药品招标采购机制，探索 DRGs 等付费方式；探索社会保障部门与相关部门的谈判机制和协商机制。四是全面提高社会保障管理服务的专业化水平。加快培育社会保障专业人才，使之有情怀、有理论、有技术、精业务。同时，简化社会保障经办流程、提高群众满意度和社会保险基金投资回报率。

坚定不移走中国特色社会治理之路

湘潭大学副校长、教授

廖永安

在我国这样一个拥有近 14 亿人口规模的国家，推进国家治理体系和治理能力现代化，是一项前所未有的伟大事业和伟大工程。党的十九届四中全会为我们描绘了明确的路线图，并强调，坚持和完善中国特色社会主义制度、推进国家治理体系和治理能力现代化，是全党的一项重大战略任务，具体包括十三个方面的内容，涵盖了经济、政治、文化、社会、生态文明和党的建设等各领域制度机制，涉及了改革发展稳定、内政外交国防、治党治国治军等各方面能力建设，形成了一个相互协调、密不可分、有机统一的国家、政府、社会治理制度体系。

在这项庞大的系统工程中，国家治理、政府治理和社会治理既具有内在一致性，也各具侧重性。正如全会公报所指出的，社会治理是国家治理的重要方面。社会治理体系和治理能力现代化是推进国家治理体系和治理能力现代化的重要内容和基础工程，社会治理的成效决定了政府治理、国家治理的成效。全会召开的重要意义之一，在于为我国的社会治理提供了行动纲领和方针指南，彰显了社会治理中国道路的独特优势。这条中国道路的特色总结起来，主要表现在以下三个方面：

坚持和完善党的领导制度体系是推进社会治理体系和治理能力现代化的根本保障

党政军民学、东西南北中,党是领导一切的,坚决维护党中央权威,健全总揽全局、协调各方的党的领导制度体系,把党的领导落实到社会治理的各方面各环节,是我国社会治理最鲜明的制度特色。实践表明,只有加强党的领导,才能把握社会治理的正确政治方向,优化社会治理资源的科学配置,提高社会治理的最终成效。

坚持和完善党的领导制度体系,就是要提高党的执政能力和领导水平,充分发挥集中力量办大事的优势,通过顶层设计和全盘谋划,把各方面积极因素充分调动起来,形成社会治理的最大合力,凝聚社会治理的最大公约数,推进社会治理各项事业的高效发展。

具体到社会矛盾化解中,无论是20世纪60年代初的"枫桥经验",还是21世纪的"新枫桥经验",其能够有效运行,正是得益于党中央领导的政治优势和各级党委的积极推动,尤其是坚持以基层党组织为核心、全社会共同参与的组织网络和群众路线,才能实现"矛盾不上交、就地解决"的源头治理。

坚持和完善共建共治共享的社会治理制度是推进社会治理体系和治理能力现代化的关键所在

中国社会治理强调国家与社会良性互动,注重法治、德治、自治的有机结合,坚持系统治理、依法治理、综合治理、源头治理的统筹协调。

改革开放以来,我国在社会治理过程中逐渐形成了"党委领导、政府负责、民主协商、社会协同、公众参与、法治保障、科技支撑"的治理格局，体现了党的领导、人民当家做主、依法治国三者之间的有机统一。

面对新时代社会主要矛盾的变化，单纯依靠国家或社会都不能有效满足人民群众对美好生活的新需求。为此，必须把各级党委、政府、司法机关、社会多元力量整合起来，加强党委领导，发挥政府主导作用，鼓励和支持社会各方面参与，实现政府治理和社会自我调节、居民自治良性互动，建设人人有责、人人尽责、人人享有的社会治理共同体，实现社会治理的全民共建共治共享。"全民"意味着国家、社会、公民共享治理权力的主体性；"共建"意味着国家、社会、公民共同参与社会治理过程中的相互作用；"共治"意味着共同参与社会治理；"共享"意味着社会治理成果由社会共同体获得和享有。

因此，坚持和完善共建共治共享的社会治理制度，是提高中国社会活力、维护社会稳定的关键钥匙。

坚持制度与技术的深度融合是推进社会治理体系和治理能力现代化的重要路径

全会提出的各项社会治理制度具有根本性、全局性、稳定性和长期性，值得注意的是，在指出加强和创新社会治理时，特别增加了"科技支撑"的新表述。这是新时代提高社会治理水平的内在要求。

今天，中国的社会环境尤其是互联网虚拟社会环境已经发生了翻天覆地、前所未有的变化，移动支付、人脸识别、人工智能，云计算、云储存、大数据等现代科学新技术已广泛应用在农业、制造业、金融业、教育、医疗、司法等行业和领域，引领了社会治理技术的根本变革。然而，现代新科技在为社会治理带来新机遇的同时也带来了新挑战，尤其是对网络安全形成了巨大威胁，加剧了社会风险预期的不确定性和不可控性，加大了维护社会稳定的难度。

在万物互联的时代，我们在享受新技术所带来益处的同时，既不能采取"鸵鸟政策"忽视科技带来的潜在威胁，也不可因噎废食与新技术保持自我隔绝。只有以新的科学技术为支撑，以互联化为基础搭建全方位、立体化、开放化、模块化、一体化的社会治理技术平台，提高社会风险的防控能力和社会治理的智能化水平，才能适应新的复杂的社会环境，最大限度地发挥社会治理制度的效能。

"社会治理"的又一次理论飞跃

中山大学政治与公共事务管理学院教授

——— 陈天祥

"社会治理"理论的产生与发展

自 20 世纪 90 年代初,为适应社会主义计划经济体制改革总目标的需要,中国的社会领域进行了不断的改革尝试。中国共产党不断总结实践经验,对社会领域的认识不断深化,推动理论不断前进,最终实现了质的飞跃,表现出巨大的理论勇气和使命担当,使之成为中国特色社会主义理论体系的重要组成部分。

1993 年,党的十四届三中全会通过的《中共中央关于建立社会主义市场经济体制若干问题的决定》提出了"社会管理"的概念。2013 年,党的十八届三中全会提出全面深化改革的总目标是"完善和发展中国特色社会主义制度,推进国家治理体系和治理能力现代化",并提出了"创新社会治理体制""提高社会治理水平"的要求。"社会治理"一词第一次出现在党的正式文件中,标志着中国共产党执政理念的重大变化。2015 年,党的十八届五中全会首次提出"坚持以人民为中心的发展思想",并提出了"构建全民共建共享的社会治理格局"的决策论断。在 2017 年召开的党的十九大上，习近平总书记在报告中提出了新时代中国特色社会主义社会治理现代化的总体要求，"打造共建共治共享的社会治理格局。加强社会治理制度建设，完善党委领导、政府负责、社会协同、公众参与、法治保障的社会治理体制，提高社会治理社会化、法治化、智能化、专业化水平"。至此，中国特色社会主义社会治理的理论表述达到了一个新高度。

"社会治理"理论的又一次创新

党的十九届四中全会是推进国家治理体系和治理能力现代化的一次重要会议，全会强调："坚持和完善共建共治共享的社会治理制度""社会治理是国家治理的重要方面。必须加强和创新社会治理，完善党委领导、政府负责、民主协商、社会协同、公众参与、法治保障、科技支撑的社会治理体系，建设人人有责、人人尽责、人人享有的社会治理共同体，确保人民安居乐业、社会安定有序，建设更高水平的平安中国。要完善正确处理新形势下人民内部矛盾有效机制，完善社会治安防控体系，健全公共安全体制机制，构建基层社会治理新格局，完善国家安全体系"。可以看到，这次会议对社会治理理论建设主要有以下几方面重要的创新：

一是将社会治理置于国家治理体系这一重要地位；二是实现了由"社会治理体制"向"社会治理体系"的转变；三是增加了"民主协商""科技支撑"作为社会治理体系的组成部分；四是强调重视制度权威，完善共建共治共享的社会治理制度；五是提出建设"社会治理共同体"的新概念；六是重视基层社会治理，构建基层社会治理新格局；七是将社会治理置于国家安全体系的一部分，提高了社会治理的政治地位。至此，中国特色社会治理理论进入了一个新境界、新高度，实现了质的飞跃。

"社会治理"理论内涵的丰富和完善

执政党对社会事务治理的认识是一个循序渐进的过程，它与中国改革的逐渐深化有关，从"社会管理"到"社会管理领导体制""社会管理格局""社会管理体制"，再到"社会治理体制""社会治理格局""社会治理体系""社会治理制度""社会治理共同体"，相关理论表述越来越严谨、越来越科学、越来越丰富化和系统化，表现出了理论的与时俱进和不断创新完善，最终形成了新时代中国特色社会主义社会治理理论的完整表述。

实现从控制思维到解决问题思维的转变。管理的本意首先是管理者自上而下对被管理者或下级成员进行控制，要求下级服从上级的命令，从而实现上级的意图，因此，下级的意志难以得到充分体现和尊重。而治理则立足于矛盾的化解和问题的解决，使相关利益主体的利益诉求得到满足，更重视双方或多方的共赢，而不是将某一方的意志强加给另一方或其他方。

实现从维稳思维到维权思维的转变。如果将管理的思维用在社会领域，管理者通常会将目光聚焦于保持社会稳定，满足于不发生大的治安事件，而缺乏对社会群体的权利的重视，甚至可能为了达到维稳的效果而不顾管控手段的运用，作出有损群众利益的事。维权思维则不同，其目光转到了如何尊重利益主体的合法权利上，立足于通过各种政策工具使合理诉求得以维护，甚至当他们提出一些超越法律的诉求时也不会强行压制，而是通过和风细雨的方法逐渐化解，不使矛盾激化。在这种情况下，更能获得相关利益主体的理解、支持和配合，更有利于矛盾的化解、误解的消除。

实现从单一主体到多元主体的转变。在社会管理的模式下，主要是由党政部门作为单一的管理主体实施自上而下的管理，无论是制定相关法律法规和政策，还是实施和执行这些法律法规和政策，都由党政机关负主要责任，有时也会有对利益群体征求意见的机制或做法，但不是必经程序，只具有象征性意义。而社会治理则不同，强调不同的利益主体要加入相关治理领域，通过各种途径和手段广泛征求他们对社会事务的意见，如民意调查、座谈会、公开征求意见方案的民主协商、服务的满意度调查或评价等。甚至将社会组织直接引导到社会事务治理中来，让他们协助公共服务的供给、秩序的维护、矛盾的解决等，党政部门只扮演"掌舵"的角色，社会组织和公众则扮演"划桨"的角色，实现多元主体之间的合作共治。

实现从人治到法治的转变。管理的属性决定了社会事务的管理过程中权力部门的强势地位，管理者主要运用行政权力、命令式的管理，具有明显的随意性和人治色彩。而治理则强调用制度化和法治化的方式解决问题，任何人都没有超越制度和法律的权力，将权力关进制度的笼子，一切违反法律和制度的行为都面临问责的境地，从而使各个主体之间更好地各司其职、各履其责、相互协调，形成多种手段综合运用和相得益彰的治理局面。

实现从单向度到体系化的转变。在社会管理的模式下，权力部门主导管理事务，其拥有的多是权力，出了问题很难问责，皮球被踢来踢去而不了了之。在治理模式下，则实现权、责、利多个向度的统一和合理配置：权力部门按照法律的规定实施管理之责，如果没有很好地履行职责则会被问责；非权力部门参与社会事务的治理，以充分调动不同主体共建共治的积极性和主动性；同时，不同主体必须接受权力部门的监管，如果没有很好履行相关购买服务中的义务，同样会面临担责风险，甚至会被暂时排除在某一社会事务治理之外。

以科学理论为指导,树立制度权威,将制度优势转化为治理效能

科学的理论需要靠科学的制度建设将相关原则予以落实,树立制度权威,将制度优势转化为治理效能。因此,在社会治理领域,今后需要在以下多个方面着力,构建社会治理的制度体系。

第一,加强党的建设,发挥社会治理领域中党的领导作用,使党的统领作用切实体现在法律制定、严格执法、民主协商、执法监督等各个方面。同时,发挥党员的先锋模范作用,健全社会治理领域的党组织建设和党的工作机制建设。

第二,明确政府、市场与社会的权力边界,建立健全权力清单制度。明确建设服务型政府的目标,完善社会治理职能职责体系,为社会主体提供发展空间和政策支持。同时,大力增强政府的公共服务供给能力,提高公共服务供给水平,提升人民群众的获得感、幸福感、安全感,为建设幸福中国、平安中国、人人享有的新时代社会治理共同体打下坚实的制度基础。

第三,积极探索中国特色的人民有序政治参与方式和相关的制度安排,赋予人民更多的参与权,从而调动公众参与社会治理的积极性和创造性,同时建立完善问题反馈和解决机制,促进社会资本生成、社会治理主体多元。

第四,加快推进全面依法治国进程,根据党中央的统一部署,完善社会治理领域的各项法律和制度,使社会治理有法可依,有法必依。

第五,促进社会组织的发育和发展。政府要增加相关的财政和其他资源投入,赋予社会组织参与社会事务的权能,同时,用法治精神

对其进行有效监管，提高其自治与自律能力。

第六，充分利用现代先进的科技手段，如信息技术、大数据和区块链技术等，实现社会治理的智能化和精准化，及时发现社会安全隐患，提高政府应对突发性事件的快速反应能力，将安全隐患消灭在萌芽状态，从而保障社会安全和国家安全。

依托智慧乡村建设创新基层社会治理新格局

魏永忠 中国人民公安大学公安政治工作与管理学院副院长、教授

王丰收 中共广东阳江市委政法委政策研究室主任

————————— **魏永忠 王丰收**

党的十九届四中全会审议通过的《决定》指出,"必须加强和创新社会治理,完善党委领导、政府负责、民主协商、社会协同、公众参与、法治保障、科技支撑的社会治理体系,建设人人有责、人人尽责、人人享有的社会治理共同体,确保人民安居乐业、社会安定有序,建设更高水平的平安中国"。党的十九大报告提出,要"打造共建共治共享的社会治理格局"。构建基层社会治理新格局是系统工程、创新工程,要在完善群众参与基层社会治理的制度上做实基础,在健全基层党组织领导的自治、法治、德治相结合的城乡基层治理体系上细谋划,在健全社区管理和服务机制与推行智慧乡村建设上谋出路。只有不断夯实基层社会治理基础,才能加快推进我国社会治理现代化进程。

所谓"智慧乡村"建设,是通过打造广播电视公共服务信息化平台,进而建立基于基层农村社会管理服务一体化的信息平台体系。该

平台立足乡村家庭电视机的普及性和信息接收便捷性，以广播电视公共服务为基础，深化信息技术在农民生产生活中的应用。平台集"高清互动电视、宽带网、乡村党建、智慧教育、便民服务、视频监控、可视紧急报警、应急广播、村务电视公开、村民议事直播厅、乡村普法、扫黑除恶"等功能于一体，村民足不出户，对着机顶盒遥控器轻轻一按，就可以享受集约、简便、高效的服务，有效地提升了乡村社会治理的现代化水平，创新了乡村公共服务、公共管理和公共安全模式。智慧乡村的建成，成为党的路线方针政策的传播阵地、幸福平安生活的守护者、扶志扶智的好帮手、群众办事的服务台、村务公正公开透明的助推器。

近年来，地处广东西南沿海的阳江市紧紧围绕习近平总书记对广东提出的"在营造共建共治共享社会治理格局上走在全国前列"要求，依托智慧乡村建设，创新基层共建共治共享社会治理新格局，探索出可圈可点的新路子。其主要创新做法是：

第一，打造智慧教育平台，把素质提升领回家。智慧乡村信息平台开设"智慧教育"专题板块，设有"乡村课堂""廉洁乡村""乡村党建""致富天地""健康乡村""乡村普法"等专题栏目，具有通俗易懂、生动活泼、丰富多样、教育性强、贴近性强、紧跟时代步伐、接地气等特色，让村民们在家里随时可以学习掌握更多的党的方针路线、道德法律、文明素养、文化教育、健康卫生、种养技术等一系列的知识。通过"智慧教育"专题板块，使党的富民政策、科学文化教育和道德文明教育融入每一户村民家中，使他们自身的综合素养在潜移默化中渐渐地得以提高。此外，为解决村里党员群众平时工作忙、农活多造成党课学习和宣传教育活动难以集中参加的问题，该地还借助"智慧乡村"平台，将镇委党校及村级教学点培训的内容及时录入相关专栏，让党员群众坐在家里就可学到原来需要跑到镇上甚至区里才能听到的讲座，提高了学习培训的覆盖率，学习的效果也明显提高。

第二，打造智慧监控网络，把平安放心传到家。在村里重点部位布设监控摄像头和广播系统，村干部通过村委会的电视监控墙和电视上的"平安监控"专区，就可以密切留意、随时监控村里主要路口、重要地段、重点区域的治安情况，而广大群众在家里也可通过高清互动电视连接公共视频监控，随时查看有关情况。当地不少村民以出海捕捞为生，村里的小码头安装上实时监控摄像头后，打开电视机或者手机App，就能看到村里每条主要路口的即时情况。正是有了智慧监控网络，村民们外出生产、打工就能更加安心，不用再牵挂家里的安危。智慧监控网络不仅在平日的治安管理、安全监控上发挥作用，而且在突发时期的抢险救灾上也效果显著。阳江地处我国东南沿海，台风等自然灾害频发，以前为防台风村干部只能冒着狂风暴雨在村里奔走指挥，费时费力，效率低下，广大村民也不知道哪条道路被堵、渔船有无被淹，只能坐在家里焦急干等。自从建立了智慧监控网络，村民在家就可以通过电视机密切关注自家的户外财产财物情况，村干部则通过村委会视频监控大屏幕和应急广播与网格员、村民实时互动，有条不紊地组织、指挥村里的防台风工作，既省心又省力，大大提高了村基层应急处突的能力和水平。

第三，打造智慧服务平台，把便民服务送到家。在每一个家庭的电视机上，设立了"便民服务"专区，为村民提供日常生活生产中的办事指南，为村民提供法律援助和就医服务。城区医院在"便民服务"专区专门设立了乡村就诊绿色通道，村民们如需到城里医院就诊，可通过绿色通道进行咨询，预约专家挂号，为村民们到城里就医提供了简单直接的服务。此外，该地以村为单位，组织"党员代办业务"小分队，全天候查看"智慧乡村"便民服务专栏，对于群众反映需办理的业务,及时上门收集,代办后第一时间送到群众手中;以镇为单位,组织"党员送学"小分队,对一些65周岁以上的老党员、因身体原因不便参加培训学习的党员,上门宣传党的路线方针政策和学习教育内容;组织"党员维护稳定"小分队,通过及时收集"智慧乡村"平台上反映的问题诉求,定期深入一线了解群众所需所求所盼,参与矛盾纠纷调处,对化解基层矛盾纠纷、维护基层稳定等发挥了积极作用。

第四,打造智慧议事机制,把民主议事开在家。智慧电视门户中的"村务公开"专区设置了党务公开、政务公开、财务往来、集体三资、扶贫工作等栏目,内容涉及党费管理、村委会工作纪要及村收入支出情况,甚至还能准确地查到村里贫困户的详细资料和帮扶计划,连村委会干部的工资也公开透明。原本这些村务信息只是张贴在村委会墙上的,村民平常要到村委会才能看到。现在村民不出家门,打开电视随时就能查看,如果对公开的内容有疑问,可以随时将自己的意见或建议反馈给村干部。"智慧乡村"平台完善了群众参与乡村公共事务治理的渠道,让村务真正在阳光下运行,使村民的监督权行使得更加充分,也对村干部的工作提出了更高的要求。此外,还在"智慧乡村"平台上建立村民议事厅直播室,不定期组织、召集村民进行议事,并将议事过程进行直播,群众在家通过电视可以同步实时收看村里召开的各类会议直播,知悉村中情况,参与村务商议,监督村委工作,形成广泛参与的议事机制,有效提高农村基层组织民主决策公开透明度和群众议事水平,保证了群众的知情权、参与权、决策权和监督权,为深入推进共建共治共享社会治理格局提供了坚强的组织保障。

科技支撑赋能新时代社会治理

西南政法大学政治与公共管理学院副院长、教授，中国社会稳定与危机管理研究中心主任，重庆市党内法规研究中心特聘专家

——邹东升

党的十九届四中全会提出，"必须加强和创新社会治理，完善党委领导、政府负责、民主协商、社会协同、公众参与、法治保障、科技支撑的社会治理体系"。全会中关于社会治理体系相应部分的内容，较党的十九大报告又有了创新性提法，增加了两项内容："民主协商"与"科技支撑"。社会治理是国家治理的重要方面，是现代国家治理体系的重要内容，是国家安全和社会稳定的基本要求。当前，随着信息技术的发展，在社会治理中现代科技，尤其是信息技术的基础性支撑作用越来越重要。四中全会更加明确和凸显了新时代社会治理智能化和社会治理安全技防的重要性，可以从以下四个方面解读和阐释这一新提法的积极意义。

科技支撑有助于优化新时代社会治理的信息平台

"科学技术是第一生产力"，在当前大数据背景下，科学技术也是

促进新时代社会治理体系创新的重要抓手。信息化是当今世界的大趋势，是推动社会治理现代化的重要力量。但无论是网格化管理模式的实施还是综合性信息平台的构建，其背后都必须以信息技术的进步为支撑。

进入21世纪，互联网＋、大数据、云计算、物联网等新一代信息技术不断发展，为社会治理提供了新的思路与手段。例如，网格化管理就是将社区划分为若干责任网络，利用现代信息技术和各网格单元间的协调机制，实现"人、事、物、地、组织"等全要素融合，及时发现问题、解决问题，管理服务到位的高效精准的社会治理新模式。

在公共事务信息共享方面，通过构建统一的公共数据中心，将分散于不同部门或行业的数据进行整合分析，能够增强社会治理的精准度，破除各自为政的数据壁垒，减少信息资源浪费和闲置；在智慧党建方面，通过采用网格化管理模式，建立健全党群服务中心、城市基层党建联动中心等资源整合平台，利用社区基层党组织的号召力、动员力广泛吸纳辖区内机关事业单位、社会组织、企业等主体，对区域内"资源清单""需求清单""项目清单"等进行整合，提高资源利用率，提升社区治理的精准性和有效性；在智慧社区建设方面，通过构建以新一代信息技术为支撑，集政府管理、城市治理、社区治理、公共服务于一体的综合信息服务管理平台，可以为居民提供精细化、便捷化、智能化的服务，在提升居民获得感、幸福感和安全感的同时，也能促进社会治理体系的创新。

科技支撑有助于增强新时代社会治理的执行力

执行力指的是贯彻战略意图、完成预定目标的操作能力。对个人而言，执行力是办事能力；对企业而言，执行力是经营能力；对社会而言，执行力是治理能力，即对社会问题的把控和解决能力。在新时代中国特色社会主义的发展进程中，国家治理对科技支撑的需求比以往任何时期都更加迫切，科技支撑已然成为增强新时代社会治理执行力的基础性力量和重要抓手。

首先，科技支撑有助于明晰社会治理的执行目标。社会治理重在对问题的定位和解决，在科技支撑下，通过运用可视化分析、语义引擎、数据分析算法等技术，可以更加直观、及时、有效地发现社会治理中的诸多问题及其深层原因，迅速明晰治理目标、拟定源头治理的处置预案，促使社会治理目标从传统任务型导向转向问题型导向。

其次，科技支撑有助于形成社会治理的大数据思维。科技的发展除了体现在它可以解决实际生活中的问题，还最直接地体现在科技思维渗透于思维领域，促使我国社会治理的传统思维方式转变，形成社会治理的新理念和新思维。例如，数据技术可以赋能高质量社会治理，特别是以数据为基础的大数据思维，对于有效改变我国社会治理的基本策略与思维方式具有促进作用。大数据思维采用的是全数据模式，收集、筛选和分析全部数据与信息。传统基于整体与部分关系的"以小见大"、探寻事物之间"因果关系"的思维方式，转变为"以大见小"、关注细节，进而科学循证各种零碎的、看似无关系事物之间"关联关系"的思维方式，从而更有助于揭示社会治理中复杂问题背后的规律性，化繁为简，达到简约化精准治理。

最后，科技支撑有助于丰富社会治理的执行手段。科技支撑不仅可以优化城市"超级大脑"、提升智慧城市建设水平，还可以在社区网格化管理、"雪亮工程""天网工程"建设过程中，将视频监控源与数据分析、人脸识别、车牌识别、智能预警等技术相结合，提升治安管控、交通拥堵缓解等方面的预防预控预警能力，实现社会治安防控

"全覆盖、无死角、无盲区"。运用全天候监测舆情系统、大数据监控管理平台和卫星云图等新型信息化手段，可以感知社会运行态势、畅通官民沟通渠道、辅助政府科学决策。譬如，北京市信访矛盾分析研究中心联合零点研究咨询集团，利用大数据，通过对社会矛盾主观水平和缓解机制的测量，可以计算出实时的相关社会矛盾指数，推动信访工作精细管理、精准施策、精确发力。

科技支撑有助于提升新时代社会治理的治理效能

社会治理是各级党委政府、社会组织、企事业单位、社区以及公民等多元主体在共建共治共享的社会治理格局之下，通过平等协商、对话沟通等方式积极参与社会公共事务管理活动的过程。有效治理就是要有治理效能，这是社会治理的核心要义，聚焦和体现在城市管理、公共服务、基层维稳等层面的"投入产出比"上，将科技与城市治理、社区和邻里关系相结合，强调"治什么""谁来治""怎么治"。

新时代的社会治理是借力科技的系统治理、依法治理、综合治理和源头治理。如何以多元因素推动社会治理的标准化、协同化、精准化、规范化和信息化，关系到制度优势能否切实转化为治理效能的问题，而推动社会治理效能的提升必然要有充分的基础支撑。循证作为社会治理领域的技术要素，要求所有治理主体从对个体经验的依赖转向对证据的甄别和使用，这样才能够真正做到"用数据说话、用数据决策、用数据管理、用数据创新"，促进社会治理效能的优化和提升。

事实上，科技支撑不仅是对大数据、云计算、物联网等技术的革新。譬如，人工智能技术在融入社会治理后也对其技术伦理、协同合作、技术更新和安全稳定等方面提出了新要求。这些最新信息技术产生的正向效益一方面推动了智慧城市、智慧党建、智慧社区等新模式、新实践在基层治理层面的蓬勃发展，并驱动政策、资源、人力向基层倾斜，从而为基层治理技术赋能；另一方面有助于激发人民群众积极、广泛参与公共事务的活力，有效提升社会治理效能，切实增强基层群众的获得感、幸福感、安全感。

科技支撑有助于维护新时代社会治理的安全稳定

当前我国已经进入全面建成小康社会决胜阶段，处在社会转型期、矛盾凸显期，社会治理现代化是国家治理现代化的重要方面，社会的安全稳定是社会治理的一项重要任务，而有效的社会治理需要强大的现代科技作为支撑。

改革、发展、稳定的任务在基层，中央各项政策落地、落细、落实的责任主体在基层，推进国家治理体系和治理能力现代化的基础性工作也在基层。社区、城乡作为社会的基础单元，是社会矛盾的聚集点、社会建设的着力点，其中，科技对维护社会安全稳定、应对社会风险的作用体现在公共安全、信访维稳、环境治理等方面。

在公共安全方面，大数据进入社会治理领域，"数字天网"的开发一方面加强了对城区流动人口的动态管理，另一方面将大部分民警转入社区警务工作，使其更加专注于发生在街面和社区违法犯罪行为的预防和处置。鉴于网上信访已超过网下来信来访的总和，2019年6月，国家信访局具有辅助办信、智能接谈、智能研判等功能的业务智能辅助系统集成上线，下一步则要通过人工智能和大数据技术推动信访信息系统智能化升级，加强信访事项网上智能办理与网下落地解决的深度融合，更好服务信访群众需求。在环境治理方面，目前一些工业污染型企业为减少生产成本，偷排污水、废气，从而逃避排污所需承担的法律责任，普通的人力监管模式由于人力财力限制，无法对其进行实时监管，而信息时代的网上监管模式则有力地解决了监管真空问题。同时，科技还可以充分利用公共网络平台自治优势，解决社会高频次、低复杂度的矛盾纠纷，从而整体提升社会治理的公平与效率。譬如，阿里巴巴通过实践探索提出网络新"枫桥经验"，借助云计算、人工智能、实人认证、图像搜索等百余项高科技，打造"纠纷线上化解，技术赋能治理，用平台自治＋多元化全民共治解决社会问题"的新型社会治理样本。

总体来说，一方面，大数据、物联网、人工智能、云计算和5G等信息技术革新，有助于解决当下社会治理中权责失配、部门碎片化、公共决策失误、执行效果偏差、信访维稳存在矛盾等问题，通过提供标准化、信息化、精细化、个性化的管理和服务，主动发现、防控和及时处理各类社会矛盾和问题，提升新时代社会治理的效能。另一方面，我们也需要提防网络安全风险、个人隐私泄露、智能逻辑陷阱和过度迷信技术等新技术带来的社会问题。习近平总书记指出，"加强和创新社会治理，关键在体制创新，核心是人"。"以人民为中心"是社会治理应当秉持的不二原则，因此，在充分发挥新科技对于社会治理支撑作用的同时，也不应忽视对于技术公平赋能的充分关注和大力倡导。

巡视"利剑"标注党内监督新高度

兰州大学马克思主学院教授、博士生导师,教育部兰州大学高校思想政治工作创新发展中心副主任

蔡文成

党的十九届四中全会指出,"党和国家监督体系是党在长期执政条件下实现自我净化、自我完善、自我革新、自我提高的重要制度保障"。习近平总书记也反复强调,"巡视是党章赋予的重要职责,是加强党的建设的重要举措,是从严治党、维护党纪的重要手段,是加强党内监督的重要形式"。要让巡视成为"国之利器、党之利器"。新中国成立70年来,党和国家把党内巡视制度作为一项战略性制度安排,全面推进党内巡视制度的创新和发展,探索出了一条实现党自我净化、自我完善、自我革新、自我提高的有效路径,彰显了中国特色社会主义制度和国家治理体系的显著优势。历经新中国成立70年来的发展和完善,党内巡视制度已成为管党治党的"利剑"和治国理政的"法宝",为坚持党的领导、加强党的建设、全面从严治党提供了战略支撑,为坚持和完善中国特色社会主义制度、推进国家治理体系和治理能力现代化提供了坚强保障。

党内巡视制度的历史演变

新中国成立直到社会主义三大改造基本完成，我们党继承和发扬了新民主主义革命时期党内监督的一系列先进做法和经验，主动推进党内巡视制度发展，各级纪检监察组织在党委的直接领导下行使纪律检查监察权力，成为党内监督的专门机关。1950年6月，《关于土地改革问题的报告》指出，"进行土地改革的各省的高级领导机关应该与乡村架通电话，与下级密切联系，并逐级派负责人或巡视团下去，切实地掌握运动的领导"。1952年3月，《关于"三反"运动中成立人民法庭的规定》中规定，"对各级各单位人民法庭进行巡视检查，部队则由政治工作部门进行巡视检查"。这一时期，中共中央监察委员会的成立及其相关体制规定的出台为后期党内巡视制度的实践创造了有利条件，奠定了体制基础。伴随新中国成立以及国家建设的起步加速，党内新情况、新问题不断出现，党内巡视的重要性日益凸显，亟须在党内监督和反腐败斗争中逐步得到恢复、发展和完善。

随着社会主义制度在中国的建立，党带领全国人民开始探索中国社会主义的建设道路。这一时期由于工作重心的调整，巡视制度受到了一定的影响和中断，但巡视制度的探索和发展并没有就此停止，特别是专项巡视在某些领域取得了较大的成效。1957年1月，中央组织部在《关于县、区、乡的组织形式和领导方法的若干问题的报告》中要求："为了加强对工作的检查与研究，县委可以设置少数质量较强的巡视员来帮助进行工作。"1962年政府运用巡视的方法，派工作组到农村基层进行蹲点调研，开展清账目、清工分、清财务、清仓库的工作，查处发生在群众身边的贪腐行为。1962年12月，中共中央对《组织工作会议纪要》批示："除了经常地考察了解干部和鉴定干部以外，必须加强党的监察工作和国家的检察工作，加强各级领导机关的巡视检查工作。"1965年1月，中共中央政治局讨论农村社会主义教育运动中提出的一些问题指出："他们（中央局、省、地、县各级党组织的领导人）还可以到其他的地方去巡视，或者组织小型巡视团，以便掌握动态，互通情报，交流经验。"

党的十一届三中全会之后，基于新的历史条件下加强党内监督和反腐败斗争的需要，恢复建立和完善党内巡视制度显得尤为迫切。为了恢复和完善党内巡视制度，党的十三届六中全会通过《中共中央关于加强党同人民群众联系的决定》，要求中央和地方可根据需要，向各地派出巡视小组。1991年，十三届中央纪委九次全会通过的《中共中央纪律检查委员会向党的十五大报告》提出："中央纪委和省、自治区、直辖市纪委建立巡视制度。"1996年，中央纪委制定下发《中共中央纪委关于建立巡视制度的试行办法》，明确了巡视干部的选派、任务、职权、纪律、管理等五大问题。2000年通过的《中共中央纪律检查委员第四次全体会议公报》提出："要进一步健全巡视制度，推动廉洁自律各项规定的落实。"党的十六大作出了"改革和完善党的纪律检查体制，建立和完善巡视制度"的重大决策，巡视工作开始步入制度化、规范化、常态化轨道。2004年2月17日中共中央颁布的《中国共产党党内监督条例（试行）》，以党内法规的形式把巡视制度确立为党内监督的一项重要制度。党的十七大第一次把巡视制度正式写进党章，明确提出"党的中央和省、自治区、直辖市委员会实行巡视制度"。2009年7月，《中国共产党巡视工作条例（试行）》正式颁布实施，随后又先后出台了《中央巡视工作领导小组工作规则》《中央巡视工作领导小组办公室工作规则》等法规文件，进一步对巡视工作予以规范，助推巡视工作走上制度化、规范化和科学化的轨道。

党的十八大以来，党中央把巡视作为推进全面从严治党的重大举措，对加强和改进巡视工作作出一系列重大决策部署，坚持党内监督和群众监督相结合，赋予巡视制度新的活力。2015年2月，中共中央政治局会议审议通过巡视工作的专题报告，对加强和改进巡视工作作出重大部署。2015年6月，《中国共产党巡视工作条例（修订稿）》审议通过，同年8月，新修订的《中国共产党巡视工作条例》正式印发实施，提出"实现巡视全覆盖，全国一盘棋"的总目标，规范了巡视工作方式和巡视步骤，加大了巡视力度，党内巡视制度进入了快速发展时期。2015年10月，中共中央颁布了《中国共产党廉洁自律准则》《中国共产党纪律处分条例》，体现了新时代全面从严治党和依规治党的新要求，是强化党内监督的重要制度保障。2016年10月审议通过的《中国共产党党内监督条例》再次提出，一届任期内实现巡视全覆盖。2017年7月1日，中共中央修改《中国共产党巡视工作条例》，自2017年7月10日起施行。党的十九大更是把巡视制度作为"健全党和国家监督体系"战略规划的重要组成部分，对巡视工作提出了新的要求。十九届四中全会进一步提出，"坚持和完善党和国家监督体系，强化对权力运行的制约和监督"。整体而言，党的十八大以来，巡视工作的不断突破和发展使得党内巡视制度日臻完善。

党内巡视制度强化了党内监督效能

新中国成立以来党内巡视制度经历了制度设计上的调整、组织机构上的变迁、工作方式上的变革等发展阶段，巡视监督的制度框架逐步形成，巡视领域不断拓展，监督力度不断加大。作为党内监督的重要补充形式，党内巡视制度充分体现了上位监督的权威性、有效性，一定程度上弥补了单一监督力量的行动缺陷和党内监督的薄弱环节，实现了以党内巡视制度强化党内监督效能，用多元化监督完善党的巡视工作。

第一，党内巡视目标的精准化。作为党内监督的重要形式，党内巡视的目标在于不断探索自我净化的路径，不断推动依规管党治党，从而为全面从严治党提供制度支撑。新中国 70 年党内巡视制度的发展完善使得党内巡视制度的目标逐步由专项督查检查聚焦于党的自身建设，特别是全面从严治党。新时代党内巡视目标精准化主要在于凸显了党的政治巡视在党的巡视工作全局中居于统领地位，强化了巡视过程政治监督功能，使巡视内容更加聚焦、巡视目标更加明确。在具体实践中，巡视制度的目标设定在于如何体现巡视工作对于巩固反腐败斗争压倒性胜利、夺取反腐败斗争彻底胜利的重要利剑作用，以及如何通过卓有成效的政治巡视过程优化党内政治生态，有效规避党内政治风险，确保党始终成为中国特色社会主义事业的坚强领导核心。

第二，党内巡视主体的常态化。一般来看，巡视主体主要是由中央、省级纪律检查机关，或是根据巡视工作条例而成立的中央或省级巡视组及其组成人员构成的。巡视主体常态化主要表现为主体任命和选拔模式的变革创新，由临时抽调工作人员到专门专职的固定机构，主动更新巡视主体储备库，形成巡视主体权责分工、有序竞争的良性态势。着力构建了巡视主体的权益保障机制，调动巡视主体的主动性和积极性，激发巡视主体政治责任感。此外，巡视工作和巡视整改的主体责任是巡视主体常态化的具体表现。这种主体责任是巡视工作的政治责任、领导责任、专职责任、联动责任、整改责任的有机统一，是确保巡视整改工作落到实处的关键所在，也是管党指导主体责任具体化的基本要求。

第三，党内巡视对象的具体化。随着党内巡视制度的不断发展和完善，巡视对象更加明确具体，由最初巡视工作条例确定的"对所管理的地方、部门、企事业单位党组织"进行巡视，逐渐细化、具体化党的巡视对象，在突出关键少数的同时，强调巡视对象全覆盖和巡视领域无禁区，分级确定党的巡视对象。巡视对象的具体化在于巡视覆盖单位更加多元化，基本涵盖党所有管理的党组和部门；巡视重心逐渐下移，巡视对象呈现向下扩张延伸的态势；突出重点领域和关键环节，对各级党委（党组）领导班子及其成员进行重点监督，突出"关键少数"，使巡视对象更加聚焦精准。巡视对象具体化表明了党内巡视制度的现实针对性，紧扣各级党组织领导班子及其成员的职能职责，是对管党治党政治责任的再确认。

第四，党内巡视内容的系统化。巡视内容是党内巡视制度的实践要旨，主要体现党内巡视聚焦什么问题的实践导向。《中国共产党巡视工作条例》强调，党内巡视要"着力发现党的领导弱化、党的建设缺失、全面从严治党不力，党的观念淡漠、组织涣散、纪律松弛，管党治党宽松软问题"。可见，党内巡视的内容属于党的建设的构成范畴，与管党治党的内容规定具有共通性，是在有效解决党内问题的导向下形成的。巡视内容的规范化是由党内巡视的政治性定位决定的。政治性是党内巡视制度发展的重要特征，意味着只有通过政治巡视，才能体现党内巡视内容的原则性和战斗性，确保巡视工作以强烈的政治担当、顽强意志品质，准确把握全面从严治党新形势、新特点、新动向和新任务，争取获得更大的巡视成果。

第五，党内巡视程序的制度化。党内巡视制度涉及党内法规和党的政策的综合运用，巡视程序是否科学关系巡视效果是否显著。巡视程序的科学构建指明了巡视工作的方向和灵魂，决定了巡视工作的实践成效和功能，规定了巡视工作的根本属性，确立了巡视工作的评判标准，突出了巡视工作的重点领域，赋予了巡视工作的核心功能。科学化的党内巡视程序注重巡视过程的公开透明和巡视结果的比较运用，在巡视过程中融入党内监督的制度内核，明确了党内巡视的指导思想、目标任务、基本原则、机制制度、巡视对象、方式方法、纪律责任等内容，力求细化制度规定，更好规范巡视工作，提升巡视程序建设的科学化、规范化水平。

新时代党内巡视制度建设的现实启示

党内巡视制度是党在新时代强化自我监督的有效路径，对于新时代加强党的自身建设具有重要意义。习近平总书记指出，"我们取得了反腐败斗争压倒性胜利，但反腐败斗争还没有取得彻底胜利"。新时代，管党治党形势依然严峻、任务依然艰巨，推动全面从严治党向纵深发展，必须健全党统一领导、全面覆盖、权威高效的监督体系，增强监督严肃性、协同性、有效性，形成决策科学、执行坚决、监督有力的权力运行机制，构建一体推进不敢腐、不能腐、不想腐体制机制，明确巡视立场、细化巡视内容、聚焦巡视重点，确保党和人民赋予的权力始终用来为人民谋幸福，推动新时代党内巡视制度建设不断取得新成果。

首先，以政治建设为统领，突出政治性。党内巡视的本质就是政治监督，"政治监督的核心就是要保证党的各级组织、全体党员和党的干部在政治上同党中央保持高度一致，坚决维护中央权威，保证中央的政令畅通"。要以强烈的政治担当、坚韧政治品质，准确把握管党治党面临新形势、新特点、新动向和新任务，紧扣党内存在的政治问题布局巡视工作，使党内巡视保持强大的政治震慑和政治巡察能力，以深入推进政治巡视的政治定力助推党内反腐，巩固全面从严治党的实践成果，充分发挥政治巡视在推动全面从严治党向纵深发展战略任务中的重要利剑作用。要以高度的政治自觉落实好党内巡视的各项制度安排，自觉将党的各项巡视工作放到党和国家工作大局中去谋划、部署、推进，为党内巡视向纵深发展提供重要遵循和坚强保障。要深化对党内巡视制度建设的政治性认识，立足于当前党内巡视制度的发展现状，总结提炼党的政治巡视理论体系，为新时代深化党内巡视工作提供理论指引和基本遵循。

其次，以理论创新为指导，体现科学性。巡视制度是党内监督的重要形式，巡视制度的丰富和完善必须立足新时代党的建设科学化的基本要求，遵循党内监督制度建设的基本规律，体现全体党员干部党内监督的思维行动，增强党内监督的针对性和执行力。新时代，党内巡视制度建设以中国特色社会主义理论为指导，以新中国70年巡视制度发展为依据，以当前全面从严治党新要求为目标，不断探索党内巡视制度的原则、规则、体制与程序，形成了新时代党内巡视制度的创新性理论成果：在基本原则上，突出全面从严治党新要求，聚焦政治责任、强化政治监督；在主体责任上，强调中央和地方的集体联动，强调党组织的全面领导功能；在工作规则上，以问题为导向，发现问题、形成震慑，推动改革、促进发展；在巡视方法上，坚持党内监督和群众监督有机结合，尊崇党章党规，依纪依法开展巡视工作；在监督程序上，体现党的集中统一领导和纪检监察机关、审计机关、政法机关和组织等的有机协同配合。新时代党内巡视制度的丰富和完善，为深化和拓展巡视工作提供了理论基础。

再次，以制度建设为基础，彰显法治性。规范性建设是党内巡视质量提升的内在要求，党内巡视制度的规范性源于巡视工作程序的有序性与合理性，规范的党内巡视制度的形成要求必须持续推进巡视工作制度化，确保各项巡视工作全覆盖、无死角。要通过巡视与巡察相结合，开展常规巡视与专项巡视、机动巡视相结合，既有常规监督，又有专项监督体制的辅助，确保巡视工作取得实实在在的成效。要建立健全巡视工作制度体系，以制度化促进规范化，"围绕责任设计制度，围绕制度构建体系，强化上级党组织对下级党组织和党员、领导干部的监督，做到责任清晰、主体明确、制度管用、行之有效，并加强同党内其他法规的衔接，把制度框架立起来"。要推进巡视手段方式的创新，推广运用在管党治党实践中成效显著的新技术手段，加强巡视方式的多样化建设和巡视平台建设，为党内巡视制度发展创造有利的条件。

最后，以解决问题为导向，凸显实践性。党内巡视制度的有效性是对巡视的实践效果和制度价值的综合反映，是保障巡视工作政治效能的制度保障。制度的生命力在于执行，提升党内巡视制度的执行力是确保各项巡视内容落到实处的关键所在。习近平总书记指出，"要抓好工作创新，在总结经验的基础上，适应形势发展，推动巡视内容、方式方法、制度建设等方面与时俱进，完善工作机制，增强巡视工作的针对性、实效性"。要紧扣党的制度建设的中心主线，以制度治党的创新方法加强党内巡视制度创新，调整和适应党内问题的性质转向，切实增强党内巡视制度的实践能力。要注重运用党内巡视制度的执行力和约束力来检视巡视工作中的弱项盲区，着力解决关乎群众切身利益的问题，为党内巡视制度建设奠定政治基础和群众基础。要通盘考虑、全局规划、科学设定党内巡视的各项体制机制，将党内巡视的重点从问题整改转向制度治党的常态化，实现管党治党的长效化和常态化。

制度执行力：提升治理效能的关键所在

（代后记）

首都经济贸易大学城市经济与公共管理学院教授

麻宝斌

党的十九届四中全会审议通过的《决定》阐明了我国国家制度和国家治理体系的显著优势，勾画了国家治理体系和治理能力现代化建设的时间表和路线图，进一步明确了将制度优势转化为治理效能的任务。在此，笔者认为，将制度优势转化为治理效能的关键在于提升制度执行力。

如何理解制度执行力

从既有理论研究来看，当前，制度执行力建设较多围绕反腐倡廉和党的制度落实问题开展，研究内容主要集中于制度执行力的现实意义与表现、影响因素及提升路径等问题，尚缺乏对制度执行力概念的界定。

要准确理解制度执行力，就要立足于"制度"和"执行力"这两个概念。在一般意义上，制度就是约束人们行为的一系列规则，它抑制着人际交往中可能出现的任意行为和机会主义行为。制度经济学家道格拉斯·诺斯认为，"制度是社会的游戏规则，更规范地讲，制度是为人们的相互关系而人为设定的一些制约"。他进而将制度分为三种类型：正式规则、非正式规则和这些规则的执行机制。制度执行力所关注的"制度"仅指正式制度，是通过强制约束力保证实施，要求人们自觉接受并服从的正式规范，既体现在宏观的国家层面，也体现在微观的组织层面。对"执行力"则有"能力说""效力说"和"合力说"等不同理解。简而言之，执行力在本质上是一个以"结果"为导向的概念，可理解为执行主体（组织或个人）完成目标或任务的实际程度。基于此，制度执行力就是指在特定的社会文化环境中，正式制度得以落实的程度，它既取决于强制性执行主体的执行意愿与能力，也取决于执行对象的自愿遵行程度。

治理效能的含义与评价

党的十八届三中全会对全面深化改革作出总体部署，提出全面深化改革的总目标是完善和发展中国特色社会主义制度、推进国家治理体系和治理能力现代化。这是继"工业、农业、国防、科学技术"四个现代化后，我们党提出的又一个现代化战略目标。党的十九届四中全会提出把中国的制度优势转化为国家治理效能，进一步深化和拓展了全面深化改革的总目标。

从本质上说，国家治理体系就是在党的领导下管理国家的制度体系，包括经济、政治、文化、社会、生态文明和党的建设等各领域的体制机制、法律法规安排，也就是一整套紧密相连、相互协调的国家制度。国家治理能力是运用国家制度管理社会各方面事务的能力，包括改革发展稳定、内政外交国防、治党治国治军等各个方面。国家治理效能，则是管理国家的各项制度在实践中贯彻执行的实际程度，是既定任务和目标的完成程度，也就是制度执行力的现实体现。

如何理解国家治理体系、国家治理能力和国家治理效能之间的关系？可以说，这三者是内在统一的整体，相辅相成，有机配合，有效衔接。有了好的国家治理体系才能提高治理能力，进而才能充分提升国家治理体系的效能；或者说，国家治理体系是前提，国家治理能力是核心，国家治理效能是结果。

对于国家治理效能，应该由谁来评判又如何来评判呢？我国是人民当家作主的社会主义国家，正在进行着伟大的社会主义民主政治的实践，这是党的领导、人民当家作主和依法治国的有机统一。其中，党的领导是人民当家作主和依法治国的根本保证，人民当家作主是社会主义民主政治的本质特征，依法治国是党领导人民治理国家的基本方式。习近平总书记在学习贯彻党的十九大精神研讨班开班式上发表重要讲话指出，"时代是出卷人，我们是答卷人，人民是阅卷人"。因此，对国家治理的实际效能，从根本上说，只能由人民来评判。

人民是党的工作的最高裁决者和最终评判者。党的执政水平和执政成效都不是由自己说了算，必须而且只能由人民来评判。当今世界正面临百年未有之大变局，金融危机的影响并未消散，全球化进程遭遇逆流，新技术、新产业革命催生发展理念模式深刻变化，新一轮大发展大变革大调整迫在眉睫。聚焦国内，进入新时代，人民对美好生活的向往更加强烈，期盼着幼有所育、学有所教、劳有所得、病有所医、老有所养、住有所居、弱有所扶。人民是否真正得到了实惠，人民生活是否真正得到了改善，人民权益是否真正得到了保障，人民是否在共建共享发展中有更多获得感、幸福感和安全感，就是检验国家治理效能的具体指标。一句话，国家治理效能需要交由实践来检验、交给人民来评判。

将制度优势转化为治理效能的三个方向 不断完善和优化制度体系

经过 70 年的砥砺奋斗，中国共产党带领中国人民把马克思主义基本原理同中国具体实际相结合，解放思想、实事求是，确立人民代表大会制度保证人民当家作主，完善中国共产党领导的多党合作和政治协商制度、民族区域自治制度以及基层群众自治制度等基本政治制度，探索公有制为主体、多种所有制经济共同发展的基本经济制度等，探索形成一整套卓有成效的中国特色社会主义制度体系，为"善治中国"奠定了制度基石。但是，目前各项制度还不能说已经足够完善。向着国家治理现代化奋进，就是要更好地适应时代变化、顺应人民期盼，以更加科学完备的制度实现"立治有体，施治有序"。今后，仍要坚持不懈地完善制度建设，推进制度创新，优化制度结构，努力构建系统完备、科学规范、运行有效的制度体系，使国家的根本制度、基本制度、重要制度形成科学合理的治理结构，产生制度合力。

加强制度执行能力建设

应从提高党科学执政、民主执政、依法执政水平，提高国家机构及其工作人员的履职能力等方面入手，进一步推进国家治理体系有效运转。这一方面工作的核心在于构建责权利统一的体制机制，通过落实责任，做到有权必有责、逐利须尽责，从而切实提高制度执行力。

具体而言，一要转变观念，建立责任共识。要想解决制度执行的"中梗阻"问题，就必须突破决策与执行"两张皮"难题，有效消除决策者与执行者"各自为政"的狭隘观念，将制定与执行制度视为双方的共同责任，通过充分沟通和互动来消除彼此间的隔阂，从而确保制度的彻底贯彻执行。二要系统规划，实现责任共担。在资源共享和利益关联日益增强的网络化执行结构中，制度的贯彻执行主要依赖于部门间的协调与配合，即部门之间形成高度信任和相互支持的关系。这需要从大处着眼，小处着手，系统规划部门和岗位责任体系，在分工与合作间取得平衡，以实现责任共担，在密切合作与责任共担中提高制度执行力。三要加强监督，提高问责效用。坚持问责的过程化导向，加强对执行过程的程序公正性考量，实现从"有错问责"向"无为问责"的转变；促进问责公开化，避免问责的暗箱操作，增强问责信服力；提高问责主体的参与程度，塑造一个公民可考察、可进入的问责环境，以保障公民知情权、提升公民对问责结果的认同度；优化问责的技术手段，应用先进的科技手段对问责进行风险评估，确定风险系数，明确风险等级，对高风险等级的执行行为进行更为严密的监测监督。

全力塑造制度执行文化

这主要包括两个方面：

一方面，加强党和国家机构内部的执行力文化建设。政府组织需要拥有良好制度执行文化，推崇高效执行和一丝不苟的工作态度，讲究执行的速度、质量和效益，以便各项制度得到更有效的贯彻执行。为此，各级领导干部要以身作则，切实强化制度意识，带头维护制度权威，作制度执行的表率；要建立良好的沟通机制，倡导和宣传执行力理念，培养结果导向的价值观念和行为规范，带动全党全社会自觉尊崇制度、严格执行制度、坚决维护制度。

另一方面，要着眼于提高社会公众的法治观念与规则意识，加强制度理论研究和宣传教育，营造全党全社会自觉遵行制度的良好氛围。社会公众是各项制度执行的最普遍对象，公众对制度的接受程度直接关乎制度执行力状况，这就要求人们：一要强化制度权威意识。应当培养全社会的"制度畏惧感"，制度一旦形成，就具有很强的权威性，人人敬畏制度、个个严守制度。二要强化制度平等意识。在制度面前人人平等，不管什么人，都应自觉遵守制度；不管什么人，只要违反了制度，就要受到应有的处罚。三要强化制度的自觉执行意识。制度执行贵在自觉，要认真学习、准确理解各项制度，尤其是要把维护和执行制度上升为自觉的观念、内化为一种素质、视为自己的基本职责，形成不折不扣地执行制度的习惯。

图书在版编目（CIP）数据

中国共产党与国家治理现代化 / 人民论坛主编 . —北京：东方出版社，2019.12
ISBN 978-7-5207-1236-1

Ⅰ . ①中… Ⅱ . ①人… Ⅲ . ①中国共产党—社会管理—现代化管理—研究 Ⅳ . ① D63

中国版本图书馆 CIP 数据核字（2019）第 223151 号

中国共产党与国家治理现代化

（ZHONGGUO GONGCHANDANG YU GUOJIA ZHILI XIANDAIHUA）

主　　编：	人民论坛
责任编辑：	胡孝文
出　　版：	东方出版社
发　　行：	人民东方出版传媒有限公司
地　　址：	北京市朝阳区西坝河北里 51 号
邮　　编：	100028
印　　刷：	三河市龙大印装有限公司
版　　次：	2019 年 12 月第 1 版
印　　次：	2019 年 12 月北京第 1 次印刷
开　　本：	710 毫米 ×1000 毫米　1/16
印　　张：	20
字　　数：	260 千字
书　　号：	ISBN 978-7-5207-1236-1
定　　价：	68.00 元
发行电话：	（010）85924663　85924644　85924641

版权所有，违者必究
如有印装质量问题，我社负责调换，请拨打电话：（010）85924725